I0199692

AMADO *de* MI ALMA

Kabbalah Centre Publishing es una DBA registrada de:
Kabbalah Centre International, Inc.

Para más información:
The Kabbalah Centre
155 E. 48th St., New York, NY 10017
1062 S. Robertson Blvd., Los Angeles, CA 90035

Número gratuito en Estados Unidos: 1 800 KABBALAH
kabbalah.com/es

Impreso en Estados Unidos, febrero 2016

ISBN: 978-1-57189-941-5

Diseño: HL Design (Hyun Min Lee) www.hldesignco.com
Diseño gráfico: Shlomit Heymann

Amado de Mi Alma

Cartas de Nuestro Maestro

Rav Yehuda Tzvi Brandwein a su amado estudiante el Kabbalista Rav Berg

Kabbalah Centre Publishing

Recopiladas y Editadas por

Rav Michael Berg

Tabla de Contenidos

PRÓLOGO

Hace más de 25 años, miraba yo en los archiveros en la oficina de mi padre, el Rav, en Queens, Nueva York, cuando me crucé con una carpeta abarrotada de papeles amarillentos escritos a mano en hebreo. Cuando empecé a leer, me di cuenta de que había descubierto algo muy importante.

Mi padre, el Rav, creció en Nueva York, donde asistió a una escuela religiosa desde la edad de tres años y posteriormente recibió su ordenación rabínica de la *Yeshivá* más prestigiosa en la ciudad. Luego fue a trabajar desarrollando un muy exitoso negocio. Era influyente en los círculos políticos y era en lo general un personaje prominente.

En 1962, su vida cambió para siempre. Viajó a Israel para el sepelio de su madre y conoció al hombre que cambiaría su vida —y nuestro mundo— para siempre. Este maestro, Rav Yehuda Tzvi Brandwein, era un kabbalista que había sido el estudiante más cercano del gran kabbalista de nuestra generación, Rav Yehuda Áshlag. Después de que mi padre empezó a estudiar la Kabbalah con Rav Brandwein, llegó rápidamente a la conclusión de que deseaba dedicar su vida al estudio de la Kabbalah y, lo más importante, a difundir su sabiduría a todo el que quisiera estudiarla.

Rav Brandwein vivía en Israel, y mi padre viajaba allá frecuentemente para estudiar con él. Cuando estaba en Estados Unidos, mi padre continuaba sus estudios con Rav Brandwein por teléfono y por correo. Lo que yo encontré ese día en Queens es la correspondencia escrita por Rav Brandwein a mi padre, una porción de la cual usted tiene en su mano en este momento.

Después de descubrir estas cartas, pregunté a mi padre si podría publicarlas un día. Él estuvo indeciso al principio, pero más tarde me dio instrucciones específicas acerca de prepararlas para impresión. Trabajé en las cartas aproximadamente tres años hasta que estuvieron listas para ser publicadas. Cuando las cartas fueron finalmente publicadas en hebreo y vi la tremenda alegría que este momento trajo a mi padre, yo fui tan feliz como nunca lo había estado en mi vida.

Estas cartas contienen una gran sabiduría y muchas enseñanzas a las cuales recurro todo el tiempo. Pero quizá lo más importante, ellas contienen gran amor. Al principio de cada carta de Rav Brandwein, él expresa su amor por su estudiante, mi padre, el Rav. Para mí, es este amor el que es el signo distintivo de su relación y, en verdad, el signo distintivo de cualquier conexión profunda, ya sea entre marido y mujer o entre maestro y estudiante.

Rav Shimón bar Yojái explicó en el *Zóhar*: "*Anán bejavivutá talyán*", (Dependemos del amor), y la razón de que su generación fue capaz de revelar la gran Luz y los secretos del *Zóhar* en el mundo fue el tremendo amor que existía entre "los compañeros": Rav Shimón y sus estudiantes.

Lo mismo puede decirse acerca de mi padre y su maestro. Su relación, también, estaba basada en la gran sabiduría que era pasada de maestro a estudiante. Pero yo creo que la razón por la cual ellos fueron capaces de sembrar las semillas para una transformación de nuestro mundo, y la razón de que mi padre, el Rav, se convertiría en un canal para difundir esta sabiduría al mundo entero era debido al gran amor que existía entre ellos. Rav Brandwein se refiere a mi padre, el Rav, con las hermosas palabras "*Yedid Nafshí*" (Amado de mi alma), las cuales aportan un título apropiado para este libro.

Es mi esperanza que la publicación de estas cartas no solo revele una gran sabiduría en el mundo, sino más importante todavía, desate una cantidad enorme de amor verdadero en nuestra vida y en nuestro mundo.

Cuando usted esté leyendo estas cartas, le sugiero que maneje sus expectativas. No espere recibir toda la profundidad de todas las ideas aquí expuestas en una, dos, o hasta tres lecturas. Yo he leído y enseñado de ellas muchas veces, y cada vez he descubierto nueva sabiduría y Luz. Estas cartas son un gran tesoro al que se puede tener mejor acceso con el tiempo y con una inversión constante de energía de parte de usted.

Que continuemos todos creciendo con esta sabiduría y Luz,

Rav Michael Berg

Sumario de las Cartas

SUMARIO DE LAS CARTAS

Sumario de la Carta Uno

- Información acerca de la *Yeshivá* (academia espiritual).
- Explicación de la idea de "La *Torá* por ella misma".
- Explicación del comentario de *Rashí* acerca de Kóraj haciéndose a un lado.
- Explicación de las preguntas de Kóraj: "¿Debe un *Tálit* (chal de oración) que es completamente azul tener un *Tsitsit* (flecos) o está exento de este requerimiento?", y "Una casa llena de libros ¿necesita una *Mezuzá* o no?" ¿Por qué siempre debemos seguir dos caminos, uno del conocimiento y otro de la fe?
- Discusión de la respuesta de Moisés: Uno con la mayor fe debe dejar un lugar para el conocimiento, y un hombre con conocimiento ha de ir con la fe también, y solamente siguiendo los dos caminos juntos es posible ser salvado de caer.
- Estos dos caminos son como agua y fuego. El hombre es como una vasija que establece la paz entre ellos, como una vasija que contiene agua sobre el fuego y la calienta.

Sumario de la Carta Dos

- Una breve explicación acerca de los seguidores de la *Torá*.

Sumario de la Carta Tres

- Discusión acerca de por qué el milagro [de *Janucá*] fue establecido para estar asociado con el aceite.
- La respuesta es que el aceite alude a *Jojmá* (Sabiduría), que es "la vela del Creador es el alma del hombre". Los hijos de Israel se sacrificaban por la santificación del Creador, diciendo: "Sin la Torá y el cumplimiento de los preceptos, ¿para qué necesitamos la vida?". Por lo tanto, conmemoramos específicamente el aceite, que alude a "la vela del Creador es el alma del hombre".
- La discusión de cómo la explicación anterior se relaciona con lo que está escrito en "La Puerta de las Meditaciones": que el valor numérico de *ner* (vela) es equivalente al valor numérico de los tres *Yijudim* (Uniones [de nombres]).

Sumario de la Carta Cuatro

- Examen del versículo: "¿Por qué clamas a Mí?". ¿Qué otra cosa podían hacer los hijos de Israel en su aflicción?
- Hay naturaleza en la espiritualidad.
- Discusión del concepto que "el Creador es tu sombra", citando al *Baal Shem Tov*, quien decía que así como el hombre hace, así hace el Creador.
- La oración es uno de los caminos espirituales de la naturaleza.
- Explicación de cómo uno debe, para atraer un milagro, realizar un acto de autosacrificio y actuar así contra la naturaleza del hombre. Como resultado, el Creador realiza un milagro contra la naturaleza del mundo. Es por esto que para que el milagro ocurriese en el Mar Rojo, los israelitas tenían que autosacrificarse.

Sumario de la Carta Cinco

- Continuación de la Carta Cuatro acerca de la Partición del Mar Rojo y el nivel espiritual que los israelitas merecieron en ese tiempo.
- Explicación de las dos clases de adhesión: 1) un amo con sus esclavos, y 2) el hombre con su pensamiento.
- Los israelitas, en la Partición del Mar Rojo, llegaron al segundo nivel de adhesión al Creador, debido a su disposición para el autosacrificio.
- Una guía breve para el estudio de la Santa *Torá*.

Sumario de la Carta Seis

- Respuestas a las preguntas de nuestro Maestro, Rav Shraga Féivel —que tenga una vida larga y buena—, acerca de las Cuatro Fases que están en el Deseo.
- Cada Fase es un mundo por sí misma, y quien está en un mundo no sabe lo que hay en el otro mundo.
- Respuestas a las preguntas de nuestro Maestro, Rav Shraga Féivel, con respecto al concepto de que "la 'Luz de la Sabiduría' existía siempre durante la Expansión".
- Explicación que la "Luz de la Sabiduría" en la Primera Fase no fluye al interior de *Maljut* (Reino).
- Explicación del despertar de *Maljut* (Reino) por medio de la Luz de la Sabiduría.
- Uno debe pedir siempre sabiduría al Creador.
- Acerca de la propiedad en la ciudad de *Tsefat* (Safed).

Sumario de la Carta Siete

- Explicación del concepto: "No hay desaparición en la espiritualidad".
- Explicación de la Luz y la Vasija.
- Explicación de las Cuatro Fases.
- Uno no debe establecer reglas duras y rápidas para las tres primeras Fases.

Sumario de la Carta Ocho

- Una interpretación detallada de las palabras del *Arí*, Rav Isaac Luria, quien dijo que quien es completamente cauto para evitar cualquier cosa que tenga que ver con *Jamets* durante *Pésaj* (Pascua) tiene garantizado no pecar en todo el año.
- Por qué debe uno ser completamente cauto para evitar cualquier cosa que tenga que ver con *jamets* durante *Pésaj*, pero *debe* comer [y no evitar el comer].
- La importancia de realizar un precepto con alegría, como está explicado en las palabras del *Arí*.

Sumario de la Carta Nueve

- Explicación de la diferencia entre Unión Simple en el *Ein Sof* (Infinito) y la unión tras el *Tsimtsum* (Contracción), la cual será revelada en el futuro.
- Por qué una Diferencia de Forma es considerada algo nuevo.
- Explicación de las cuatro Fases del Deseo de Recibir.
- Por qué la Cuarta Fase no es como la Segunda Fase, aunque ha sido despertada para hacer que su Forma sea similar a esa de su Creador.
- Explicación de la diferencia entre la realidad en el Infinito, en la cual todo está incluido, y la realidad después del *Tsimtsum* (Contracción), en la cual las cosas se expanden o aparecen una después de la otra, como las etapas en la construcción de un edificio.

Sumario de la Carta Diez

- Rav Brandwein ora por Rav Shraga Féivel [en los lugares santos] sobre las tumbas de los justos.
- Continuación de la Carta Ocho acerca de la alegría, la cual es una de las cosas más sublimes en el mundo.

Sumario de la Carta Once

- Discusión de las Cuatro Preguntas, Cuatro Copas y Cuatro Hijos.
- Una explicación de que entre *golá* (exilio) y *gueulá* (redención) hay [en hebreo] una letra añadida, *Álef*, que alude a *Aluf*, el Señor del universo.
- Una explicación de por qué "las fracciones no se aplican a la espiritualidad".
- Explicación de por qué la víspera de *Pésaj* es llamada "la víspera del *Séder*".
- Explicar el desacuerdo (en el *Talmud*) entre Rav y Samuel acerca de la *Hagadá*[1]: si debemos empezar con "Esclavos fuimos" o "En el principio, nuestros antepasados eran idólatras".
- Un relato del Rav de Perovitch acerca de un desacuerdo entre dos personas acerca de un gallo.

---

1 El libro leído en el *Séder* de *Pésaj*

- Explicación y continuación de la Carta Once.
- ¿Por qué decimos: "Este es el pan de la pobreza que nuestros padres comieron en la tierra de *Mitsráyim* (Egipto)", cuando, después de todo, ellos lo comieron [el pan sin levadura] en el desierto? La respuesta es que comieron el pan sin levadura en la tierra de Egipto como señal de su fe.
- Una discusión de la diferencia entre el justo y el perverso, que es que la persona justa cree en su salvación, mientras que el perverso no lo hace.
- Se explica que llamamos a la víspera de *Pésaj* "la noche del *Séder*" para mostrar nuestra fe de que estaremos libres de este Exilio.
- Explicación del concepto de Unión Simple.

Sumario de la Carta Trece

- Explicación del versículo: "Serán ustedes santos porque Yo, el Creador, soy santo" con las palabras del *Midrash* (discurso homilético): "Mi santidad está por encima de tu santidad".
- Se explica que desde que somos parte del Creador, tenemos dentro de nosotros el poder para vencer a la Inclinación al Mal.
- Por qué no es bueno retirarse del mundo como lo hacen los filósofos.
- Un relato de Rav Elimélej de Lizhensk, quien dijo a uno de sus estudiantes que el estudio sin placer no es lo que el Creador desea.
- Una explicación de la manera correcta de tratar al Deseo de Recibir para Uno Mismo Solamente.
- Por qué uno no debe caer presa de la emoción.

Sumario de la Carta Catorce

- Explicación de por qué Rav Brandwein añadió palabras a la Carta Doce.
- Una explicación de cómo compartir las palabras de sabiduría en las cartas.

Sumario de la Carta Quince

- El significado de las palabras de Rav Áshlag, en su introducción a *Diez Emanaciones Luminosas*: que el justo puede recibir la Luz Oculta en este mundo.
- Uno debe buscar la sabiduría de Aquel Quien tiene la sabiduría.

Sumario de la Carta Dieciséis

- Discusión de cómo la introducción a *Diez Emanaciones Luminosas* es más profunda que lo profundo.
- Explicación del relato de Rav Elimélej de Lizhensk de la Carta Doce.
- Explicación de cómo un hombre se autoengaña al pensar que él ya está cumpliendo [las palabras de la *Torá*] "por ella misma".
- Se aconseja que la introducción a *Diez Emanaciones Luminosas* sea estudiada después del cuerpo del libro.
- Se indica que la parte más importante del estudio de *Diez Emanaciones Luminosas* empieza con la Parte Ocho.
- Rav Brandwein ora por Rav Shraga Féivel en los lugares santos.

Sumario de la Carta Diecisiete

- Explicación del versículo: "y Kóraj...se hizo" cuando Kóraj se hizo a un lado. En la Torá, hay dos caminos que se contradicen uno al otro: el camino de la fe y el camino del conocimiento. Kóraj deseaba seguir solamente uno de ellos.
- Explicación de la respuesta de Moisés, nuestro Maestro, acerca de estos dos caminos: que uno ha de asirse a la simple fe, pero si el Creador desea revelarnos conocimiento, estamos listos para eso también.

Sumario de la Carta Dieciocho

- Explicación de lo dicho: “Pinjás es Elías”, y por qué el primero deriva del último.
- Por qué Elías es llamado el Ángel del Pacto, y por qué la oración del *mohel* (el que circuncida) dice: “Aquí, lo que es tuyo está delante de ti”, a pesar de que el precepto de la circuncisión le fue dado a Abraham.
- Resolución de la contradicción aparente en las palabras de nuestros sabios, quienes escriben en un lugar que Elías debe venir a la circuncisión, mientras que en otro escriben que si no preparamos una silla y lo invitamos pronunciando palabras, él no viene.
- Discusión de cómo en la circuncisión damos una parte [de la Luz] a la *Sitrá Ajará* (el Otro Lado), pero Elías no sostiene esta corrección y actúa para tomar esta Luz de las *klipot* (entidades negativas).
- Explicación de por qué quien participa en la ceremonia de la circuncisión tiene garantizada la expiación de sus pecados.
- Respuesta a la pregunta de Rav Shraga Féivel acerca de la Luz de [la *Sefirá* de] *Biná* (Inteligencia) volviéndose severa.

Sumario de la Carta Diecinueve

- Explicación de la importancia de estudiar la *Torá*, que es nutrición para el alma.

Sumario de la Carta Veinte

- Discusión acerca de recibir contribuciones de no israelitas en privado o en público.
- La necesidad de imprimir todos los volúmenes de *Diez Emanaciones Luminosas.*
- La importancia de la comida en la festividad por el aniversario de la muerte del *Arí.*

Sumario de la Carta Veintiuno

- Discusión acerca del "sabor" de la *Torá* basada en los versículos que cantamos en las comidas del *Shabat*: "Prueba y ve que el Creador es bueno" y "El paladar que come saboreará…".
- Discusión del significado de la canción: "Que Él revele para nosotros el sabor (*taaméi*)", y cómo la palabra hebrea significa también "propósito" o "razón", y el error de malinterpretar al *Arí*.
- Interpretación del tema de "Que haya un deseo delante de Ti para que mores (*tishréi*)… y la conexión con el mes de *Tishréi*.

Sumario de la Carta Veintidós

- Acerca del día de *Tu BeAv* (Día 15 del mes de *Av*).
- Por qué la *Mishná* [código oral de la *Torá*] dice que "las hijas de Israel danzaban en el viñedo", y la pregunta de por qué es este un día de alegría.
- La explicación es que en el día de *Tu BeAv*, las "luces de la absolución y el perdón" brillan y las iniquidades son transformadas en acciones de mérito.
- Una fábula acerca de una persona que era administrador para cierto terrateniente.
- Una explicación del concepto de "vasijas prestadas" por medio de un relato de Rav Elimélej de Lizhensk.
- Una explicación de por qué uno debe sentir que es completo.

Sumario de la Carta Veintitrés

- Respuesta a la pregunta de Rav Shraga Féivel acerca de la Carta 18 de por qué al Otro Lado no le es dada una porción en la circuncisión.
- El anhelo de Rav Brandwein por la llegada de Rav Shraga Féivel.
- Acuerdo de Rav Brandwein para que Rav Shraga Féivel pueda enseñar Kabbalah.
- Discusión de cómo y porqué no tenemos asuntos que tratar con la Luna y con los cuerpos celestiales, ni con la "Kabbalah mágica", sino más bien con la oración y la *Torá* solamente, y en esto (esto es: en la oración y la *Torá*), nuestro poder es tremendo.

Sumario de la Carta Veinticuatro

- Continuación de la Carta Veintidós acerca de *Tu BeAv*, un día en el cual, como la *Mishná* en *Taanit* 26b dice: "las hijas de Israel acostumbraban danzar, etc.". En estos días (*Tu BeAv* y *Yom Kipur*), la ceremonia nupcial entre el Creador y la *Shejiná* era concluida.
- Discusión del secreto de las hijas en la *Mishná*: los tres tipos de *Teshuvá* (arrepentimiento).
- Discusión de cómo las iniquidades son convertidas en méritos.
- Explicación del dicho: "Que haya deseo delante de Ti para que mores (*tishréi*)".

Sumario de la Carta Veinticinco

- La importancia de la oración por el bien de *zulat* (los demás).
- Explicación del dicho: "Aquel que ora por su prójimo y necesita la misma cosa es respondido primero".

Sumario de la Carta Veintiséis

- Introducción a la pregunta del *Beit Yosef* (Rav Yosef Caro) acerca de por qué encendemos ocho velas en *Janucá*.
- Explicación de la disputa entre la Casa (esto es: Escuela) de Shamái y la Casa (Escuela) de Hilel acerca del encendido de las velas.
- Discusión de cómo Hilel y Shamái respondió cada uno, según su propio método, al converso que deseaba conocer toda la *Torá* mientras se sostenía sobre una pierna (esto es: en un tiempo breve).
- La respuesta a la pregunta del *Beit Yosef* acerca de encender ocho, no siete, velas: Queremos el número de velas que encendemos en el cuarto día de *Janucá* para demostrar que seguimos el método de la Casa de Hilel, no el de la Casa de Shamái.

Sumario de la Carta Veintisiete

- Mención de una propuesta de casamiento ofrecida a Rav Brandwein.
- Referencia a cada *Sefirá* que está compuesta de todas las Diez Sefirot.
- Explicación de la conducta de Moisés: Al principio, su corazón y su alma salieron a socorrer a los hijos de Israel debido a su aflicción, pero cuando el Creador deseó enviarlo a salvarlos, él se rehusó.
- La respuesta es que Moisés deseaba la redención para ser eternos. Sin embargo, dado que los hijos de Israel no habían llegado al nivel de unión, que es: "Ama a tu prójimo como a ti mismo", la redención eterna era imposible.
- Explicación de por qué, según el punto mencionado, la *Torá* fue dada a los hijos de Israel solamente después del Éxodo de *Mitsráyim* (Egipto).

Sumario de la Carta Veintiocho

- Discusión de la importancia de estudiar las palabras de Rav Brandwein a profundidad.

Sumario de la Carta Veintinueve

- Explicación acerca de por qué hemos merecido ser terratenientes de nuestra tierra en esta generación.
- Discusión acerca de nuestra "arma secreta".
- Discusión acerca de la pregunta que el Santo *Zóhar* hace: ¿Por qué la Atadura de Isaac es mencionada como la prueba de Abraham y no la prueba de Isaac? Fue porque Isaac ya había aceptado ser atado, de modo que fue Abraham a quien el Creador estaba probando.
- Hemos merecido lo que todas las otras generaciones no, porque los jóvenes de Israel se adelantaron al "sacrificio": dar sus vidas por la santidad de Israel.
- Esto también nos ayuda a entender cómo Elías expía por los hijos de Israel porque él sacrificó su vida.

Sumario de la Carta Treinta

- Explicación de por qué uno no debe preocuparse acerca de los asuntos físicos, sino más bien acerca de los asuntos de la *Torá*.

Sumario de la Carta Treinta y Uno

- Explicación del versículo: "Recuerda lo que Amalek te hizo", en la cual "te" muestra el poder de la *klipá* (lit. cáscara, fuerza negativa) de Amalek, que inyectó el Deseo de Recibir Solamente para Uno Mismo en el público en general.
- Según esto puede ser entendido por qué Jetro vino a Moisés solamente después de la guerra con Amalek; para aprender de él cómo vencer a la *klipá* de Amalek.

Sumario de la Carta Treinta y Dos

- Discusión de la difícil pregunta del Rav de Rozhin de cómo el Rey Saúl pudo decir a Samuel el profeta que él había cumplido la orden del Creador de matar a todos los de Amalek cuando no mató a Agag, rey de Amalek.
- La explicación es que Saúl predijo a Purim en una profecía, y cómo este ocurriría por medio de Hamán, un descendiente de Agag.
- Discusión: Si este fue el caso, ¿por qué fue castigado Saúl? La explicación es que él podía haber cambiado la profecía por medio de la oración, como hizo el Rey Ezequías en el Libro de Isaías.

Sumario de la Carta Treinta y Tres

- Explicación de por qué *Yom Kipur* es llamado *Yom Kipurim*. Es porque este es como (lit. *qui*) *Purim*, y la razón es que ambos días atraen Luz, aniquilando al mal.
- Discusión de la diferencia entre las dos festividades: toda la Luz de *Purim* es atraída y revelada en ese día, pero la Luz atraída en *Yom HaKipurim* es revelada por completo solamente en *Sucot*.

Sumario de la Carta Treinta y Cuatro

- Explicación de Rav Brandwein a Rav Shraga Féivel acerca del propósito y fundación de la *Yeshivá* de *Kol Yehuda* después de que Rav Féivel se convierte en el presidente de la *Yeshivá*.
- La *Yeshivá* fue fundada en 1922 por un puñado de personas, con Rav Áshlag a la cabeza y con el consentimiento de los líderes espirituales de la generación.
- Su propósito es educar a los jóvenes para reflexionar sobre ellos mismos, de acuerdo con lo que está dicho en el *Zóhar*, Cantar de los Cantares, etc.
- Se explica que unos cuantos libros ya han sido publicados, pero ahora la *Yeshivá* debe publicar más libros para levantar la bandera de la *Torá* y formar grupos santos para mantener el estudio de la Kabbalah como una fuerza unificadora contra la separación entre la gente.

Sumario de la Carta Treinta y Cinco

- Exploración de la pregunta: ¿Cómo es que "La recompensa de un precepto no está (dada) en este mundo" si, después de todo, está escrito: "En ese mismo día, le darás su salario"?
- La explicación es por medio del hecho de que dado que la Torá fue entregada a Moisés, quien era un mensajero, la prohibición de retrasar el pago de salarios no es importante.
- Por qué "Yo soy" y "no tendrás otros" significa que recibimos recompensas en este mundo así como en el siguiente.
- Explicación del versículo: "El Creador, la Luz de tus padres añadirá sobre ti" porque es difícil entender por qué Moisés bendijo a los israelitas después de que ellos ya habían recibido la bendición del Creador.
- La explicación es que las bendiciones del Creador existen solamente cuando hay unión. Por lo tanto, Moisés dio a los israelitas una bendición para el tiempo en que ellos, ¡el Cielo no lo permita!, no estuvieran unidos.

Sumario de la Carta Treinta y Seis

- Explicación de la importancia de estudiar la introducción al libro del *Zóhar*, párrafos 199 a 202, a profundidad.
- Discusión del versículo: "Si escuchan ustedes". Este alude al versículo: "Lo que sigue a la humildad es el temor reverencial al Creador". De acuerdo con el *Zóhar*, debemos aprender de las personas a quienes todos "pisotean".
- Una explicación de la aparente contradicción entre los dos Tratados de la *Mishná*: el Tratado *Nedarim*, donde está escrito que el Creador causa que Su *Shejiná* more sobre los humildes, y el Tratado *Shabat*, donde está escrito: "sobre un hombre de estatura".
- La explicación, de acuerdo con el *Zóhar*, es que quien es pequeño —significando: humilde— es grande —significando: que tiene estatura—.

Sumario de la Carta Treinta y Siete

- Explicación de lo que está escrito en la *Mishná*: "La *Meguilá* (Rollo de Ester) es leída en los días 11, 12, 13, 14 y 15, no menos y no más". Los 30 días del mes está divididos entre las Tres Columnas, de las cuales la Luna recibe Luz.
- La Luna mengua para no dejar que las Externas (fuerzas negativas) se alimenten de ella.
- De acuerdo con esto, las palabras de la *Mishná*: "no menos y no más" se refieren al hecho de que la revelación de *Maljut* (Reino) es posible solamente cuando está compuesta de las Diez *Sefirot* de la Columna Derecha más *Kéter* (Corona) de la Columna Central, y solamente hasta el día 15 del mes, porque después de eso las Externas empiezan a alimentarse.

Cartas

Carta Uno

Con ayuda del Creador
Tel Aviv, viernes, víspera de *Shabat*, porción[1] de Kóraj[2]
Segundo día del mes de *Tamuz*, 5724
12 de junio de 1964

Muchas bendiciones, plenitud de alegría y todos los mejores deseos para el amado honorable entre los hombres, Maestro de sabiduría y Maestro de muchas acciones, nuestro Maestro, Rav Shraga Féivel; que merezcas una vida larga y buena, Amén.

Después de saludarte con gran amor...
Regresé hoy de la Ciudad Santa, Jerusalén, que sea reconstruida y restablecida rápidamente en nuestros días, Amén, después de permanecer allí toda la semana.

No tengo nada en particular que escribir con relación a la *Yeshivá* (academia espiritual) excepto por el hecho de que estudian y oran durante toda la semana. Estuve dándoles una clase diariamente por cerca de dos horas. Trabajé duro, pero bien valió la pena el esfuerzo. Debemos poner atención al dinero que reciben, de modo que aunque puede ser [usado ahora para estudiar la *Torá*] **no** por ella misma, finalmente servirá para el propósito [manifestado en el *Talmud, Sanhedrín*, 105b]: "de hacerlo no **por** ella, uno llegará a hacerlo por ella misma[3]".

---

1 Los cinco Libros de Moisés están divididos en 54 porciones semanales.
2 La quinta porción en el Libro de *Bemidbar* (Números), nombrada según un líder de los levitas.
3 Por ella misma, sin interés personal, incondicionalmente.

מכתב א'

ב"ה
יום שישי, ערב שבת קודש פרשת קרח,
ב' לחודש תמוז תשכ"ד, תל-אביב

רב ברכות ושובע שמחות וכל טוב סלה כבוד חביב אדם הרב הגאון רב פעלים מורינו הרב שרגא פייביל שליט"א.

אחר דרישת שלומו הטוב באהבה רבה, חזרתי היום מעיר הקודש ירושלים תבנה ותכונן במהרה בימינו אמן, אחרי שהייתי שמה משך כל השבוע.

בענין הישיבה אין לי משהו במיוחד לכתוב, רק שלומדים ומתפללים משך כל השבוע. אמרתי לפניהם שיעור כל יום בערך שעתיים, עמלתי קשה אבל כדאי. וצריכים מאד להשגיח ולשים לב שהכסף שהם מקבלים אם שזהו לא לשמה ישתמש ויביא אל המטרה ש"מתוך שלא לשמה בא לשמה".

¿Y cuándo se aplica esto? Cuando el estudiante ve y siente la Luz Oculta de vida en nuestra Santa *Torá*, como dice el versículo: "Porque quien Me encuentra a Mí, encuentra la vida" (Proverbios 8:35). Entonces su estudio de la *Torá* se volverá en él un elixir de vida, y estoy seguro de que entonces no se retirará de este, porque ¿quién desea retirarse de la vida?

Por estar en la semana de la porción de Kóraj, pensé que debía hablar un poco sobre el tema: "Y tomó Kóraj..." (Números 16:1). *Rashí*[4], de memoria bendita, comentó: "Él se tomó a sí mismo a un lado... etc.", o como *Onkelós*[5] tradujo: "Él se separó".

El significado de "un lado" puede ser entendido al explicar las dos preguntas que Kóraj hizo a Moisés: "¿Debe un *Tálit* (chal de oración) que es completamente *tejélet* (tonalidad bíblica de azul) tener un *Tsitsit*[6] o está exento de este requerimiento?" y: "¿Una casa llena de libros necesita o no una *Mezuzá*[7]?". ¿Cuál era la intención de Kóraj al hacer esas dos preguntas? y ¿qué está oculto dentro de esas dos preguntas?

El asunto es que toda la idea de hacer el trabajo espiritual para el Creador —así como la completa *Torá* misma— está contenida en estas preguntas, porque hay dos maneras de hacer el trabajo espiritual para el Creador. La primera es el camino de la *emuná* (confianza, certeza): "como el buey es al yugo y el asno es a la carga" (*Talmud, Avodá Zará*, 5b), como está dicho en el versículo: "Dios, Tú traes la salvación al hombre y a la bestia" (Salmos 36:7), [refiriéndose a aquellas] personas que carecen de todo conocimiento y quienes se ponen como bestias, sin saber, sin captar y sin ver, literalmente como una bestia.

---

4 Rabí Shlomo Yitsjaki, el comentarista mejor conocido de la *Torá*, siglo XI EC

5 Gran Kabalista quien tradujo la *Torá* del hebreo al arameo, siglo II EC

6 Franjas en las cuatro esquinas del chal de oración.

7 Pergamino que contiene texto bíblico, fijado en la jamba de la puerta para protección espiritual.

ומתי זה מתכוון, כשהלומד רואה ומרגיש את האור החיים הגנוז בתורתנו הקדושה בבחינת "כי מוצאי מצא חיים" אז תורתו נעשית לו לסם חיים, ואז אני בטוח שלא יפרוש ממנה כי מי רוצה לפרוש מן החיים.

והיות שהננו עומדים בשבוע של פרשת קרח אמרתי לפרש קצת את הענין: "ויקח קרח" פירש רש"י ז"ל, "לקח את עצמו לצד אחד וכו', וזהו שתרגם אונקלוס ואתפלג".

הפירוש של צד אחד נבין על פי מה שנסביר את ב' השאלות ששאל קרח את משה רבינו: "טלית שכולה תכלת חייבת בציצית או פטורה", וכן "בית שכולו ספרים צריך מזוזה או לא". מה כיוון קרח בב' שאלות אלו, ומה גנוז בשאלות הללו.

הענין, כי כל עבודת ה' וכל התורה כלולה בשאלות אלו, כי בעבודת השם יתברך יש ב' דרכים, א' דרך האמונה "כשור לעול וכחמור למשא" כמו שאמרו על הפסוק "אדם ובהמה תושיע ה'", אלו בני אדם שהם ערומים בדעת ומשימים עצמם כבהמה, לא לדעת ולא להשיג ולא לראות, כבהמה ממש פשוטה כמשמעה.

Esto es llamado "un *Tálit* que es completamente *tejélet*". *Tejélet* es derivado de las palabras hebreas *tijlá* (propósito, resultado final) y *jilayón* (extinción, eliminación), como está escrito (Salmos 119:96): "He visto un final para cada propósito". Esto se refiere a las personas que renuncian a todo conocimiento y comprensión posibles, para envolverse con una prenda que es un *Tálit* de confianza "para no saber", tal como una bestia.

La palabra *Tsitsit* es derivada de la palabra *metsits*, que significa "ver" o "mirar", como en: "él mira [*metsits*] a través de la celosía" (Cantar de los Cantares 2:9). Esto se refiere a aquellos que dejan un lugar en sus corazones, para que si hubiera una revelación de buena voluntad del Creador, entonces ellos percibirían, sabrían y entenderían, como dice: "Conoce al Creador, el Señor de tu padre" (I Crónicas 28:9), y de acuerdo con el secreto del versículo: "tus ojos verán a tus maestros" (Isaías 30:20). Como está escrito en relación con Moisés: "Y él ve la visión del Creador" (Números 12:8) y en muchos otros lugares.

Esta fue la repuesta de Moisés: Es verdad que en cuanto a nosotros nos concierne, aceptamos sobre nosotros la sencilla confianza "como el buey es al yugo y el asno es a la carga". Pero si es la voluntad del Creador que trabajemos para Él como humanos –para entender y para percibir □ no debemos decir no. Más bien, después de que aceptamos ser como bestias, debemos también dejar un lugar y una alusión (abertura) al *Tsitsit*, a saber: a saber y entender, si solamente pudiéramos reconocer y saber que esta es la voluntad del Creador, Quien está bondadosamente recibiéndonos en Su Santa *Torá*. Y este es el significado de: "un *Tálit* que es completamente *tejélet* requiere un *Tsitsit*".

וזה נקרא טלית שכולה תכלת כי תכלת מלשון תכלה וכליון כמו שכתוב "לכל תכלה ראיתי קץ", היינו שמכלים את ההשגה ואת הידיעה לגמרי ומקבלים עליו ומתעטפים בלבוש שהוא טלית של אמונה "לא לדעת" כבהמה.

וציצית הן מלשון "מציץ מן החרכים" מלשון ראיה והסתכלות, היינו שמשאירים עוד בלב מקום שאם תהיה איזה גילוי רצון מצד השם יתברך כן להשיג ולדעת ולהבין בבחינת, "דע את ה' אלקי אביך", ובסוד "והיו עיניך רואות את מוריך" וכמו שכתוב אצל משה רבינו "ותמונת ה' יביט" וכדומה.

זאת היתה תשובת משה רבינו עליו השלום, נכון שמצדנו אנו מקבלים עלינו את האמונה הפשוטה "כשור לעול וכחמור למשא", אבל בעת רצון מצד הקדוש ברוך הוא שנעבוד אותו כבני אדם להבין ולהשיג, אנו לא נאמר שלא, אלא אחרי כל הקבלה לשים עצמו כבהמה נשאיר מקום ורמז גם לציצית, היינו לדעת ולהבין אם רק נכיר ונדע שזה רצונו של השם יתברך המסביר לנו פנים בתורתו הקדושה וזה נקרא טלית שכולה של תכלת חייבת בציצית.

El mismo significado esotérico se aplica a la *Sucá*[8], que es llamada "la sombra de la confianza" (*Zóhar, Emor*, 264) porque alude a la confianza. Sin embargo, una *Sucá* densamente cubierta no es apropiada para ser usada porque debe dejarse[9] espacio a través del cual las estrellas puedan ser vistas, ya que la luz de las estrellas alude a las Luces del Creador (*Escritos del Arí: Entrada a la Meditación*, página 306), las cuales brillan sobre nosotros dentro de la *Sucá*, que es la confianza.

De manera similar, él [Kóraj] también preguntó acerca de "una casa llena de libros", aludiendo a una persona que ha alcanzado sabiduría y tiene conocimiento y comprensión total de la existencia del Creador, y puede ver y entender todo lo que está en la *Torá*. Aun este hombre necesita una *Mezuzá*, la cual significa confianza, porque es esta confianza la que nos protege siempre de todos los espíritus negativos externos que significan daño para nosotros. Esto es de acuerdo con el secreto de la palabra *Mezuzot*, [la cual consiste de] las mismas letras de *zaz mávet* (remueve la muerte) porque la muerte no puede entrar a una casa acondicionada con una *Mezuzá*.

Moisés dijo a Kóraj que aun "una casa llena de libros" —una persona con conciencia completa— no siempre permanece en el mismo estado. Si, el Cielo no lo permita, se encuentra confrontando ocultamiento del rostro[10], aún entonces no debe volver atrás. Uno nunca debe creer en uno mismo [completamente] y decir que ya ha alcanzado el conocimiento perpetuo y (por lo tanto) no necesita [tener] confianza. Así, aun "una casa llena de libros" necesita una *Mezuzá* —confianza— para protección de toda clase de situaciones.

---

8 Cabaña temporal con un techo hecho de ramas, usado durante los siete días de la festividad de *Sucot*.

9 Entre las ramas que forman su "techo".

10 Confusión, no saber por qué experimentamos caos.

ובסוד זה היא גם כן סוכה שנקראת צלא דמהימנותא, היינו שרומזת לאמונה, ועם כל זה סוכה מעובה פסולה, כי צריכים להשאיר מקום שכוכבים נראים על ידה, ואור הכוכבים רומז על אורות השם יתברך המאירים לנו לתוך הסוכה שהיא האמונה.

וכן שאל "בית שמלא ספרים", כלומר מי שזכה לחכמה ויש לו ידיעה והכרה מלאה במציאותו יתברך ורואה ומבין בתורה הכול, צריך למזוזה הרומזת לאמונה כי האמונה היא השומרת עלינו תמיד מכל המזיקים והחצונים הרוצים להזיק לנו בסוד "מזוזות" אותיות "זז מות", שהמות אין לו שום כניסה בבית שקבוע בו מזוזה.

משה רבינו אמר לו כן שגם בית המלא ספרים ויש לו כל ההכרה המלאה, עם כל זה אין האדם נמצא תמיד במצב אחד ואם חס ושלום תבוא איזה מין הסתר פנים אז גם כן לא נסוג לאחור. ואף פעם אסור להאמין בעצמו ולומר שזכה כבר לידיעה נצחית ולא צריך לאמונה, ואפילו בית שמלא ספרים צריך מזוזה ואמונה לשמירה לכל מיני מצבים.

Estas dos vías [confianza y conocimiento] son llamadas fuego y agua. Está escrito que la *Torá* es parecida al fuego, como [en]: "¿No es Mi palabra como el fuego" (Jeremías 23:29)? La *Torá* también es parecida al agua [como] en el secreto del versículo: "¡Eh! Todo el que tenga sed, vaya al agua" (Isaías 55:1). Pero el agua y el fuego son dos opuestos completos, y uno destruye al otro. El agua extingue al fuego, y el fuego seca el agua.

En el mundo físico, ¿qué hace uno que tiene agua fría cuando está sediento pero no puede beber el agua porque esta está [demasiado] fría, y tiene un fuego pero no puede poner el agua directamente sobre el fuego porque esta extinguiría las llamas? Pone el agua dentro de una vasija y coloca esta vasija con el agua sobre el fuego, y de esa manera, la energía del fuego entra en el agua. Ahora él bebe el agua caliente que está compuesta de fuego y agua. La vasija ha hecho la paz entre el fuego y el agua, y él puede ahora disfrutar ambos [fuego y agua] juntos.

Este es el secreto de lo que nuestros sabios han dicho: "El que ve una olla en su sueño puede esperar la paz" (*Talmud, Berajot,* 56b). Lo mismo se aplica en la espiritualidad a aquellos dos senderos que han sido mencionados. Los dos senderos se contradicen uno al otro; han sido equiparados al fuego y al agua y son llamados dos lados: Derecha e Izquierda, a saber: confianza y conocimiento. Pero el conocimiento contradice a la confianza y viceversa.

Quien sigue el sendero de la *Torá*, las enseñanzas de Moisés, se vuelve como la vasija que hace la paz y une a los opuestos y los lados diferentes, de acuerdo con el versículo: El Creador no encontró una vasija que pueda contener las bendiciones para Israel que no sea la Paz" (*Talmud, Uktsim,* Capítulo 3). Quien hace la paz es la vasija mencionada arriba, y esta persona se vuelve como una vasija en las manos del Creador, porque

שתי דרכים אלה הם נקראים אש ומים, ולכן כתוב שהתורה נמשלה לאש "הלא כה דברי כאש", וכן נמשלה למים בסוד "כל צמא לכו למים". והנה מים ואש הם שני הפכים ממש שאחד מכלה את השני, כי המים מכבים את האש והאש מיבש את המים.

ובגשמיות מה עושה אדם שיש מים והם קרירים והוא צמא ואי אפשר לשתות המים מחמת שהם צוננים, ויש לו אש ואי אפשר לשים המים על האש שהם יכבו את האש. - הוא שם המים בתוך כלי ומשים הכלי עם המים על האש וככה נכנס כח האש בהמים והוא שותה מים חמים שנכללים מאש ומים ביחד, נמצא שהכלי עשה שלום בין האש והמים ונהנה משניהם יחד.

שזהו סוד שאמרו ז"ל הרואה קדרה בחלום יצפה לשלום, כן הוא ברוחניות ובשתי הדרכים הנזכרים שהם סותרים זה את זה ונמשלו לאש ומים ונקראים שני צדדים ימין ושמאל שהם אמונה וידיעה שידיעה סותרת אמונה וכן להיפך.

ההולך בדרך התורה תורת משה רבינו הוא נעשה ככלי הזה העושה שלום ומאחד את הקצוות והצדדים בסוד, "לא מצא הקדוש ברוך הוא כלי מחזיק ברכה לישראל אלא השלום", שהעושה שלום הוא הכלי והאדם נעשה ככלי בידי הקדוש ברוך הוא שמתאחדים בו

ambos lados y extremos están unificados en Él. Así es como él se vuelve una Carroza para la Columna Central, la cual es la esencia de Moisés (*Zóhar, Yitró*, 22), el atributo de *Tiféret*, como en el versículo: "Una corona de *Tiféret* (Esplendor) le has dado a él[11] [a Moisés]".

Así es como una persona llega a disfrutar ambos extremos (senderos): confianza y conocimiento. Llega a esta realización de no tener duda acerca de si existe o está vivo, aunque no ve la Luz de vida con sus ojos físicos. Y así es como alcanza pleno conocimiento de la existencia de Dios, de acuerdo con el versículo: "Conoce al Creador, el Señor de tu padre, y sírvele" (I Crónicas 28:9) con conocimiento pleno y claro.

Esto, sin embargo, no fue el caso con Kóraj, quien deseaba solamente un lado, ya fuese confianza o conocimiento. Es por esto que él falló y fue castigado[12].

Revisa cuidadosamente lo que he dicho porque no tengo tiempo para dar más detalles por el momento.

Por favor infórmame si ya has procurado una licencia para colectar fondos para la *Yeshivá*. El presidente de la *Knéset*[13], Sr. Kadish Luz, me ha citado en su oficina para el domingo[14].

Te deseo todo lo mejor,
Yehuda Tzvi

---

11 De la oración de la mañana del *Shabat.*

12 Kóraj y su congregación fueron tragados por la tierra.

13 El Parlamento israelí.

14 Acerca del proyecto de impresión del Talmud.

ב' הקצוות והצדדים הנזכרים והוא מרכבה לעמוד האמצעי שהוא סוד משה מדת התפארת בסוד "כליל תפארת נתת לו".

ונהנה מב' הקצוות הן מאמונה והן מידיעה ובא לידי הכרה כזו כמו שאינו מסופק על עצמו אם הוא נמצא או אם הוא חי הגם שאינו רואה את אור החיים שלו בעיניו הגשמיים, כך זוכה להכרה מלאה במציאותו יתברך בסוד "דע את ה' אלקי אביך ועבדהו" בידיעה ברורה ומלאה.

מה שאין כן קרח לא רצה אלא צד אחד, או אמונה או ידיעה ולכן נכשל ונענש.

דו"ק בדברים כי אין לי זמן להאריך יותר כעת.

נא להודיע לי אם כבר השגת רשיון עבור הישיבה לקבץ כספים. יו"ר הכנסת מר קדיש לוז קבע אצלי פגישה ביום א' במשרד שלו.

המאחל לכל טוב
יהודה צבי

1

ב"ה יום ועש"ק פרשת קרח כ' לחודש תמוז תשכ"ב תל-אביב

רב ברכות ודורש שלומות וכט"ס לכבוד ח"א הרה"ג רב הפעלים מוהר"ר שליט"א

אחדשה"ט באהבה, חזרתי היום מאה"ק ירושלים תובב"א אחרי שהייתי שמה משך כל השבוע בדבר הישיבה אין לי משהו באותו לכתוב רק שאומרים ומתהללים משך כל השבוע אמרתי להם שיעור כל יום בדרך שנתיים עצמותי קשה אבל ברוך ה' מאד להשגות ולזכות לב שהכסף שהם מקבלים אם שזהו לא לשמה ושמא ויבוא אל המטרה שמתוך שלא לשמה בא לשמה, ואני זה מתכוון כשאומר רואה ומרגיש את האור החיים המגנוז בתורתנו הקדושה בבחי' כי מוצאי מצא חיים אז תורתו נעשית לו סם חיים ואז אני בטוח שלא יפרוש ממנה כי מי רוצה לפרוש מן החיים.

והנה רבנו עומדים בסדרה של פרשת קרח אמרתי להרש קצת את הענין ויקח קרח פירש"י ז"ל לקח את עצמו לצד אחד ובו' ונהי שתרגם אונקלוס ואתפלג, הפירוש על צד אחד ובין עפ"י מה שמספר את ג' השאלות ששאל קרח את משה רבנו: טלית שכולה תכלת חייבת בציצית או פטורה, וכן בית שכולו ספרים צריך מזוזה או לא. מה כוון קרח בב' שאלות אלו, ומה גנוז בשאלות הללו הענין כי כל עבודת ה' וכל התורה כלולה בשאלות אלו, כי בעבודת הש"ית יש ב' דרכים א' דרך האמונה כשור לעול וכחמור למשא כמ"ש על הפסוק אדם ובהמה תושיע ה' אלו בני אדם שהם ערומים בדעת ומשימים עצמם כבהמה, לא לדעת ולא להשיג ולא לראות כבהמה ממש הולכת במקומה וזה נקרא טלית שכולה תכלת כי תכלת הוא מלשון תכלה וכליון כמ"ש לכל תכלה ראיתי קץ, היינו שמכלים את ההשגה ואת הידיעה לגמרי ומקבלים עליו ומתמסרים בקבלה שהוא טלית של אמונה לא לדעת כבהמה. וציצית הן מלשון מציץ מן החרכים מלשון ראי' והסתכלות, היינו שמשאירים עוד דלת מקום שאם חס אוצר גילוי רצון מצד הש"ית. כן להשיג ולדעת ולהבין בבחי' דע את ה' אלקי אביך, ובסו יהיו עיניך רואות את מוריך, וכמ"ש אצל משה רבנו ותמונת

ה' יבי"ע וכדומה, זאת היתה תשובת משה רבינו ע"ה. נכון שמצדנו אנו
מקבלים עלינו את האמונה הפשוטה כשור לעול וכחמור למשא, אבל בעת
רצון מצד הקב"ה שנעבוד אותו כבני אדם להבין ולהשיג, אנו לא נאמר
שלא, אלא אחרי כל הקבלה לשום עצמו כבהמה נשאיר מקום ורמז גם
לשכליות. היינו לדעת ולהבין אם רק נכיר ונדע שזה רצונו של השי"ת. המסור
לנו הפנים בתורתו הק' וזה נקרא עלית שגולה של תכלת חושפת. בפנימיות, ובסוד
זה היא ג"כ סוכה שנקראת צלא דמהימנותא היינו שרומזת לאמונה, וע"כ
סוכה מעובה פסולה, כי צריכים להשאיר מקום שכוכבים נראים בו, ואור
הכוכבים רומז על אורות השי"ת המאירים לנו לתוך הסוכה שהיא האמונה.

ובן שאל בית מלא ספרים כלומר מי שצריך לחכמה ויש לו ידיעה והכרה מלאה
במציאותו ית' ורואה ומבין בתורה הכל, צריך למזוזה הרומזת לאמונה.
כי האמונה היא השומרת עלינו תמיד מכל המזיקים והחיצונים הרוצים להזיק לנו.
בסוד מזוזות אותיות זז מות", שהמות אין לו שום כניסה בבית שקבוע בו מזוזה
משה רבינו אמר לקרח שגם בית המלא ספרים ויש לו כל ההכרה המלאה עם כל זה
אין אדם נמצא תמיד במצב אחד ואם ח"ו תבוא אליה מין הסתר פנים ח"ו אז ג"כ
לא נסוג לאחור ואף פעם אסור להאמין בעצמו ולומר שזכה כבר לידיעה
נצחית ולא צריך לאמונה, ואפילו בית מלא ספרים צריך מזוזה ואמונה
שמירה לכל מיני מצבים

שני דרכים אלה הם נקראים אש ומים ולכן בתוך שהתורה נמשלה לאש
הלא כה דברי כאש, וכן נמשלה למים בסוד כל צמא לכו למים, והנה מים ואש
הם שני הפכים מפני שאחד מכלה את השני כי המים מכבים את האש
והאש מייבש את המים, ובדוגמא מה עושה אדם שיש מים והם קרירים
והוא צמא ואי אפשר לשתות המים מחמת שהם צוננים, ויש לו אש ואי אפשר
לשים המים על האש שהם יכבו את האש, הוא שם המים בתוך כלי ומשים
הכלי עם המים על האש ובכח נכנס כח האש בהמים והוא שותה מים
חמים שנכללים מאש ומים ביחד נמצא שהכלי עשה שלום בין האש
והמים ונהנה משניהם יחדו סוד שאמרו ז"ל הרואה קדירה בחלום יצפה

ב

לשלום, כן הוא ברוחניות ודבאי הדברים הנ"ל שהם סותרים זה את זה
ונמשלו לאש ומים ונקראים גוני צבעים ומין השמאל שהם אמונה וידיעה
שידיעה סותרת אמונה וכן להיפך והחילוק בדרך החכמה תורת משה
רבינו הוא נעשה ככלי הצבה הפשוטה שלום ומאחד את הקצוות והצבעים
בסוד לא מצא הקב"ה כלי מחזיק ברכה לישראל אלא השלום שהפשוט שלום
הוא הכלי והאדם נעשה ככלי בידי הקב"ה שמאחדים בו ב' הקצוות והצבעים
הנ"ל והוא מרכבה לעמוד האמצעי שהוא סוד משה מדת התפארת. בסוד
כלול תפארת נתת לו ונהנה מב' הקצוות הן מאמונה והן מידיעה ובא לידי
הכרה כזו כמו שאינו מסופק על עצמו אם הוא נמצא או אם הוא חי הגם
שאינו רואה את אור החיים של רעיונו השמיים רק זוכה להכרה מלאה
במציאותו ית' בסוד דע את ה' אלקי אביך ועבדהו בידיעה ברורה ומלאה
משא"כ קרח לא רצה אלא צד אחד או אמונה או ידיעה ולכן נכשל ונשקע
בתוך הדברים. ואין לי זמן להאריך יותר כעת.
נא להודיע לי אם כבר השגת חשון עבור הישיבה לקבל בספרים
וי"ה הכנסת מרקדים לנו קבע אצלי הפגישה ביום א במשרד שלו
המאחל כל טוב
יהודא פתיה

Carta Dos

Con la ayuda del Creador
Tel Aviv, tercera vela de *Janucá*,
Día 27 del mes de *Kislev*, 5725
2 de diciembre de 1964

¡La Luz es la *Torá*, y alegría y todo lo mejor para el honorable amado entre los hombres, quien está atado a mi corazón, nuestro honorable Maestro Rav Shraga Féivel. Que Dios te proteja y te guarde. Que la Luz del Creador esté contigo y te dé vida, Amén!

Estoy haciendo preparaciones para enviarte todos los 21 volúmenes del libro del *Zóhar* y también el segundo volumen de *Diez Emanaciones Luminosas*[1]. En virtud de ser uno de los patrocinadores de la *Torá*, quienes son llamados "Los hacedores de la *Torá*" (*Zóhar*, Prólogo, 124), que alcances favor y buen entendimiento, como dice el versículo: "El temor reverencial al Creador es el principio de la sabiduría; y buen entendimiento hay para todos aquellos que cumplen Sus preceptos; Su gloria dura eternamente" (Salmos 111:10).

Te bendigo con corazón y alma, y te mando los mejores deseos en nombre de mi familia.

Yehuda Tzvi

P.D. Con referencia al alcalde de *Tsefat* (Safed), él está ahora en Estados Unidos y me ha enviado a alguien para obtener

---

1 Los 16 libros de Rav Áshlag que contienen una explicación detallada de la descripción del *Arí* sobre la Creación.

מכתב ב׳

ב"ה
נר ג׳ דחנוכה תשכ"ה
תל-אביב

אורה זו תורה ושמחה וכל טוב לכבוד חביב אדם הקשור במוסרות לבי כבוד מורינו הרב שרגא פייביל השם ישמרהו וינטרהו אור ה׳ עליך יחי׳.

אני מתכונן לשלוח לך כל כ"א הכרכים מספר הזהר וגם כרך שני מתלמוד עשר הספירות, ובזכות זה שאתה אחד מתמכי אורייתא הנקראים עושי התורה (זהר בהקדמה תחלת דף ח׳) תזכה לחן ושכל טוב כמו שנאמר ראשית חכמה יראת ה׳ שכל טוב לכל עושיהם תהלתו עומדת לעד.

המברך בלב ונפש ודורש בשלומך ומוסר דרישת שלום בשם כל בני ביתי.

יהודא צבי

בענין ראש העיר של צפת הוא נמצא כעת באמעריקא ושלח לקחת ממני את הכתובת שלך ונתתי להשליח הכתובת מן הבית.

tu domicilio. Le di tu domicilio particular a su mensajero. No sé qué desea de ti, pero vale la pena recibirlo. Si él no te ha llamado, entonces puedes localizarlo por medio del señor Stolarski. Puedes decir a Stolarski que él te está buscando.

מה שהוא רוצה ממך אין אני יודע אבל בכלל כדאי להתראות עמו, ואם עדיין לא התקשר עמך אתה יכול להתקשר עמו על ידי מר סטולרסקי, ולומר לסטולרסקי שאתה יודע שהוא מחפש אותך.

ב"ה נר ג' דחנוכה תשכ"ה

[illegible]

אורה זו תורה ושמחה וכ"ט לכבוד הח"א הקשור
במוסרות לבו במוהר"ש רגא פיינבויל הי"ו
עשי"ב זוג' מנשוים באהל הברק ובפי' מרת רבקה תחי'
אור ה' עליהם יחי'

אני מתכונן לשלוח לך כל כ"א הברכים מספרי חסידות
וגם כרכי שני מהלאוי [illegible], ודבבות
זה שאתה אמר את [illegible] הנקראים עושי
התורה (זהר בהקדמה תחלת דף ח') מצבה לחן ושכל טוב
כמ"ש ראשית חכמה יראת ה' שכל טוב לכל עושיהם, תהלתו עומדת לעד
המברך בלב ונפש ודורש בשלום
ומוסר ד"ש בשם כל בני ביתי יהודה צבי

בענין ראש העיר של [illegible] הוא [illegible]
[illegible] באמריקא ושלח לקחת ממני את המכתב
שלך ונתתי להשלית הכתבת מן הבית, מה שהוא
רוצה ממך אין אני יודע אבל בכלל כדאי להתראות
עמו ואם עדיין לא התקשר עמך אתה יכול
להתקשר עמו ע"י מר סטולרסקי, ולומר לסטולרסקי
שאתה יודע שהוא מחפש אותך

בעניין ראש העיר של [illegible] הוא [illegible]
[illegible] באמסדוקא ושלח לקחת ממנו את המכתב
שלך ונתתי להשלות הכתבת מן הבית, מה שהוא
רוצה ממך אינני יודע אבל כדאי להתראות
עמו ואם עדיין לא התקשר עמך אתה יכול
להתקשר עמו ע"י מר סטולרסקי, ולומר לסטולרסקי
שאתה יודע שהוא מחפש אותך

Carta Tres

Con ayuda del Creador
Tel Aviv, cuarta vela de *Janucá*,
Día 28 del mes de *Kislev*, 5725
3 de diciembre de 1964

Luz y alegría y todo lo mejor para el honorable y amado entre los hombres, Rav Féivel; que merezcas una vida larga y buena, Amén.

Después de saludarte con gran amor...
Recibí tu llamada telefónica ayer. Hoy te envío el segundo volumen de *Diez Emanaciones Luminosas* que acaba de salir del encuadernador.

Por ser la Festividad de las Luces, te escribo brevemente acerca de un asunto práctico concerniente a la sabiduría de estos días. Hay una cuestión que todos preguntan: ¿Por qué se estableció el milagro en conexión con el aceite y no con la victoria en la guerra en la cual los poderosos fueron entregados en las manos de los débiles y los muchos en manos de tan pocos y así sucesivamente? Pero conmemoramos con el encendido de las velas de *Janucá* solamente el milagro del aceite.

La respuesta es que el aceite significa el nivel de *Jojmá* (Sabiduría), como dice el versículo: "La vela del Creador es el alma del hombre" (Proverbios 20:27) que lo mantiene vivo. Además, la Luz de *Jojmá* (Sabiduría) es llamada *Jayá* (sostén de la vida), de acuerdo con las palabras: "Y la sabiduría da vida a aquellos que la dominan" (Eclesiastés 7:12). También la palabra *jajam* (sabio) es equivalente numéricamente a *jayim* (vida).

מכתב ג'

ב"ה
יום כ"ח כסליו ד' דחנוכה תשכ"ה תל-אביב

אורה ושמחה וכל טוב סלה לכבוד חביב אדם הרב רבי פייוויל שליט"א.

אחר דרישת שלומו הטוב באהבה רבה קבלתי אתמול הטליפון ממך. ושלחתי לך היום כרך שני מתלמוד עשר ספירות שיצא כעת מן הכורך.

ולהיות שאנו כהיום בחג האורים אכתוב לך משהו בקיצור מענינא דיומא, יש קושיא שכולם מתלבטים בה, למה קבעו הנס על השמן, ולא על הנצחון במלחמה שנמסרו גבורים ביד חלשים ורבים ביד מעטים וכדומה והזכר שאנו עושים בהדלקת נר חנוכה הוא רק על נס של השמן.

התשובה היא כי שמן רומז לחכמה כמו שנאמר נר ה' נשמת אדם המחיה אותו, ואור החכמה נקרא חיה בסוד הכתוב והחכמה תחיה את בעליה, וכן חכם בגימטריא חיים.

Hay también una sugerencia acerca de las (discusión sobre las) vasijas del Tabernáculo. Después de que Betsalel[1] arregló todo, vino luego Moisés y las ungió [a las vasijas] con el aceite de ungir y es entonces que se volvieron vasijas santas, en tanto que antes no lo eran. Esto es prueba de que el aceite alude al Espíritu Divino que es atraído (hacia abajo a nosotros) con el aceite de ungir, y por lo tanto es llamado el "aceite de ungir sagrado".

Por lo tanto, cuando el reino maligno de Grecia fue puesto en contra nuestra para causarnos que olvidemos la observancia de los preceptos de nuestra Santa *Torá*, que es nuestra vida, nos dijeron que escribiéramos en el cuerno de toro: "No tenemos parte en el Señor de Israel". Entonces los *jasmoneos*[2] se llenaron de celos por amor al Creador, y penetraron en el campamento de los griegos, hiriéndolos de derecha a izquierda. Este despertar desde Abajo —que los israelitas arriesgaron sus vidas por la Santidad del Creador, diciendo: "Sin la *Torá* y el cumplimiento de Sus preceptos, ¿para qué queremos la vida? — hizo una gran impresión en el Cielo. Es por eso que ellos experimentaron este gran milagro, y prevalecieron sobre sus enemigos, y los derrotaron.

Es por esto que conmemoramos el aceite específicamente: porque este alude (al concepto que) "la vela (llama) del Creador es el alma del hombre".

Esto también te ayudará a entender lo que fue discutido en *Shaar Hakavanot* (La Puerta de la Meditación)[3] acerca de *Janucá*. En el valor numérico de la palabra *ner* (vela, llama) están insinuadas

---

1 El arquitecto del Tabernáculo en el desierto.
2 Grupo pequeño de israelitas que crearon el milagro de *Janucá*, 167 AEC.
3 Uno de los libros del gran Kabalista de siglo XVI, el *Arí*, Rav Isaac Luria.

ויש גם רמז על זה מהכלים של המשכן, שאחר שבצלאל סידר הכל בא משה רבינו אחר כך ומשח אותם בשמן המשחה ואז נעשו לכלי קודש. וקודם זה לא. הרי ראיה שהשמן רומז לרוח הקודש שנמשך עם שמן המשחה ולכן נקרא שמן משחת קודש.

ולכן כשעמדה מלכות יון הרשעה עלינו להשכיחנו מקיום מצות תורתנו הקדושה אשר היא חיינו ואמרו לנו לכתוב על קרן השור שאין לנו חלק באלקי ישראל, נתמלאו החשמונאים עם קנאת ה' צבאות ונכנסו בין מחנה היונים והרביצו על ימין ועל שמאל, ההתערותא הזו דלתתא עשתה רושם גדול בשמים, איך בני ישראל מוסרים נפשם על קדושת השם יתברך, אשר אמרו בלי התורה וקיום מצוותיו למה לנו חיים, ונעשה להם הנס הגדול שהתגברו על השונאים ונצחו אותם,

ולכן אנו עושים הזכר על שמן דוקא הרומז על נר ה' נשמת אדם.

ובזה תבין גם כן במה שנאמר בשער הכוונות של חנוכה כי בגימטריא של "נר" מרומז ג' יחודים שהם בגימטריא נר, והם: יחוד

en las tres Uniones[4] (*Yijudim*), las cuales numéricamente (juntas) son equivalentes a *ner*. Esas son la Unión de (los diferentes nombres del Creador) YKVK-AKYK, YKVK-ELKIM y YKVK-ADNY. Esos seis nombres (juntos) contienen 25 letras.

Este es el significado de la palabra *Janucá* —*Janú Cah* (literalmente, *Janú* = ellos acamparon, *Cah* = 25) — que la nación de Israel estuvo acampada sobre la gran Luz de las tres Unificaciones arriba mencionadas. Despertamos esas Luces de modo que brillen sobre nosotros en estos días como lo hicieron en esos días. Es por esto que recitamos la oración: "encender la vela (*ner*[5])", porque con el precepto de encender y arreglar, podemos merecer el disfrutar las Luces de esas Uniones mencionadas antes.

Yehuda Tzvi

P. D. Te encarezco que comas bien porque el cuerpo es propenso a los hábitos y podemos acostumbrarnos a apenas comer, pero esto no es bueno. Si no comemos pan, entonces debemos comer carne o vegetales y otras cosas. Tengo que parar aquí porque las personas me están esperando. Te bendigo con salud y abundancia y éxito y todo lo mejor.

El infraescrito

---

4 Meditación, por medio de la cual unimos diferentes entidades a fin de que sean manifestadas como una entidad.

5 El valor numérico de *ner* es el mismo de las Uniones juntas = 250.

הוי"ה-אהיה, הוי"ה-אלקים, הוי"ה-אדני. שהם ששה שמות שיש בהם כ"ה אותיות.

שזה פירוש חנו-כ"ה, שחנה על עם ישראל האור הגדול של ג' היחודים הנזכרים, ואנחנו מעוררים את האורות האלו שיאירו לנו בימים ההם ובזמן הזה ולכן אנו מברכים להדליק "נר" שעל ידי המצוה של ההדלקה וההנחה נזכה ליהנות מאורות היחודים הנ"ל.

יהודה צבי

אבקש שתאכל נכון שהגוף הוא בעל הרגל ויכולים להרגיל את עצמו לא לאכול כמעט אבל זה לא טוב, אם לא לאכול לחם אוכלים בשר או ירקות או שאר דברים. אני מוכרח לגמור כי מחכים לי ואני מברך אותך בבריאות ובברכה והצלחה וכל טוב סלה.

הנ"ל

על קדושת השי"ת אשר אמרו בלי התורה וקיום מצוותי' למה לנו חיים ונשמה להבהנם
הגדול שהתגברו על היוונים ונצחו אותם. ולכן אנו עושים הזכר על שמן דוקא
הרומז על נר ה' נשמת אדם, ובזה תבין גם כ"ה בחש בסוד הכוונות של חנוכה
כי בגימטריא של נר"י מרומז ג' יחודים שהם בגימ' נר והסיחוד הוי"ה-אהו"ה,
הוי"ה-אלקים, הוי"ה אדנ"י. שהם שלש שמות שיש בהם כ"ה אותיות שזה
פירושו חנו-כ"ה שחנה על עם ישראל האור הגדול של ג' יחודים הנזכרים
ואנחנו מעוררים את האורות האלו שיאירו לנו כימים ההם בזמן הזה
לכן אנו מברכים להדליק נר" שזו המצוה של ההדלקה והנחה
נזכה ליהנות מאורות היחודים הנ"ל

Carta Cuatro

Con ayuda del Creador
Tel Aviv, décimoprimer día del mes de *Shevat*, 5725
14 de enero de 1965

Al honorable amado de mi alma y amado, nuestro Maestro, Rav Shraga Féivel; que merezcas una vida larga y buena, Amén.

Enseguida del saludo he preparado una contestación en respuesta a tu carta. Deseo escribir palabras de la porción semanal de la *Torá*. Está escrito: "Y el Creador dijo a Moisés; '¿Por qué clamas a Mí? Habla a los hijos de Israel y diles que deben seguir adelante'" (Éxodo 14:15). Muchos se han sorprendido con esto. Primero, las palabras "a Mí" parecen redundantes. ¿A quién más podía haber clamado y orado Moisés? Segundo, la pregunta "'¿Por qué clamas a Mí?'" es también extraña, ya que, ¿qué más podían los hijos de Israel hacer en su aflicción sino clamar y orar a su Padre en el Cielo?

Está escrito en el Santo *Zóhar* (*Beshalaj*, 180): "¿Por qué clamas a Mí? Todo depende de *Atiká*[1]". El asunto es que el Creador instruyó a Moisés en Sus caminos, cuando Moisés solicitó: "Enséñanos ahora Tus caminos" (Éxodo 33:13). Así, como hay naturaleza y un camino de la naturaleza en la fisicalidad, así también hay un camino de la naturaleza en la espiritualidad, como está escrito: "Si ustedes siguen (lit. caminan de acuerdo a) Mis estatutos, y guardan Mis preceptos, etc.... Entonces Yo les daré a ustedes lluvia en la estación debida" (Levítico 26:3-4). Y es siempre así, porque si caminamos por el sendero recto,

---

1 *Atiká* es el nivel de *Kéter* (Corona), la primera emanación del Infinito.

מכתב ד'

ב"ה
י"א שבט תשכ"ה תל-אביב

כבוד ידיד נפשי ואהובי מורינו הרב שרגא פייביל שליט"א.

אחרי דרישת השלום ערכתי לך מכתב תשובה על מכתבך, וכאן אני רוצה לכתוב דבר תורה מפרשת השבוע: כתוב ויאמר ה' אל משה מה תצעק אלי דבר אל בני ישראל ויסעו, כאן רבו המתמיהים, ראשית, מלת אלי נראה כמיותרת - רק למי היה לו לצעוק ולהתפלל, שנית, השאלה מה תצעק גם כן פליאה, כי מה יעשו אחרת בני ישראל בצרתם אם לא לצעוק ולהתפלל אל אביהם שבשמים.

בזהר הקדוש כתוב מה תצעק אלי בעתיקא תליא מילתא, אלא הענין הוא זה כי השם יתברך הורה למשה רבינו עליו השלום את דרכיו, כמו שביקש הורנו נא את דרכיך, והנה כמו שיש טבע ודרך הטבע בגשמיות כן יש דרך טבע ברוחניות כמו שכתוב אם בחוקותי תלכו ואת מצותי תשמורו וגו', ונתתי גשמיכם בעתם, וכן

atraemos toda la bondad, pero si, ¡el Cielo no lo permita!, no caminamos por el sendero del bien, atraemos al Opuesto.

Pero algunas veces, uno necesita necesita provocar (lit. atraer hacia abajo) un milagro, significando: trascender las leyes (lit. el camino) de la naturaleza. ¿Cómo podemos realizar milagros que reordenen el sistema (natural) en forma diferente de la manera en que el Creador lo estructuró? Esto puede suceder solamente a través de *mesirut néfesh* (autosacrificio) porque la fuerza y el deseo por su misma existencia, para gobernar y tragar todo, es innata y existe dentro de cada ser humano. De ese modo, si una persona se impulsa a sacrificar su vida por la Gloria del Creador, entonces esta fuerza irrumpe a través de todos los firmamentos y rasga todos los velos[2]. Y no hay poder entre los seres Superiores e Inferiores que sea capaz de detenerlo e impedir cualquier cosa que él pida. Su oración es plenamente respondida.

En seguimiento de esto, el santo *Baal Shem Tov*[3], de bendita memoria, interpretó el versículo: "El Creador es tu sombra" (Salmos 12:5). Tal como la sombra sigue y hace cada movimiento de una persona, así también el Creador sigue (como una sombra) al hombre. Si un hombre está dispuesto a sacrificarse por la Santidad del Creador, entonces el Creador anula todos los caminos (leyes) de la naturaleza que Él ha puesto y se vuelve hacia ese hombre autosacrificante. Y aun si ese hombre no es honesto ni merecedor, según el proceso normal (*tikún*), y necesita esperar por [la salvación] *Beitá* (a su debido tiempo) (Isaías 60:22), sin embargo, a través de su sacrificio, él apresura

---

2 Velos que nos separan de la Luz.

3 Fundador del movimiento jasídico y un kabbalista circa 1780 EC.

תמיד אם הולכים בדרך הישרה ממשיכים כל טוב, ואם חס ושלום לא הולכים בדרך הטובה גורמים ההיפוך רחמנא ליצלן.

אבל לפעמים שצריכים להמשיך נס היינו מחוץ לדרך הטבע, איך ממשיכים ניסים לשדד את המערכה מכפי מה שסידר אותה השם יתברך, זוהי רק על ידי מסירת נפש, היות שבאדם טבוע וקיים הכח והרצון לקיומו עצמו, ולבלוע הכל ולשלוט על הכל, ובאם הוא מתגבר עצמו למסור את נפשו למען כבודו יתברך אז כח הזה בוקע כל האוירים וקורע כל המסכים ואין שום כח לא בעליונים ולא בתחתונים לעצור בעדו ולמנוע ממנו שום דבר מבקשתו. ותפלתו מתמלא בכל.

ועם זה פירוש רבינו הבעל שם טוב הקדוש זכותו יגן עלינו אמן את הפסוק "ה' צלך" שכמו שהצל עושה כל מה שהאדם עושה כל תנועה ותנועה, כן השם יתברך עושה עם האדם, ואם האדם מוכן למסור את עצמו על קדושת ה' אז הקדוש ברוך הוא מבטל את כל סדרי הטבע שקבע ופונה אל האדם הזה בעל המסירות נפש, אף על פי שאינו הגון ואינו כדאי לפי הסדר הקבוע וצריך לחכות

la salvación para sí mismo a través del aspecto de *Ajishená*[4] (apresuraré) (ibid.).

La oración que la gente reza y clama al Creador, especialmente en tiempos de angustia, ¡Dios no lo permita!, es parte de los caminos espirituales de la naturaleza para apresurar la salvación y ayudar en tiempos de aflicción.

Pero para un milagro (que está) por encima de las leyes de la naturaleza, se requiere el autosacrificio. Esto es lo que el Creador (quiso decir cuando) dijo a Moisés: "¿Por qué clamas a Mí?". Ahora deseo realizar milagros que no están de acuerdo con el camino de la naturaleza, (y) esto depende de *Atiká*. Porque hay un nivel llamado *Zeir Anpín*[5] (Rostro Pequeño), que ordinariamente acepta las oraciones de los israelitas y les responde, y este (nivel) es llamado "a Mí".

Pero aquí depende "de Mí" (ver *Rashí*[6]), ya que un milagro[7] más allá del camino de la naturaleza (física) ha de ser revelado a los hijos de Israel. Por lo tanto (la orden de Dios a Moisés): "Habla a los hijos de Israel y diles que deben seguir adelante", que muestren autosacrificio. Y luego el Nivel Superior, que reordena todos los sistemas (naturales) y convierte a los mares en tierra seca, despertará y "Él convertirá el desierto en un lago, y el suelo seco en manantiales" (Salmos 107:35) y apresurará la salvación para Su pueblo, no de acuerdo con las leyes (lit. caminos) de la naturaleza.

He revelado un *téfaj* (puño), pero mil puños siguen ocultos.

---

4 El final del *tikún* (corrección) tiene garantizada su llegada en su propio tiempo. Pero puede ser apresurado por medio de nuestro autosacrificio.

5 La Fase Tercera, un canal de Luz a nuestra realidad.

6 Rav Shlomo Yitsjaki, conocido como *Rashí*, quien es el comentarista mejor conocido de la *Torá*, Siglo XI EC.

7 División del Mar Rojo.

אל "בעתה" ועל ידי המסירות נפש הוא מחיש לעצמו הישועה בבחינה "אחישנה".

ענין התפילה שמתפללים וזועקים להשם יתברך ובפרט בעת צרה שלא תבוא חס ושלום היא מדרכי הטבע הרוחניים להחיש ישועה ועזר בצרה.

אבל לנס מחוץ לדרך הטבע צריכים מסירות נפש. וזה אמר הקדוש ברוך הוא למשה מה תצעק אלי, כעת הנני רוצה לעשות להם נסים שלא כדרך הטבע בעתיקא תליא מילתא, כי יש מדרגה שנקרא זעיר אנפין, שקבוע לקבל תפילתם של ישראל ולענות להם, וזהו "אלי".

אבל כאן עלי הדבר תלוי, (עיין ברש"י) שצריכים לגלות לבני ישראל נס שלא כדרך הטבע, ולכן דבר אל בני ישראל ויסעו שהם יגלו את מסירת נפשם למטה ועל ידי זה תתעורר המדרגה העליונה המשדדת כל המערכות ומשימה ימים לחרבה, ו"ישם מדבר לאגם מים וארץ ציה למוצאי מים", ומחיש לעמו ישועות שלא כדרך טבע.

גיליתי טפח, ואלף טפחים עוד מכוסים.

Deseo verte teniendo dos tablas[8]: de la *Torá* y de la grandeza.

Espero continuar discutiendo este asunto contigo, porque hay cosas que todavía no se permite que sean escritas. Te las diré cuando pronto estemos juntos. Por favor hazme saber si entiendes lo que he escrito.

Te deseo todo lo mejor,
Yehuda Tzvi Brandwein

8 Las tablas representan el éxito. Los sabios decían que no cualquiera merece los éxitos financiero y espiritual. Rav Brandwein bendice a su estudiante, Rav Berg, para que experimente ambas clases de éxito al mismo tiempo.

אני רוצה לראות אצלך שני שלחנות תורה וגדולה.

והנני מקווה עוד להמשיך עמך בענין זה כי יש דברים שעוד לא התירו להעלותם בכתב, ואם ירצה השם אמסור אותם לך בעת שנהיה יחד בקרוב, ונא להודיע לי אם הנך מבין את מה שכתבתי.

המאחל לך כל טוב,
יהודה צבי ברנדוויין

והננו מקוה עוד להמשיך עמק בענין זה כי יש דברים
שעוד לא התחלתי להעלותם בכתב ואי"ה אמסור אותם לך

Carta Cinco

Con la ayuda del Creador
Tel Aviv, domingo 28 del mes de *Shevat*, 5725
31 de enero de 1965

¡Abundancia de bendición y éxito para el honorable amado de mi alma, amado entre los hombres, nuestro Maestro, Rav Shraga Féivel; que merezcas una vida larga y buena, Amén!

Después de saludarte con gran amor...
La noche pasada después del Santo *Shabat*, llamé el alcalde de *Tsefat* (Safed), ¡que sea reconstruida y restablecida! Me respondió que había recibido tu carta y ya había presentado el asunto a los miembros del consejo de la ciudad y está en progreso. Él estará en Tel Aviv esta semana y me visitará, y entonces me dará los detalles concernientes a la petición. Él espera que esto termine bien.

También recibí la carta concerniente a los comentarios sobre las palabras de la *Torá* relacionados con la porción de *Beshalaj*[1]. El asunto es como tú lo habías percibido, y no hay conexión entre la porción de *Nóaj*[2] y esta porción. La situación en los días del Diluvio es muy diferente de la situación en la división del Mar Rojo y la Revelación en Monte Sinaí[3], como está escrito: "Una sirvienta[4] vio en el mar lo que el profeta Ezequiel[5] no vio (*Zóhar, Beshalaj*, 434).

---

1 La cuarta porción en el Libro de *Bemidbar* (Números).
2 La segunda porción en el Libro de *Bereshit* (Génesis).
3 1330 AEC.
4 Persona sencilla.
5 Un profeta, circa 580 AEC, quien tuvo una visión de la Creación, la Resurrección futura, y el Armaguedón.

מכתב ה'

ב"ה
יום א' כ"ח שבט תשכ"ה תל-אביב

שפע ברכה והצלחה לכבוד ידיד נפשי חביב אדם מורינו הרב שרגא פייביל שליט"א.

אחר דרישת שלומו הטוב באהבה רבה, צלצלתי אמש במוצאי שבת קודש לראש העיר צפת תבנה ותכונן וענה לי שקיבל מכתבך וכבר הציע הדבר לפני חברי מועצת העיריה והענין הוא בטיפול והוא יהיה השבוע בתל-אביב ויבקר אצלי ויודיע לי פרטים על הענין המבוקש, הוא מקוה שהוא יגמר בכי טוב.

קבלתי גם המכתב בענין הדברי תורה מפרשת בשלח הדברים הם כפי מה שאתה תפסת, ואין שום שייכות מפרשת נח לכאן, ורחוק מאד המצב של ימי המבול להמצב של קריעת ים סוף ומעמד הר סיני שכתוב ראתה שפחה על הים מה שלא ראה יחזקאל הנביא.

Los hijos de Israel merecieron la Luz Oculta[6] que brillará sobre nosotros en el Final de Todas las Correcciones. Por lo tanto, está escrito: "Entonces Moisés cantará" (Éxodo 15:1). No dice "cantó", sino "cantará". También: "Todos eran como uno, con un corazón" (Éxodo 19:2), y aun los bebés recitaron la canción porque la *Shejina* Santa[7] moraba sobre ellos y era acogida dentro de ellos y estaba cantando desde dentro de sus gargantas.

Y tal adhesión (y unión) es similar a la que un hombre tiene con sus pensamientos. Cualquier cosa que un hombre piensa, todos sus órganos están preparados para ejecutar sin que él tenga que ordenárselos. Esto es debido a la conexión que el Creador ha hecho entre la Luz de la mente y el pensamiento, que es la espiritualidad, y las partes del cuerpo, que son físicas, y ambas están tan unidas que el flujo de pensamientos en las partes del cuerpo no es sentida.

Hay otro tipo de adhesión de un nivel inferior, como un amo y sus esclavos. Sin importar lo fieles y dedicados que sus esclavos puedan estar, el amo nunca puede culparlos si ellos no llevan a cabo lo que él estaba pensando. Ellos son esclavos confiables y realizan todo lo que su amo les ordena, pero lo que él está pensando ellos no lo saben y por lo tanto no pueden ejecutarlo.

En el momento de la División del Mar Rojo y la Revelación en Monte Sinaí, lo hijos de Israel estaban adhiriéndose al Creador como un hombre con sus pensamientos. Y sobre eso, nuestros sabios, de bendita memoria, dijeron (*Talmud, Shabat*, 88a): "¿Quién reveló este secreto a Mis hijos así que ellos dijeron: 'Haremos

---

6 La Luz Infinita de la Creación que fue ocultada debido al Pan de Vergüenza (*Zóhar, Bereshit*, 388-397).

7 La Presencia Divina de Dios.

ובני ישראל זכו אז לאור הגנוז שיאיר לנו בגמר כל התקונים שלכן כתוב אז ישיר שר לא נאמר אלא ישיר, וכולם היו כאיש אחד בלב אחד ואפילו התנוקות אמרו שירה כי השכינה הקדושה שרתה עליהם ונתלבשה בהם ושרה מתוך גרונם.

ודבקות כזו הוא כדוגמת אדם עם מחשבתו, שמה שאדם חושב, כל אבריו מוכנים ועושים בלי שיגיד להם, מפני הקשר שהשם יתברך קָשַׁר בין אור השכל והמחשבה שהיא רוחניות עם אברי הגוף שהם גשמיים והם דבוקים יחד כל כך שלא מרגישים את זרימת המחשבה לתוך אברי הגוף.

ישנה מין דבקות אחרת במדרגה יותר נמוכה כמו אדון עם עבדיו ואפילו אם העבדים יהיו הכי נאמנים ומסורים עם כל זה לא יבוא האדון בטענה אליהם למה שלא עשו מה שהוא **חשב**, הם עבדים נאמנים ועושים מה שהאדון מצווה להם בשלימות, אבל מה שהוא חושב אינם יודעים ואי אפשר להם לעשות.

ובמעמד קריעת ים סוף והר סיני היו בני ישראל דבוקים בהשם יתברך כאדם עם מחשבתו, ועל זה אמרו חכמינו זכרונם לברכה

y escucharemos', un secreto que los ángeles usan: 'Primero hacen lo que Él dice, y luego escuchan?'".

Uno alcanza tal estatura por medio de sacrificarse por la Santidad de Su Nombre. Por lo tanto, el Creador dijo a Moisés: "Habla a los hijos de Israel y diles que deben seguir adelante". Y los hijos de Israel aceptaron sobre sí mismos inmediatamente y allí que sería mejor morir ahogados en el mar que ser esclavizados por los egipcios, [lo cual es justamente] como has entendido la situación. Me hace feliz hablar con alguien que oye y entiende.

Es bueno que estudies por ti mismo, y cuando no entiendas, pide la misericordia de Aquel a Quien pertenece la sabiduría (ver *Talmud*, Tratado *Nidá*, 70b.).

Confío y espero que no estarás solo porque hay más con nosotros que con ellos[8].

Estudia solamente porque es un precepto del Creador y con sencilla confianza porque el Creador se complace cuando Su *Torá* es estudiada y entendida. Entonces verás que "ninguna cosa buena retendrá Él de aquellos que caminan rectamente (lit. entero, inocente)" (Salmos 84:12).

Te envié hoy 10 volúmenes del *Zóhar* con el comentario del *Sulam*[9] y me esforzaré en completar todos los 21 volúmenes.

Yehuda Tzvi

---

8 ...aunque esto no es aparente (de acuerdo con el versículo 32:7 de II Crónicas).

9 *Sulam* (Escalera) es el nombre que Rav Áshlag dio a su traducción y comentario del *Zóhar*.

מי גילה רז זה לבני שאמרו נעשה ונשמע סוד שהמלאכים משתמשים בו-עושי דברו והדר לשמוע.

ולמצב כזה זוכים על ידי מסירת נפש על קדושת שמו יתברך. וזה שאמר השם יתברך למשה: דבר אל בני ישראל ויסעו, ובני ישראל קיבלו עליהם אז שיותר טוב להטבע בים מלהיות תחת השעבוד של המצריים, כפי שאתה הבנת את הדברים שזה משמח אותי כשמדברים לשומע ומבין.

ומה טוב שתלמוד ביחידות ומה שלא תבין תבקש רחמים ממי שהחכמה שלו (עיין במסכת נדה ע', ע"ב).

והנני מצפה ומקוה שלא תהיה יחידי, כי רבים אשר עמנו מאשר עמהם.

ותלמוד רק מתוך מצות השם יתברך ובאמונה פשוטה שהקדוש ברוך הוא יש לו נחת רוח אם לומדים תורתו ומבינים אותה, אז תראה כי לא ימנע הטוב מהולך תמים.

שלחתי לך היום עשרה כרכים מספר הזהר עם פירוש הסולם ואשתדל להשלים לך כל כ"א הכרכים.

יהודה צבי

Carta Seis

Con ayuda del Creador
Fin del *Shabat*, porción de *Zajor*[1],
Décimo día del mes de *Adar* II, 5725
14 de marzo de 1965

¡Un *Purim* gozoso y todo lo mejor para el excelente y honorable amado entre los hombres, el Rav precioso, quien ama al Creador, a Israel, y a la *Torá*: nuestro Maestro, Rav Shraga Féivel; que merezcas una vida larga y buena! Amén.

Después de saludarte con gran amor...
Recibí tu carta del 3 de *Adar* II (marzo 7, 1965) y estuve muy complacido de oír acerca de ti y especialmente acerca de tus preguntas concernientes a las Cuatro Fases del Deseo[2].

Para evitar extenderme, no escribiré la pregunta sino solamente la respuesta. Espero que encuentres eso satisfactorio, y si no, pregunta entonces otra vez. Las Cuatro Fases[3] del Deseo son el fundamento de toda la sabiduría[4]; son el significado secreto del Nombre[5], el cual consiste de cuatro letras — *Yud*, *Hei*, *Vav* y *Hei* — y que contienen todo.

La letra *Yud* alude a la Primera Fase, la cual es *Jojmá* (Sabiduría). La primera *Hei* alude a la Segunda Fase, la cual es *Biná* (Inteligencia). La *Vav* alude a la Tercera Fase, la cual es *Zeir*

---

1 Lectura especial de la *Torá* para eliminar las dudas y la incertidumbre, leída en el *Shabat* que precede a la festividad de *Purim*.

2 La Vasija también es llamada: Deseo.

3 Ver *Diez Emanaciones Luminosas*, Parte 1, Capítulo 1 (Luz interior, versículo 14).

4 La sabiduría de la Kabbalah es a veces mencionada por los kabbalistas como: Sabiduría.

5 El Tetragrámaton.

מכתב ו'

ב"ה
מוצאי שבת קודש פרשת זכור תשכ"ה
תל-אביב

פורים שמח וכל טוב סלה למעלת כבוד חביב אדם הרבני היקר אוהב ה' ואוהב ישראל ואוהב תורה מורינו הרב שרגא פייביל שליט"א.

אחר דרישת שלומו הטוב באהבה רבה, קבלתי מכתבך מיום ג' אדר ב' ושמחתי מאד לשמוע משלומך ובעיקר בהשאלות בענין ד' בחינות שברצון.

ובכדי שלא להאריך לא אכתוב את השאלה רק התשובה ואני מקוה שיספק אותך ואם לא תבקש עוד פעם, כי ד' בחינות שברצון הם יסוד כל החכמה והוא סוד שם הוי"ה הכולל הכל.

כי י' רומזת לבחינה א' אשר היא חכמה, ה' ראשונה רומזת לבחינה ב' שהיא בינה, ו' רומזת לבחינה ג' שהיא זעיר אנפין, ה' אחרונה

Anpín (Rostro Pequeño). La última *Hei* del Nombre alude a la Cuarta Fase, la cual es *Maljut* (Reino). Así, las rdsaCuatro Fases incluyen el Nombre *Yud, Hei, Vav* y *Hei*, y todas las Diez *Sefirot*[6].

Debes saber que cada Fase es un nivel en sí misma, exactamente como otro mundo. La analogía es que puedes percibir todo lo que está en el mundo en que estás, pero nada puedes percibir de lo que está en otro mundo. En consecuencia, la palabra *olam* (mundo) es derivada de la palabra *haalamá* (encubrimiento). Estas Cuatro Fases también se dividen en (representan) Cuatro Mundos: la *Yud* es *Atsilut* (Emanación) y es la Primera Fase del Deseo. La primera *Hei* es el Mundo de *Briá* (Creación), que es la Segunda Fase del Deseo. La *Vav* es la Tercera Fase del Deseo y significa el Mundo de *Yetsirá* (Formación), y la *Hei* inferior (final) es la Cuarta Fase del Deseo, a saber: *Maljut* (Reino), que alude al Mundo de *Asiyá* (Acción).

Esto debe explicarte lo que has preguntado acerca de (el concepto que) "la Luz de *Jojmá* (Sabiduría) existió siempre durante la expansión...etc.", donde esta existe en la expansión que es llamada la Primera Fase pero no en la Segunda Fase, la cual es llamada *Biná* (Inteligencia) y la cual desea *Jasadim* (Misericordias) y repele a *Jojmá* (Sabiduría). Ya que cada Diferencia de Forma es un Mundo completamente diferente. La Primera Fase es llamada el Mundo de *Atsilut* (Emanación), y la Segunda Fase es *Briá* (Creación). Y más así es la Cuarta Fase que viene después de que la Tercera Fase ha emergido con la Luz de *Jasadim* (Misericordias) y la iluminación de *Jojmá* (Sabiduría), por cuya razón es llamada *Zeir Anpín* (Rostro Pequeño); ¿de dónde la Luz de *Jojmá* (Sabiduría) apareció allí?

---

6 Los diez niveles de emanación de Luz del Infinito a nuestra realidad son llamadas *Sefirot*. La Tercera Fase, *Zeir Anpín*, consiste de las seis *Sefirot* inferiores.

שבשם רומזת לבחינה ד' שהיא מלכות. הרי לך שד' בחינות אלו הן כוללות השם הוי"ה וכל עשר הספירות.

ואתה צריך לדעת כי כל בחינה היא מדריגה בפני עצמה, וממש כמו עולם אחר. המשל בזה הוא שמה שיש בעולם הזה שאתה נמצא בו הנך יכול להשיג, ומה שיש בעולם אחר אינך משיג כלום שעל זה נקרא עולם מלשון העלמה, וד' בחינות אלו מתחלקות גם לד' עולמות כי י' היא אצילות, והיא בחינה א' שברצון וה' ראשונה היא עולם הבריאה בחינה ב' שברצון, ו' היא בחינה ג' שברצון, והיא רומזת לעולם היצירה, וה' תחתונה שהיא בחינה ד' שברצון היינו מלכות היא רומזת לעולם העשיה.

ובזה יתורץ לך מה ששאלת: "האור דחכמה היה כל הזמן בעת ההתפשטות זו וכו'". איפה הוא נמצא בהתפשטות שנקרא בחינה א' ולא בבחינה ב' שנקרא בינה החפצה בחסדים ודוחה חכמה וכל שינוי צורה הוא עולם אחר לגמרי שבחינה א' נקרא עולם אצילות, ובחינה ב' בריאה, וכל שכן בחינה ד' שהיא אחר שבחינה ג' יצאה

El desarrollo secuencial de las Cuatro Fases nos enseña cómo este anhelo de la Luz de *Jojmá* (Sabiduría) se hace y nace. Porque este (anhelo) es posible solamente cuando la Luz no está presente, porque solamente entonces el anhelo de esta (la Luz) será posible, y esta es la Cuarta Fase.

Y en lo concerniente a lo que has escrito: "Y debido a que después de la Tercera Fase hubo un Deseo de Compartir, entonces naturalmente el Deseo de Recibir despertó", esto es un error. ¿Qué continuación hay allí? Después de que hay un Deseo de Compartir, que es la raíz de todas las correcciones (si uno ha de): volverse un ser de compartir, ¿cómo puede un Deseo de Recibir ser despertado? Después de todo, el Recibir para Uno Mismo Solamente es la raíz de todos los pecados. ¿Y cómo puede ser este una continuación del Deseo de Compartir? Sabemos que un precepto engendra un precepto (Tratado *Avot*, 4:2) y no lo opuesto, el Cielo no lo permita.

Pero la explicación es que (algo sucedió) después de que la Tercera Fase fue revelada, la cual es que la Luz de *Jasadim* (Misericordias) fue iluminada con la Luz de *Jojmá* (Sabiduría), y este es el secreto de la Luz de *Jayá* (Sostén de la Vida), ya que la Luz de *Jasadim* no puede existir sin la vida. Esto es similar al ejemplo del puñado de algarrobas que Rav Janiná ben Dossa[7] tenía de la víspera de un *Shabat* al siguiente (*Talmud*, *Taanit*, 10a).

Lo que sucedió es que fue hecho espacio para un despertar para anhelar la Luz de *Jojmá* (Sabiduría) en su totalidad. Porque el apetito está presente solamente antes de comer o cuando algo esencial está faltando; solamente entonces es posible que un verdadero anhelo, que es la Vasija completa, sea revelado.

---

7 Un kabbalista talmúdico (*Tanná*) del Siglo II EC.

באור חסדים ובהארת חכמה שעל שם זה נקרא זעיר אנפין, מאין יש שם אור החכמה.

וכל ההשתלשלות של ד' הבחינות היא, ללמד אותנו איך נעשה ונולד ההשתוקקות לאור החכמה, שזה אפשר רק בעת שהאור איננו, אז אפשר להשתוקק אחריו וזהו בחינה הד'.

ובזה שכתבת "שמשום שאחר בחינה ג' היה לו רצון להשפיע וממילא התעורר רצון לקבל", זו טעות. איזה המשך יש שאחר שיש רצון להשפיע שהוא שורש כל התיקונים להיות משפיע, שיתעורר אחר כך רצון לקבלה, הלא הקבלה לעצמו היא שורש של כל החטאים ואיזה המשך יש לה עם הרצון להשפיע, הלא מצוה גוררת מצוה ולא ההיפך חס ושלום.

אלא הפירוש הוא: שאחר שנתגלה בחינה ג' שהיא אור החסדים בהארת חכמה שהוא סוד אור החיה כי בלי חיות אי אפשר לאור החסדים להתקיים דוגמאת הקב חרובין של רבי חנינא בן דוסא מערב שבת לערב שבת.

אז נהיה המקום להתעוררות להשתוקק לאור החכמה בשלימות,

Examina lo que fue dicho muy cuidadosamente porque viene de la sabiduría sublime. Y si no entiendes, entonces pide con un corazón contrito a Aquel Quien posee la sabiduría[8], y entonces merecerás sabiduría.

En lo concerniente a la propiedad en *Tsefat* (Safed), que sea reconstruida y reestablecida, te he escrito que debes enviar un poder legal de un notario para el efecto de que puedas autorizar a alguien para vender y negociar con el dinero en tu representación y en tu nombre, y su mano sea como la tuya.

Recibí la carta de la gente de Bondad Verdadera[9]. Fui a ver a la Administración de la Tierra de Israel en Tel Aviv. Me enviaron a Haifa y allí me dijeron que me dirigiera al concejo regional de *Marom Hagalil* en Merón[10]. Pienso que este asunto debe ser dado al abogado, Kalaj, en *Tsefat* (Safed) para que lo maneje.

Esperamos el día de tu llegada. Te he apartado una habitación en mi casa hasta que encuentres un alojamiento apropiado.

Termino con una bendición. ¡Que la gracia del Creador esté contigo en todos tus actos; que tengas éxito en todos tus esfuerzos, y que encuentres gracia y bondad en los ojos del Creador y del hombre!

¡Un Purim feliz!
Yehuda Tzvi Brandwein

---

8 El Creador.
9 Una fundación de caridad en Israel.
10 Una ciudad en la Alta Galilea cerca de *Tsefat* (Safed) y el lugar del último descanso de Rav Shimón bar Yojái.

כי אין תאבון אלא לפני האכילה, או בעת שאין לו איזה דבר שהוא חיוני אז אפשר שתתגלה ההשתוקקות שהיא הכלי הגמורה.

דוק בדברים כי הם עומדים ברומה של עולם החכמה, ואם לא תבין, תבקש למי שהחכמה שלו בלב נשבר ואז תזכה לחכמה.

מענין הרכוש בצפת תבנה ותכונן כתבתי לך שאתה צריך לשלוח יפוי כח מנוטריון שאתה עושה למי שהוא לבא כח לקנות ולתת הכסף בשמך, וידו כידך.

קבלתי המכתב של אנשי חסד של אמת, הייתי אצל מינהל המקרקעין בתל-אביב, ושלח אותי לחיפה, הייתי בחיפה אמרו לי בחיפה שאני צריך לפנות למועצה האיזורית מרום הגליל שבמירון, אני חושב שגם ענין זה כדאי למסור לעורך דין קלך מצפת תבנה ותכונן שיטפל בזה.

הננו מחכים ליום בואך, ופיניתי הבית בשבילך עד שתמצא דירה מתאימה.

והנני מסיים בברכה יהי נועם ה' בכל מעשה ידיך וכל אשר תעשה תצליח ותמצא חן וחסד בעיני אלקים ואדם.

פורים שמח.
יהודא צבי ברנדוויין

ב"ה מוצש"ק פרשת זכור תשכ"ה תל- אביב.

פורים שמח וכט"ס למע"כ ח"א הרבני היקר אוהב ה' ואוהב ישראל ואוהב תורה וכו' מהרש"פ שליט"א

אחדשה"ס כאה"ר קבלתי מכתבך מיום ג' אדר ב' ושמחתי מאד לשמוע משלומך ובעיקר בהשאלות בענין ד' בחי' שברצון, ובכדי שלא להאריך לא אכתוב את השאלה רק התשובה ואני מקוה שיספק אותך, ואם לא תבקש עוד פעם, כי ד' בחי' שברצון הם יסוד כל החכמה וה"ס שם הוי"ה הכולל הכל כי י' רומזת לבחי' א' אשר היא הכמה, ה' ראשונה רומזת לבחי' ב' שהיא בינה, ו' רומזת לבחי"ג שהיא זעיר אנפין, ה' אחרונה שבשם רומזת לבחי"ד שהיא מלכות. הרי לך שד' בחי' אלו הן כוללות השם הוי"ה וכל עשר הספירות, ואתה צריך לדעת כי כל בחינה היא מדריגה בפני עצמה, וממש כמו עולם אחר, המשל בזה הוא שמה שיש בעולם הזה שאתה נמצא בו הנך יכול להשיג, ומה שיש בעולם אחר אינך משיג כלום שעל זה נקרא עולם מלשון העלמה, וד' בחי' אלו מתחלקות גם לד' עולמות כי י' היא אצילות, והיא בחי' א' שברצון זה' ראשונה היא עולם הבריאה בחינה ב' שברצון, ו' היא בחינה ג' שברצון, והיא רומזת לעולם היצירה, וה' התחתונה שהיא בחינה ד' שברצון היינו מלכות היא רומזת לעולם העשיה.

ובזה יתורץ לך מה ששאלת "האור דחכמה היה כל הזמן בעת ההתפשטות זו וכו'" איפה הוא נ-מצא בהתפשטות שנקרא בחינה א' ולא בבחי' ב' שנקרא בינה ההמצה בחסדים ודוחה חכמה וכל שינוי צורה הוא עולם אחר לגמרי שבחי"א נקרא עולם אצילות, ובחינה ב' בריאה, וכל שכן בבחי"ד שהיא אחר שבחינה ג' יצאה באור חסדים ובהארת חכמה שעל שם זה נקרא זעיר אנפין, מאין יש שם אור החכמה, וכל ההשתלשלות של ד' הבחינות היא, ללמד אותנו איך נעשה ונולד ההשתוקקות לאור החכמה שזה אפשר רק בעת שהאור איננו אז אפשר להשתוקק אחריו וזהו בחינה הד'.

ובזה שכתבת "ממשום שאחר בחינה ג' היה לו רצון להשפיע וממילא התעורר רצון לקבל" זה טעות, איזה המשך יש שאחר שיש רצון להשפיע שהוא שורש כל התקונים להיות למשפיע, שיתעורר אחר כך רצון לקבלה הלא הקבלה לעצמו, היא שורש של כל החטאים ואיזה המשך יש לה עם הרצון להשפיע הלא מצוה גוררת מצוה ולא ההיפך ח"ו, אלא הפירוש הוא: שאחר שנתגלה בחינה ג' שהיא אור החסדים בהארת חכמה שה"ס אור החיה כי בלי היות אי אפשר לאור החסדים להתקיים דוגמה הקב חרובין של ר' חנינא בן דוסא מערב שבת לערב שבת, אז נהי' המקום להתעוררות להשתוקק לאור החכמה בשלימות, כי אין תאבון אלא לפני האכילה, או בעת שאין לו איזה דבר שהוא חיוני אז אפשר שתתגלה ההשתוקקות שהיא הכלי הגמורה. דוק בדברים כי הם עומדים ברומה של עולם החכמה, ואם לא תבין תבקש למי שהחכמה שלו בלב נשבר ואז תזכה לחכמה.

מענין הרכוש בצפת"ו כתבתי לך שאתה צריך לשלוח יפוי כח מנטריון שאתה עושה למי שהוא לבא כח לקנות ולחת כסף בשמך, וידו כידך,

קבלתי המכתב של אנשי חסד ואמת, של הייתי אצל מינהל המקרקעין בת"א, ושלח אותי לחיפה, הייתי בחיפה אמרו לי בחיפה שאני צריך לפנות למועצה האיזורית מרום הגליל שבמירון, אני חושב שגם ענין זה כדאי למסור לעו"ד קלך מצפת שיטפל בזה.

הננו מחכים ליום בואך, ומיניתי הבית בשבילך עד שתמצא דירה מתאימה,

והנני מסיים בברכה יהי נועם ה' בכל מעשה ידיך וכל אשר תעשה תצליח ותמצא חן וחסד בעיני אלקים ואדם, פורים שמח.

Carta Siete

Con ayuda del Creador
Shushán Purim[1]
Diá 15 del mes de *Adar* II, 5725
19 de marzo de 1965

¡Gozo y alegría y bendición y éxito, y todo lo mejor para el honorable amado entre los hombres y mi amado, nuestro Maestro, Rav Shraga Féivel; que merezcas una vida larga y buena, Amén!

En respuesta a tu carta del 7 de *Adar* II, me gustaría hablarte acerca de ciertos principios que hemos aprendido.

Uno debe siempre recordar que "no hay ausencia en la espiritualidad" (*Diez Emanaciones Luminosas*, parte 1, capítulo 1), y si hay una innovación de forma, entonces (la nueva forma) es una adición a la forma previa. Sin embargo, esto no causa ninguna carencia (o deficiencia) en la forma inicial debido a que no hay ausencia, compensación, o cambio en la espiritulidad.

Con respecto a las Vasijas y la Luz: estos son dos sujetos distintos, y cada uno no puede interferir con los límites del otro. Esto es como el alma y el cuerpo, donde el alma es la Luz y el cuerpo es la Vasija. Deseo es el nombre dado a la Vasija y no a la Luz, ya sea que es el Deseo de Compartir, el cual es una Vasija para compartir, o el Deseo de Recibir, el cual es una Vasija para recibir.

---

1 El día después de *Purim*.

מכתב ז׳

ב"ה
יום שושן פורים תשכ"ה תל-אביב

ששון ושמחה וברכה והצלחה וכל טוב סלה לכבוד חביב אדם ואהובי מורינו הרב שרגא פייביל שליט"א.

בתשובה למכתבך מיום ז׳ אדר שני הנני להודיעך כמה כללים שלמדנו אותם.

צריכים לזכור תמיד שאין העדר ברוחניות, ואם יש חידוש צורה כל שהוא הרי הוא דבר נוסף על הצורה הקודמת, ואין זה גורם שום חסרון על הענין הראשון כי אין העדר וחילוף ותמורה ברוחניות.

ענין כלים ואורות שהם שני דברים מיוחדים ואין אחד יכול אף פעם להתערב בגבול השני כמו הנשמה והגוף, שהנשמה היא האור והגוף הוא הכלי. ורצון הוא שם של כלי ולא של אור, בין רצון להשפיע שהוא כלי להשפיע, ובין רצון לקבל שהוא כלי לקבלה.

Está prohibido tocar (el concepto de) la Luz sin temor y jugar con (entender) la Luz y determinar que la esencia de la Luz en expansión es un Deseo de Compartir.

Debes leer en el Índice de Terminología[2], respuesta uno, concerniente a lo que la Luz es. Encontrarás que esta expresa "Exclusión de sustancia; la Luz es 'beneficiar' o 'abundancia' o el cumplimiento del Deseo de las Vasijas, porque la materia (sustancia) de la Vasija es el Deseo de Recibir".

¿Cuáles son las Cuatro Fases del Deseo de Recibir? Lee (en el Índice de Terminología) la respuesta número 69. Lee bien lo que está escrito y encontrarás que no hay contradicción. Puedes interpretar que el significado de "partir del estado de ser Emanador a ser Emanado" (se refiere a) tener que pasar a través de las Cuatro Fases. Quiero decir que esas (Cuatro Fases) son cuatro estaciones, y en cada estación el nivel se aleja más de ser un Emanador y se acerca a ser llamado un Emanado. En la Primera Fase, que es la primera estación, no podemos llamar más a este nivel con el nombre Emanador, sino más bien (podemos llamarlo) la primera fase del Emanado, aunque no un completo Emanado. Este proceso asciende a la Cuarta Fase, donde hay Anhelo y Deseo (de la Luz), pero sin la Luz. Aquí es donde el nombre "Emanado" es puesto.

Esto te ayudará a entender que está prohibido establecer reglas duras hasta las primeras tres Fases. Puedes llamarlas con el nombre "Emanador" relativo a la Cuarta Fase, la cual es la única que puede ser llamada con el nombre "Emanado", mientras que las primeras tres Fases no pueden serlo. Al mismo tiempo, pueden con todo ser llamadas con el nombre "Emanado"

---

2 Ver *Diez Emanaciones Luminosas* de Rav Áshlag, Parte1.

ואסור לנגוע באור בלי שום פחד ולשחק באור ולקבוע כי המהות של האור המתפשט להיות רצון להשפיע.

עיין בלוח התשובות תשובה א' מהו אור ותראה שמציין חוץ מחומר, אור הוא "הטבה" או "שפע" או מילוי הרצון בכלים כי חומר הכלים הוא הרצון לקבל.

ומה הם ד' בחינות שברצון לקבל? עיין תשובה ס"ט, עיין היטב בדברים ותראה שאין שום סתירה, ואתה יכול לפרש, שהפירוש לצאת מכלל המאציל ולקנות שם נאצל, צריך לעבור ד' בחינות, רצוני לומר, דרך של ד' תחנות, ובכל תחנה מתרחקת המדרגה מן המאציל ומתקרבת להקרא בשם נאצל, בתחנה א' היא התחנה הראשונה, שכבר אי אפשר לקרוא למדרגה הזו בשם מאציל רק בשם בחינה א' של נאצל, אבל לא נאצל גמור; עד לבחינה הד', שאז ישנה השתוקקות ורצון בלי אור, ואז נקבע השם של הנאצל.

ובזה תבין שאסור לקבוע מסמרות בג' בחינות הראשונות, ואתה יכול לקרוא אותם בשם מאציל, בערך בחינה הד', שרק היא נקראת בשם נאצל ולא ג' הבחינות הראשונות, וכן אפשר לקרוא אותם

porque solamente la Raíz[3], que no tiene Deseo de Recibir alguno, puede ser llamada "Emanador" y no "Emanado".

Pero la Primera Fase ya contiene un Deseo de Recibir dentro de sí, y en consecuencia, puede ser llamada un "Emanado" y no un "Emanador", relativo al Emanador. La verdad es que las primeras tres Fases han dejado de ser parte del Emanador, pero aún no han alcanzado la etapa de ser Emanado, (lo cual sucede) solamente cuando alcanzan la Cuarta Fase, la cual es únicamente llamada el "Emanado".

Por favor, infórmame si tus negocios están progresando.

Concluyo con una bendición y la esperanza de que merezcas la *Torá* y la grandeza[4] que no todo hombre merece.

El asunto más importante es que debes hacer un esfuerzo para hacer lo que te he dicho.

Yehuda Tzvi

---

3 Nivel de *Kéter* (Corona).

4 Rav Brandwein bendice a su estudiante, Rav Berg, para que tenga éxito tanto espiritual como financiero.

בשם נאצלים, להיות שרק השורש שאין בו מרצון לקבל כלום, רק אותו אפשר לקרא בשם מאציל ולא נאצל.

אבל בחינה א' שכבר הרצון לקבל כלול בה, כבר אפשר לקרוא אותה בשם נאצל ולא מאציל. בערך המאציל. והאמת הוא שג' בחינות הראשונות יצאו מכלל מאציל, ולא הגיעו לכלל נאצל רק בעת שהגיעו אל הבחינה הד', שרק היא נקראת בשם נאצל בקביעות.

אבקש שתודיע לי אם הענינים שלך מתקדמים.

והנני מסיים בברכה ובתקוה שתזכה לתורה ולגדולה שלאו כל אדם זוכה.

העיקר שתשתדל ותקיים כל מה שאמרתי לך.

יהודה צבי

ב"ה

יום שושן פורים תשכ"ה תל-אביב

ששון ושמחה וברכה והצלחה וכט"ס לכבוד ח"א ואהובי מוהרש"פ שליט"א

בתשובה למכתבך מיום ד'אדר שני הנני להודיעך כמה כללים שלמדנו אותם

צריכים לזכור תמיד שאין העדר ברוחניות, ואם יש חידוש צורה כל שהוא הרי הוא דבר נוסף על הצורה הקודמת, ואין זה גורם שום חסרון על הענין הראשון כי אין העדר וחילוף ותמורה ברוחניות. ב. ענין כלים ואורות שהם שני דברים מיוחדים ואין אחד יכול אף פעם להתערב בגבול השני כמו הנשמה והגוף שהנשמה היא האור והגוף הוא הכלי. ורצון הוא שם של כלי ולא של אור בין רצון להשפיע שהוא כלי להשפיע, ובין רצון לקבל שהוא כלי לקבלה. ואסור לנגוע באור בלי שום פחד ולשחק באור ולקבוע כי"המהות של האור המתפשט להיות רצון להשפיע" עיין בלוח התשובות

תשובה א' מהו אור ותראה שמציין"אור" הוא"הסבה" או"שפע" , או מלוי הרצון חוץ מחומר הכלים כי חומר הכלים הוא הרצון לקבל.

ומה הם ד' בחינות שברצון לקבל? עיין תשובה מ"ט , ועיין היטב בדברים ותראה שאין שום סתירה, ואתה יכול לפרש שהפירוש לצאת מכלל המאציל ולקנות שם נאצל צריך לעבור ד' בחינות ר"ל דרך של ד' תחנות, ובכל תחנה מתרחקת המדרגה מן המאציל ומתקרבת להקרא בשם נאצל, בתחנה א' היא התחנה הראשונה, שכבר אי אפשר לקרוא למדרגה הזו בשם מאציל רק בשם בחי' א' של נאצל, אבל לא נאצל גמור עד לבחינה הד', שאז ישנה השתוקקות ורצון כלי אור, ואז נקבע השם של הנאצל. ובזה תבין שאסור לקבוע מסמרות בג' בחינות הראשונות, ואתה יכול לקרוא אותם בשם מאציל בערך בחינה הד', שרק היא נקראת בשם נאצל ולא ג' הבחינות הראשונות, וכן אפשר לקרא אותם בשם נאצלים, להיות שרק השורש שאין בו מרצון לקבל כלום, רק אותו אפשר לקרא בשם מאציל ולא נאצל, אבל בחי" א' שכבר הרצון לקבל כלול בה, כבר אפשר לקרוא אותה בשם נאצל ולא מאציל והאמת הוא שג' בחינות הראשונות יצאו מכלל מאציל, ולא הגיעו לכלל נאצל רק בעת שהגיעו אל הבחינה הד', שרק היא נקראת בשם נאצל במציאות.

[illegible]

Carta Ocho

Con ayuda del Creador
Día 25 del mes de *Adar* II, 5725
29 de marzo de 1965

Al honorable y amado de los hombres, quien está adherido a las paredes de mi corazón, nuestro Maestro, Rav Shraga Féivel; ¡que merezcas una vida larga y buena! Amén.

Después de saludarte con mucho amor…
Después de que me hablaste el domingo, inmediatamente envié a [la gente en] Jerusalén, ¡que sea reconstruida y reestablecida pronto!, para que te enviaran la *Matsá*[1] y me aseguraron que todo estará bien. Estoy muy feliz porque comerás una *Matsá Shmurá*[2] apropiadamente.

Está escrito en nombre del *Arí,* Rav Isaac Luria, de bendita memoria, que quien es completamente cauteloso de algún *jamets*[3] tiene garantizado no pecar en todo el año. Aquí hemos de ser precisos a lo que [específicamente] fue dicho. No fue dicho: "Aquel que no come algún *jamets*", sino más bien [de acuerdo con el *Arí,* Rav Isaac Luria]: "El que es completamente cauteloso de algún *jamets*".

No comer *jamets* alguno no está dentro del control de una persona porque "alguno" no es una cantidad mensurable, y cuando uno respira, puede haber algo de *jamets* en el aire. Él

---

1 Pan sin levadura.
2 Matsá especial, la cual incluye meditaciones y vigilancia en cada etapa de su preparación, desde la cosecha hasta la cocción.
3 Pan, granos y productos leudados de los cuales uno no puede poseer, comer o beneficiarse durante *Pésaj*.

מכתב ח'

ב"ה
יום כ"ה אדר שני תשכ"ה תל-אביב

כבוד חביב אדם אהובי הנצמד בקירות לבי מורינו הרב שרגא פייביל שליט"א.

אחר דרישת שלומו הטוב באהבה רבה אחר שדיברת עמי ביום ראשון, שלחתי תכף לירושלים תבנה ותכונן במהרה שישלחו לך את המצות, והודיעו לי שהכל בסדר ואני שמח מאד על זה שאתה תאכל מצה שמורה כראוי.

כי כתוב בשם רבינו הארי ז"ל כל הנזהר ממשהו חמץ מובטח לו שלא יחטא כל השנה, ויש לדייק בדבר כי לא אמר כל מי שלא אוכל משהו חמץ, רק כל "הנזהר" ממשהו חמץ.

כי לא לאכול משהו חמץ אין זה ביד האדם כי "משהו" אין לו שיעור ואם הוא שואף אויר יכול להיות שבאויר יש משהו חמץ, והוא בולעו בנשימתו ונכנס בו משהו חמץ. ולכן כתוב "הנזהר" ממשהו חמץ, שאנו מצווים על הזהירות, ואם אנו נזהרים ושומרים

puede tragar mientras respira, y [así] algún *jamets* entra en él. Por lo tanto, está escrito: "El que es completamente cauteloso de algún *jamets*". Se nos ordenó ser cautelosos y si somos cautelosos y cuidadosos de observarlo [esta directiva] lo mejor que podamos; entonces podemos estar seguros que el Creador nos guardará no solamente de cualquier *jamets* durante *Pésaj* (la Pascua) sino de pecar durante todo el año.

Por lo tanto, aquellos que siguen la costumbre de no comer nada durante *Pésaj* a fin de evitar algún *jamets* están equivocados. [Esto es] porque ellos no solamente no están siendo cautelosos por medio de no comer nada, ya que, por no comer, por consiguiente no tienen razón para ser cautelosos, sino que están también "denigrando a las Festividades" (*Mishná*, Tratado *Avot* 3:13) y anulando así el precepto que establece: "Y te regocijarás en tu festividad" (Deuteronomio 16:14). Por el contrario, [durante *Pésaj*] uno debe comer tanto como sea necesario, pero con cautela.

En general, uno debe tener cuidado mientras cumple todos los preceptos y especialmente [aquellos preceptos pertenecientes a] la caridad. Lo principal es [experimentar] la alegría del precepto; no es suficiente el solamente cumplirlo. Y encontrarás en el libro *La Puerta de los Preceptos*[4], página 1, columna 2, que él [el *Arí*] entra en detalle con relación a esto, y pregunta: "Encontramos que nuestros sabios, de bendita memoria, han dicho: 'Quienquiera que cumpla un precepto, él [el Cielo] lo beneficiará a él y prolongará su vida (*Talmud, Kidushim*, 39b). También dijeron: 'Al que cumple tal y tal mandamiento le es dado esto y esto'. Pero encontramos que gente observa muchos preceptos, y lo que dijeron nuestros sabios no se cumple, el Cielo no lo permita, concerniente a la extensión de su recompensa aún en este mundo.

---

4 Uno de los libros del gran Kabbalista del siglo XVI, el *Arí*, Rav Isaac Luria.

עד כמה שבאפשרות שלנו אז אנו בטוחים שהשם יתברך ישמור אותנו לא רק ממשהו חמץ בפסח כך שלא נחטא כל השנה.

ולכן טעות היא שיש לכאלה הנוהגים שלא אוכלים בפסח מאומה כדי שלא לבוא לידי אכילת משהו חמץ, כי לא די זה שאינם נזהרים לא לאכול משהו, כי כשאינם אוכלים אז ממילא אין להם לדייק בזהירות והרי הם בכלל מבזים את המועדות ומבטלים את המצוה של ושמחת בחגך. אלא אדרבה יש לאכול כדי הצורך אבל בזהירות.

ובכלל יש לשים לב בכל המצוות ובפרט בצדקה שהעיקר הוא השמחה של המצוה ולא מספיק המצוה עצמה. ויש בספר שער המצוות דף א׳ טור ב׳ שמאריך בזה ושואל שהרי מצינו בדברי חכמינו זכרונם לברכה שאמרו כל העושה מצוה אחת מטיבין לו ומאריכין ימיו, וכיוצא בזה אמרו כל המקיים מצוה פלונית יש לו כך וכך. והנה אנחנו ראינו כמה וכמה מצוות שעושים בני אדם ואינם מתקיימים דברי רבותינו חס ושלום בענין גודל שכרם אפילו בעולם הזה.

La raíz sobre lo que todo está basado es que mientras realizamos un precepto, uno no debe considerarlo una carga y apresurarse para liberarse. Él debe imaginar en su mente que por cumplir ese precepto, ganará miles sobre miles de monedas de oro. Él debe sentir una alegría infinita en el cumplimiento del precepto con todo su corazón y toda su alma, como si realmente va para que le den miles sobre miles de monedas de oro por hacerlo. Este es el secreto del versículo: 'por no haber servido al Creador tu Señor con alegría y corazón bondadoso... etc.' (Deuteronomio 28:47).

Cuanto más uno siente verdaderamente alegría y satisfacción interior, más merecerá la Luz Celestial. Y si persevera en su esfuerzo, entonces no hay duda de que el Espíritu Santo reposará sobre él. Esto es verdad para todos los preceptos, aun cuando se está estudiando la *Torá*. Él debe hacerlo con gran deseo y celo y entusiasmo tremendo, como si estuviera encarando al rey y sirviéndole. Esto lo debe hacer con un gran deseo de encontrar favor a los ojos del rey y recibir de él un rango y puesto más elevados". Estas son sus [del *Arí*] palabras.

Debes leer esto, ya que el libro te está disponible. Vale la pena el tiempo que inviertes en repetir todo lo que fue dicho hasta que esto se convierta en una segunda naturaleza para ti, y entonces comprenderás todo lo que ha sido discutido hasta ahora.

Concluyo deseándote una festividad gozosa y kósher. Siempre espero oír buenas noticias de ti, Amén. Aun durante *Pésaj*, come bien pero con cautela, y merecerás salud y tranquilidad a lo largo del año y por siempre.

Yehuda Tzvi

אבל השורש שהכל נשען עליו הוא שבעשיית המצוה אל יחשוב שהיא עליו כמשא וממהר להסירה מעליו. אבל יחשוב בשכלו כאלו בעשותו אותה המצוה ירויח אלף אלפים דינרי זהב ויהיה שמח בעשותו אותה המצוה בשמחה שאין לה קץ מלב ומנפש ובחשק גדול כאלו ממש בפועל נותנים לו אלף אלפים דינרי זהב אם יעשה אותה מצוה. וזה סוד הפסוק תחת אשר לא עבדת את ה׳ אלקיך בשמחה ובטוב לבב וגומר.

וכפי גודל שמחתו באמת ובטוב לבב הפנימי כך יזכה לקבל אור עליון, ואם יתמיד בזה אין ספק שישרה עליו רוח הקודש. וענין זה נוהג בקיום כל המצוות כולם, בין בעת שעוסק בתורה שיהיה בחשק גדול נמרץ בהתלהבות עצומה כאלו עומד לפני המלך ומשרת לפניו בחשק גדול למצוא חן בעיניו לקבל ממנו מעלה יתירה וגדולה, עד כאן לשונו.

אתה תעיין בהדברים הלא הספר לפניך וכדאי לחזור על הדברים עד שיהיו כמו טבע שני ותזכה לכל הנ״ל.

הנני חותם בברכת חג כשר ושמח. מצפה לשמוע ממך תמיד בשורות טובות אמן.
גם בחג הפסח תאכל הרבה בזהירות ותזכה לבריאות ולנחת כל השנה ותמיד.

יהודה צבי

Carta Nueve

Con ayuda del Creador
Día 6 del mes de *Nisán*, 5725
8 de abril de 1965

Al honorable y amado de los hombres, nuestro Maestro, Rav Shraga Féivel; ¡que merezcas una vida larga y buena!

En esta carta, me gustaría responder a tus preguntas acerca de las *Diez Emanaciones Luminosas*[1].
Recuerda los principios siguientes, y entonces encontrarás que no hay dudas o contradicciones.

a. Hay una diferencia entre la Unión Simple en el *Ein Sof* (Infinito), en el secreto de "Él y Su Nombre son Uno (*Pirkei d'Rav Eliezer*)" y la unión después del *Tsimtsum* (Contracción), la cual será revelada completamente en el futuro cuando el Deseo de Recibir sea corregido en el aspecto de Recibir para Compartir. La diferencia entre esas dos [formas de unión] está en la frase: "Él y Su Nombre son Uno". "Él" es el secreto de la Luz y "Su Nombre" es el secreto del Deseo de Recibir. ¿Cómo pueden estos dos ser uno sin alguna Diferencia de Forma entre ellos? Esto está más allá de nuestra percepción, y no lo entendemos.

En el futuro —al final [del proceso] de la Corrección, cuando el Deseo de Recibir sea solamente para verdaderamente dar placer a nuestro Hacedor — nosotros entenderemos claramente que en esta realidad hay una posibilidad de

1 Los 16 libros de Rav Áshlag, los cuales contienen una explicación detallada de la descripción que el *Arí* hace de la Creación.

מכתב ט'

ב"ה
ו' ניסן תשכ"ה

כבוד חביב אדם ואהובי מורינו הרב שרגא פייביל שליט"א.

בזה המכתב הנני להשיב לך על השאלות בתלמוד עשר הספירות. וזכור כללים אלו, אז תראה שאין שום שאלה וסתירה.

א. ההפרש מבין האחדות הפשוטה שבאין סוף ברוך הוא בסוד הוא ושמו אחד, לבין האחדות שאחר הצמצום, ושתתגלה לעתיד בעת שהרצון לקבל יתוקן בבחינת מקבל על מנת להשפיע, ההבחן בין ב' אלה הוא: שהמובן הוא ושמו אחד ש"הוא" הוא סוד האור "ושמו" הוא סוד הרצון לקבל, איך שהם אחד ואין ביניהם שינוי צורה. זה הוא למעלה מהשגותינו, ואין אנו מבינים את זה.

ולעתיד בעת גמר התיקון שהרצון לקבל יהיה רק על מנת להשפיע נחת רוח ליוצרו באמת, את זה אנו מבינים ברור שבמציאות כזו ישנה אפשרות לקבל את כל מה שמוכן

recibir todo lo que está preparado para nosotros sin alguna Diferencia de Forma en nuestro Deseo de Recibir. Entonces tendremos una segunda naturaleza impresa sobre nosotros: que todo lo que recibimos será para compartir.

b. Es una regla que toda la Diferencia de Forma de alguna manera es considerada algo nuevo con relación al aspecto anterior. Tienes que visualizar las Cuatro Fases del Deseo de Recibir en la forma de cuatro personas, teniendo cada una el deseo único de "su" Fase particular. Por ejemplo: [el primero] tendría un Deseo de Recibir que está incluido en él [simplemente] porque él es una creación. El Creador desea darle, y, naturalmente, él desea recibir. Su subsistencia y su abundancia no son más ni menos que lo que su Creador ha previsto para que él reciba. Pero de la esencia de [siendo él] lo creado, no hay manifestación del Deseo de Recibir. El Deseo de Recibir está engranado e incluido dentro de él porque él fue creado, pero no hay nada [no hay Deseo de Recibir] por sí solo. Es así como el Creador lo ha creado. Esta persona es llamada la Primera Fase.

Junto a él se para otra persona que fue creada también con un Deseo de Recibir. Pero algo se ha despertado en este hombre que induce en él el Deseo de Compartir también, y él es llamado la Segunda Fase. Junto a él se encuentra un tercer hombre, quien no tiene Deseo de Recibir, recibiendo solamente un rayo de vida para su subsistencia. Toda su naturaleza y todo su deseo es solamente compartir [y él es llamado la Tercera Fase]. Enseguida de él está una cuarta persona que tiene [esto es: recibe] no más que un rayo de vida que es suficiente para su existencia. Pero su Deseo [de Recibir] es fuerte, y él ansía y anhela la Luz de *Jayá* (sustento de la Vida) que la primera persona, que es llamada la Primera Fase, tuviese. [Esta cuarta y última persona es llamada la Cuarta Fase].

בשבילנו, ועם כל זה, לא תהיה שינוי צורה במשהו בהרצון לקבלה כי כבר טבוע בנו טבע שני שכל הקבלה הוא על מנת להשפיע.

ב. כלל הוא שכל שינוי צורה במשהו נחשב לדבר חדש אל הבחינה הקודמת ואתה צריך לצייר לך את ד' הבחינות שברצון לקבל כמו ד' אנשים שכל אחד מהם יש לו רצון מיוחד מאחת הבחינות האלה למשל, אחד יש לו רצון לקבל שכלול בו מחמת שהוא נברא והבורא ברצונו להשפיע אליו וממילא רוצה הוא לקבל, ושפעו וחיותו הם גדולים לא פחות ולא יותר ממה שבוראו רצה שיקבל אבל מעצם הנברא אין שום גילוי של קבלה, רק טבוע וכלול בו רצון לקבל מחמת שהוא נברא ואין לו מעצמו כלום וכך ברא אותו הבורא, ואיש זה נקרא בחינה א'.

כן יש עומד על ידו איש שני שגם הוא נברא עם רצון לקבל, אבל אצל האיש הזה התעורר להיות גם כן משפיע זה נקרא בחינה ב', על ידו עומד אדם שלישי שאין בו רצון לקבלה רק מקבל הארה של חיות לקיומו וכל טבעו ורצונו הוא רק להשפיע, על ידו עומד אדם אחר רביעי שאין בו רק הארה של חיות לקיומו אבל רצונו הוא חזק ומשתוקק לקבל את אור החיה אשר יש לאדם הראשון הנקרא בחינה א'.

Con esta clase de reseña, no sería difícil entender que la Cuarta Fase deseaba adornarse a sí misma, viendo que tiene la misma forma que la Fase Segunda. Esto es verdad, pero esto no niega su propia característica, que es derivada de la esencia de su emanación, como la fase del máximo Deseo de Recibir. Esto es como alguien que ha sido un miserable de nacimiento y no tiene noción de compartir con los demás. [Pero] tiene un despertar una vez y va más allá de su naturaleza y comparte. Esto es llamado una "corrección momentánea" y es [también] llamada "ascensión". [El miserable] se ha elevado de su nivel, pero al mismo tiempo, sus propias características no han sido canceladas.

Para ayudarte a distinguir entre la realidad en el Infinito antes del *Tsimtsum* (Contracción) donde todo estaba incluido allí dentro como Luz Simple —esto es: todo a la vez— y cómo la realidad es vista posteriormente [después de la Contracción] de forma progresiva —esto es: como una [ocurrencia] sigue a la otra— yo te daré una analogía del mundo físico. Imagina un hombre que desea construir una hermosa casa.

Como primer pensamiento, él ve en su mente una casa terminada con todas sus habitaciones y detalles como se vería al ser completada. Luego viene el siguiente pensamiento: el plan para ejecutar todos sus detalles exactamente como él los explicaría a los trabajadores: cada detalle en su verdadera etapa y tiempo, sea madera o piedras o hierro, etc. Subsecuentemente, él empieza la construcción real de la casa hasta que es finalmente completada exactamente como se le apareció en su primer pensamiento.

Debes saber que el aspecto del Infinito es el secreto del primer pensamiento mencionado arriba, donde la Creación en su compleción final ya estaba visualizada por el Creador. Esta

עם ציור כזה לא יוקשה אם בחינה ד' רצתה לקשט את עצמה הרי היא בצורה שוה כבחינה ב', נכון מאד אבל מחמת זה לא מתבטלת תכונתה עצמה שהיא תמיד מעצם אצילותה בחינה של קבלה בגדלות הרצון, כמו אדם שהוא קמצן מלידתו ואין בו שום ניצוצים של להשפיע לאחרים, והתעורר פעם ויצא מגדרו וכן השפיע, זה נקרא תקון לשעתו ונקרא עליה, שעלה למעלה ממדרגתו אבל לא מתבטל בזה מבחינתו עצמו.

וכדי שתבין איך להבחין בין כל המציאות שבאין סוף ברוך הוא לפני הצמצום שהכל כלול שם באור פשוט בבת אחת ואיך המציאות נבחנת בזה אחר זה, אמשל לך משל מהויות עולם הזה: למשל אדם הרוצה לבנות בית נאה.

הנה במחשבה ראשונה הוא רואה לפניו בית מהודר בכל חדריו ופרטיו וכו' כמו שיהיה בגמר בנינו, ואחר זה הוא מחשבת תכנית ההוצאה לפועל לכל פרטיה, שהא יפרט אותה אל הפועלים כל פרט בעתו וזמנו, מעצים ואבנים וברזל וכדומה. ואחר זה הוא מתחיל בנין הבית בפועל עד הגמרו כמו שהיה מסודר לפניו במחשבה ראשונה.

ותדע שבחינת אין סוף ברוך הוא הוא סוד מחשבה ראשונה הנזכרת לעיל, שהיתה כבר מצוירת לפניו כל הבריאה בשלמותה הסופית. אלא שאין המשל דומה לגמרי לנמשל כי אצלו יתברך

analogía, sin embargo, no es enteramente perfecta, porque en Él, el futuro y el presente son lo mismo, y el pensamiento está concluido dentro de Él. Él no necesita una Vasija de acción como nosotros la necesitamos. Por lo tanto, en Él, la realidad ya está manifestada.

El Mundo de *Atsilut* (Emanación) es como el plan mental [de la casa] con todos sus detalles: algo que habrá de ser revelado al comienzo real de la construcción. Y debes darte cuenta de algo acerca de estos dos: el primer pensamiento, que es el *Ein Sof* (Infinito), y el plan en mente como será ejecutado en su debido tiempo. En ambos, no hay nada en el cual insinuar los seres creados porque todo es todavía potencial y nada es todavía manifiesto.

Es lo mismo con un hombre que ha pensado todos los detalles, sean madera o piedras o hierro que necesitará para la ejecución del plan [de construcción]. Pero [en esta etapa] él tiene solamente la esencia pura del pensamiento y ninguna madera ni piedras en absoluto. La diferencia es que con el hombre, el plan en mente no es considerado verdadera realidad [física]. Pero, conforme al Creador, el pensamiento es más insondablemente una realidad que la realidad de las criaturas reales mismas.

Esto explica el secreto del *Ein Sof* (Infinito) y los secretos del Mundo de *Atsilut* (Emanación). Lo que es mencionado acerca de ellos es solamente en relación a la creación de las criaturas, mientras que en ellas todo está en estado potencial y nada en absoluto de su esencia ha sido todavía revelado. Esto es como un hombre planeando un edificio sin tener todavía algo de la madera, piedra o hierro.

Los [otros] tres Mundos, a saber: *Briá* (Creación), *Yetsirá* (Formación) y *Asiyá* (Acción), más este [nuestro] mundo físico, son etapas en la transformación del potencial a la realidad. Es

העתיד וההוה שוים, והמחשבה גומרת בו יתברך ואינו צריך לכלי מעשה כמונו, ולפיכך הוא בו יתברך מציאות ממשית.

ובחינת עולם אצילות הוא סוד כמו התכנית המחשבתית בפרטיה, מה שיוצרך אחר כך לגלות בעת שיתחילו לבנות הבית בפועל, ותשכיל אשר ב׳ אלה, שהן המחשבה הראשונה שהוא אין סוף ברוך הוא, וכן התכנית המחשבתית של פרטי ההוצאה לפועל בזמנו, אין עוד שם אפילו משהו מן המשהו מבחינת הנבראים, שהרי עדיין הוא בכח ולא בפועל ממשי.

כמו אצל האדם, אף על פי שחושב בכל הפרטים מעצים ואבנים וברזל, אשר יוצרך לעשות בזמן ההוצאה לפועל, עוד אין בו אלא חומר מחשבתי עצמותי, ואין בו מעצים ואבנים ממשיים אפילו משהו ממשהו, וכל ההפרש הוא, אשר אצל האדם אין תכנית המחשבתית נחשבת למציאות ממשית, אבל במחשבה האלוקית הוא מציאות ממשית לאין ערך יותר ויותר ממציאות הנבראים הממשים עצמם.

והנה נתבאר סוד אין סוף ברוך הוא וסוד עולם האצילות, שכל המדובר בהם הוא רק בקשר עם בריאת הנבראים, אלא בעוד שהם בכח ועוד לא נגלו עצמותם אפילו משהו כעין האדם החושב תכנית של בנין שאין בו מעצים ואבנים וברזל אפילו משהו.

בג׳ העולמות בריאה יצירה עשיה והעולם הזה הם בחינת הוצאה מכח אל הפועל כדוגמת בנין בית בפועל ממש עם פועלים ועצים ואבנים וכל חומרי הבנין עד גמר בנין הבית, ולפיכך האור האלקי

como realmente construir la casa con trabajadores y madera y piedras y todos los otros materiales de construcción, hasta que finalmente la construcción de la casa está completada. Entonces, la Luz del Creador, que brilla en *Briá*, *Yetsirá* (Formación) y *Asiyá* (Acción) —esto es: con la medida [exacta] necesitada por las almas para alcanzar su compleción— es encerrada en diez Vasijas, las cuales son las *Sefirot*[2]. Estas son llamadas: *Kéter* (Corona), *Jojmá* (Sabiduría), *Biná* (Inteligencia), *Jésed* (Misericordia), *Guevurá* (Juicio), *Tiféret* (Esplendor), *Nétsaj* (Victoria, Eternidad), *Hod* (Gloria), *Yesod* (Fundamento), y *Maljut* (Reino). Estas son la Vasijas reales relativas a la Luz del Creador y han sido creadas de nuevo en beneficio de las almas.

No tengo tiempo para entrar más allá en detalles. Concluyo deseándote una festividad kósher y feliz, y que todos nosotros con la mayor prontitud merezcamos la construcción del Templo eterno y que comamos todos de los sacrificios y las ofrendas de la Pascua.

En espera de oír buenas noticias,
Yehuda Tzvi

---

2 Los diez niveles de emanación de la Luz del Infinito a nuestra realidad son llamados *Sefirot*.

המאיר בבריאה יצירה עשיה דהיינו בשיעור שהנשמות צריכות לקבל שתבואנה אל הגמר, הוא מתלבש בעשרה כלים שהם הספירות הנקראים כתר חכמה בינה חסד גבורה תפארת נצח הוד יסוד מלכות, שהם כלים ממשיים ביחס האור האלקי יתברך והיינו שהם מחודשים לצורך הנשמות.

אין לי זמן להאריך יותר ואני חותם בברכת חג כשר ושמח שנזכה במהרה בבנין המקדש הנצחי ונאכל מן הזבחים והפסחים.

המצפה לשמוע בשורות טובות
יהודה צבי

ב"ה ו' ניסן תשכ"ה

כבוד ח"א ואהובי מוהרש"פ שליט"א

בזה המכתב הנני להשיב לך על השאלות בתלמוד עשר הספירות, והנכון שכל השאלות באו לך מחמת זכרון כללים אלו, אז תראה שאין שום שאלה וסתירה.

א. ההפרש מבין האחדות הפשוטה שבא"ס ב"ה בסוד הוא ושמו אחד, לבין האחדות שאחר הצמצום, ושתתגלה לעתיד בעת שהרצון לקבל יתוקן בבחינת מקבל ע"מ להשפיע, ההבחן בין ב' אלה הוא: שהמובן הוא ושמו אחד"שהוא",*הוא סוד האור"ושמו" הוא סוד הרצון לקבל, איך שהם אחד ואין ביניהם שינוי צורה. זה הוא למעלה מהשגותינו, ואין אנו מבינים את זה, ולעתיד בעת גמר התיקון שהרצון לקבל יהי' רק ע"מ להשפיע נ"ר ליוצרו באמת, את זה אנו מבינים בדרך שבמציאות בזו ישנה אפשרות לקבל את כל מה שמוכן בשבילנו ועם כל זה, לא תהי' שינוי צורה במשהו בהרצון לקבלה כי כבר טבוע בנו טבע שני שכל הקבלה הוא ע"מ להשפיע,

ב. כלל הוא שכל שינוי צורה במשהו נחשב לדבר חדש אל הבחינה הקודמת ואתה צריך לצייר לך את ד' הבחינות שברצון לקבל כמו ד' אנשים שכל אחד מהם יש לו רצון מיוחד מאחת הבחינות האלה למשל, אחד יש לו רצון לקבל שכלול בו מחמת שהוא נברא והבורא ברצונו להשפיע אליו וממילא רוצה הוא לקבל, ושפעו וחיותו הם גדולים לא פחות ולא יותר ממה שבוראו רצה שיקבל אבל מעצם הנברא אין שום גילוי של קבלה, רק מבוע ובלול בו רצון לקבל מחמת שהוא נברא ואין לו מעצמו כלום וכך ברא אותו הבורא, ואיש זה נקרא בחינה א'. כן יש עומד על ידו איש שני שגם הוא נברא עם רצון לקבל, אבל אבל האיש הזה התעורר להיות ג"כ משפיע זה נקרא בחינה ב', על ידו עומד אדם שלישי שאין בו רצון לקבלה רק מקבל הארה של חיות לקיומו וכל טבעו ורצונו הוא רק להשפיע, על ידו עומד אדם אחר רביעי שאין בו רק הארה שלחיות לקיומו אבל רצונו הוא חזק ומשתוקק לקבל את אור החיה אשר יש לאדם הראשון הנקרא בחינה א'.

עם ציור כזה לא יוקשה אם בחינה ד' רצתה לקשט את עצמ-ה הרי היא בצורה שוה בבחי' ב', נכון מאד אבל מחמת זה לא מתבטלת תכונתה עצמה שהיא תמיד מעצם אצילותה בחינה של קבלה בגדלות הרצון, כמו אדם שהוא קמצן מלידתו ואין בו שום ניצוצים של להשפיע לאחרים, והתעורר פעם ויצא מגדרו וכן השפיע, זה נקרא תקון למעהו ונקרא עליה שעלה למעלה ממדרגתו אבל לא מתבטל בזה מבחינתו עצמו.

ובדי שתבין איך להבחין בין כל המציאות שבא"ס ב"ה לפני הצמצום שהכל כלול שם באור פשוט בבת אחת ואיך המציאות נבחנת בזה אחר זה, אמשל לך משל מהויות עוה"ז למשל אדם הרוצה לבנות בית נאה, הנה במחשבה ראשונה הוא רואה לפניו בית מהודר בכל חדריו ופרטיו וכו' כמו שיהיה בגמר בנינו, ואחר זה הוא מחשב תכנית ההוצאה לפועל לכל פרטיה, שהוא יפרט אותם אל הפועלים כל פרט בעתו וזמנו, מעצים ואבנים וברזל וכדומה. ואחר זה הוא מתחיל בנין הבית בפועל עד הגמרו כמו שהיה מסודר לפניו במחשבה ראשונה. ותדע שבחינת א"ס ב"ה ה"ס מחשבה ראשונה הנ"ל, שהיתה כבר מצוירת לפניו כל הבריאה בשלמותה הסופית. אלא שאין המשל דומה לגמרי לנמשל כי אצלו ית' העתיד וההוה שוים והמחשבה גומרת בו ית' ואינו צריך לכלי מעשה כמונו, ולפיכך הוא בו ית' מציאות ממשית.

ובחינת עולם אצילות, ה"ס כמו התכנית המחשבתית בפרטיה, מה שיוצרך אח"כ לגלות בעת שיתחילו לבנות הבית בפועל, ותשכיל אשר ב' אלה, שהן המחשבה הראשונה שהוא א"ס ב"ה, וכן התכנית המחשבתית של פרטי ההוצאה לפועל בזמנו, אין עוד שם אפילו משהו מן המשהו מבחינת הנבראים, שהרי עדיין הוא בכח ולא בפועל ממשי. כמו אצל האדם, אע"פ שחושב בכל הפרטים מעצים ואבנים וברזל, אשר יוצרך לעשות בזמן ההוצאה לפועל, עוד אין בו אלא חומר מחשבתי עצמותי, ואין בו מעצים ואבנים ממשיים אפילו משהו ממשהו, וכל ההפרש הוא, אשר אצל האדם אין תכנית המחשבתית נחשבת למציאות ממשית, אבל במחשבה האלקית הוא, מציאות ממשית לאין ערך יותר ויותר ממציאות הנבראים הממשים עצמם. והנה נתבאר סוד א"ס ב"ה וסוד עולם האצילות, שכל המדובר בהם הוא רק בקשר עם בריאת הנבראים, אלא בעוד שהם בכח ועוד לא נגלו עצמותם אפילו משהו כעין האדם החושב תכנית של בנין שאין בו מעצם ואבנים וברזל אפילו משהו.

בג' העולמות בי"ע והעולם הזה שהם בחינת הוצאה מכח אל הפועל כדוגמת בנין בית בפועל ממש עם פועלים ועצים ואבנים וכל חומרי הבנין עד גמר בנין הבית, ולפיכך האור האלקי המאיר בבי"ע דהיינו בשיעור שהנשמות צריכות לקבל שתבואנה אל הגמר הוא מתלבש בעשרה כלים שהם הספירות הנקראים כח"ב חג"ת נהי"מ שהם כלים ממשים ביחס האור האלקי ית' והיינו שהם מחודשים לצורך הנשמות.

אין לי זמן להאריך יותר ואני חותם בברכת חג כשר ושמח שנזכה במהרה בבנין המקדש הנצחי ונאכל מן הזבחים והפסחים

המצפה לשמוע בשורות טובות

Carta Diez

Con ayuda del Creador
Día del caudillo Gamliel, hijo de Pedahtsur[1]
Día 8 del mes de *Nisán*, 5725
10 de abril de 1965

¡Deseos de un feliz y kósher *Pésaj* y todo lo mejor para el honorable amado de los hombres, quien me es querido, nuestro Maestro, Rav Shraga Féivel; que merezcas una vida larga y buena, Amén!

Después de saludarte con gran amor...
Estoy en camino de regreso de Merón[2]. Fui a los sitios de Rav Shimón bar Yojái, que su mérito nos proteja, Amén, y Rav Elazar[3] y otros sabios justos y *Tanaim*[4], ¡que su mérito nos proteja, Amén! En todos estos lugares, recé por ti y espero que haya sido un mensajero fiel y un emisario del público, y que mis oraciones hayan sido aceptadas favorablemente delante del Creador. Espero recibir buenas noticias de ti, y que un éxito siga al otro, Amén.

Todavía no he leído tu carta; por lo tanto, no daré ninguna contestación a los detalles acerca de los cuales has inquirido. Pronto te escribiré una carta con una respuesta para cada detalle.

---

1 Un líder de una de las 12 tribus de los israelitas, representando el octavo día del mes de *Nisán*.
2 Una población en la Alta Galilea cerca de *Tsefat* (Safed) y el lugar del último descanso de Rav Shimón bar Yojái.
3 Hijo y estudiante de Rav Shimón.
4 Líderes espirituales y kabbalistas, quienes vivieron en los siglos primero y segundo EC.

מכתב י'

ב"ה

יום הנשיא גמליאל בן פדהצור תשכ"ה תל-אביב

פסח שמח וכשר וכל טוב סלה לכבוד חביב אדם ומוקירי מורינו הרב שרגא פייביל שליט"א.

אחר דרישת שלומו הטוב באהבה רבה. הנני חוזר כעת ממירון, הייתי אצל הציון של רבי שמעון בר יוחאי זכותו יגן עלינו אמן, ורבי אלעזר ועוד כמה צדיקים ותנאים זכותם יגן עלינו, אמן. ובכל המקומות התפללתי עליך ואני מקוה שהנני ציר נאמן ושליח צבור ותפילתי נתקבלה לרצון לפני השם יתברך ואני מצפה לשמוע ממך בשורות טובות והצלחה תרדוף הצלחה, אמן.

לא הספקתי לקרוא מכתבך ולכן אני לא נותן תשובה על הפרטים שאתה שואל, ואם ירצה השם אכתוב לך מכתב ותשובה על כל פרט ופרט.

En la ciudad santa de *Tsefat* (Safed) me reuní con el abogado Moisés Kalaj y le entregué el poder notarial junto con el acuerdo concerniente a sus honorarios para transferir la propiedad[5] a tu nombre por la cantidad de 300 liras.

En lo concerniente al cementerio, fui a la Administración de la Tierra en Tel Aviv y me enviaron a la Administración de la Tierra en Haifa. Fui a Haifa y allí me dijeron que hay un concejo regional en Merón que tiene la autoridad para decidir si garantiza y cuánto para adjudicar y dónde. La envié [esta información] al mencionado abogado para que se encargue de ello. Espero buenos resultados.

Confío en que has recibido mi última carta acerca de cumplir los preceptos con alegría y debes darte cuenta de que esta es una de las cosas que se relacionan con lo más sublime. La verdad es que la alegría está en las Manos del Creador, y es un regalo para todo el que lo merece; pero es la manera del Creador que Él no retiene la realización del que camina con rectitud [lit. inocente, completo] delante de Él (de acuerdo con el Salmo 84:11).

Por lo tanto, haz un esfuerzo por cumplir los preceptos del Creador entusiastamente, como lo hace un servidor que cumple la voluntad de su señor. Entonces, con la ayuda de Arriba, la alegría será despertada. Lo más importante es que tengas cuidado de no comer en ningún otro lugar durante los días de *Pésaj*, y luego la *Matsá*[6], que es llamada un "alimento curativo" (*Zóhar, Tetsavé,* 75) revelará su función potencial y tú merecerás la curación y la redención, Amén.

---

5 Ver carta seis.
6 Pan sin levadura.

בעיר הקודש צפת תבנה ותכונן נפגשתי עם עורך דין משה קלך ומסרתי לו את היפוי כח עם הסכם של שכר טרחה בעד העברה הנכס על שמך סך 300 לירות.

גם בענין בית החיים הייתי אצל מנהל המקרקעין בתל אביב ושלח אותי אל מנהל המקרקעין בחיפה, הייתי בחיפה אמרו שבמירון יש מועצה איזורית ובידם להחליט אם לתת וכמה לתת ובאיזה מקום, מסרתי את זה לעורך דין הנ"ל שיטפל בזה ואני מקוה לתוצאה טובה בעזרת השם.

הנני בטוח שמכתבי האחרון שכתבתי לך בענין קיום המצות מתוך שמחה הגיע לידך אבל דע לך שזהו מהדברים העומדים ברומו של עולם. הנכון הוא ששמחה היא בידי השם יתברך והיא מתנה להזוכה בה אבל דרך ה' הוא שלא מונע את הטוב למי שהוא הולך תמים לפניו.

ובכן תתאמץ לקיים את מצות ה' בתמימות כעבד שעושה רצון אדונו ואז השמחה תתעורר בעזרת השם, ובעיקר תהיה זהיר מאד בימי חג הפסח לא לטעום אצל אחרים, ואז המצה שהיא מיכלא דאסוותא תגלה את הפעולה הטמון בה ותזכה לרפואות ולישועות, אמן.

Que oigamos y digamos buenas noticias,
Deseándolo con todo su corazón,
Yehuda Tzvi

ונזכה לשמוע ולהשמיע בשורות טובות.
המאחל מקרב לב
יהודה צבי

Carta Once

Con ayuda del Creador
Tel Aviv, día 13 del mes de *Nisán*, 5725
15 de abril de1965

¡Un *Pésaj* feliz y kósher y todo lo mejor, bendiciones y éxito para el honorable amado de los hombres y mi amor, honra del nombre de Su *Torá*, nuestro Maestro, Rav Shraga Féivel; que merezcas una vida larga y buena, Amén!

Aunque estoy ocupado con los múltiples preparativos para la Festividad de la *Matsá* (*Pésaj*) que se aproxima, me esfuerzo en escribir algo para ti acerca de la sabiduría de estos días. Debes saber que el tema de las Cuatro Preguntas, las Cuatro Copas y los Cuatro Hijos, se refiere al tema de las Cuatro Fases del Deseo de Recibir, y es el secreto de los Cuatro Exilios y las Cuatro Redenciones. Si deseara explicar esto ahora, el papel no alcanzaría para contener esta explicación.

Pero nota cuidadosamente que la diferencia en escritura entre *golá* (exilio) y *gueulá* (redención) está solamente en la letra *Álef*. Si agregas la letra *Álef* a la palabra *golá*, esta se vuelve *gueulá*. Esta *Álef* denota al *Aluf* (Señor) del mundo. Y hay una ley que aun si uno es sentenciado a muerte, ¡el Cielo no permita!, si ve la cara del rey, es dejado en libertad.

מכתב י"א

ב"ה

יום י"ג ניסן תשכ"ה תל-אביב

פסח שמח וכשר וכל טוב ברכה והצלחה לכבוד חביב אדם ואהובי כבוד שם תורתו מורינו הרב שרגא פייביל שליט"א.

אם כי אני עסוק בהכנות מרובות לחג המצות המתקרב, אני מתאמץ לכתוב לך משהו מענינא דיומא. דע לך כי ענין ד' הקושיות וד' כוסות וד' בנים כולם מדברים בענין ד' הבחינות שברצון לקבל והם סוד ד' הגלויות וד' הגאולות. ואם ארצה לפרש את זה כעת תקצר היריעה מהכיל.

וראה והתבונן שבין גלות לגאולת או גולה וגאולה החילוק הוא באות א' לבד, שאם מכניסים א' בתוך המלה גולה נעשה מגולה גאולה, **א'** זו מורה על אלופו של עולם ויש חוק שאפילו מי שהוא חייב מיתה חס ושלום, אם רואה פני המלך הוא יוצא לחרות.

Con respecto a tu pregunta sobre la materia de "las fracciones no se aplican a la espiritualidad"[1], hemos de entender por qué y dónde se origina esta regla. Otra sección[2] responde en la forma típica en las palabras de la *Torá*, las cuales son pobres en un lugar y ricas en otro.

La razón de por qué las fracciones no se aplican a la espiritualidad[3] es que en la espiritualidad no hay rudeza. La rudeza es sinónimo de cualidad física. Espiritualidad significa Luz sin una Vasija, y solamente en la Luz [sola] no hay cambios, de acuerdo con el secreto: "Yo soy el Creador; Yo no cambio" (Malaquías 3:6). Por lo tanto, las fracciones no se aplican a esta [la espiritualidad, la Luz], y por consiguiente, grande y pequeño son iguales delante de Él.

Te explicaré una bien renombrada pregunta acerca de por qué *Pésaj*, que es "una noche de vigilancia" (Éxodo 12:42) es llamada la víspera del *Séder* (lit. orden). Todo el milagro vino debido al apuro [con el cual los israelitas dejaron Egipto] y debido a que su masa todavía no estaba leudada (Deuteronomio 16:3). Apuro significa desorden, y, en verdad, también nosotros comemos primero el *carpás* (apio) para indicar desorden[4]. Pero llamamos a esta: "la noche del *Séder* (orden)".

Hay un desacuerdo entre *Rav* y *Samuel*[5], dos de nuestros sabios, de bendita memoria, acerca de empezar [el *Séder*] con la desgracia y concluir con la alabanza. Uno (*Samuel*) dice que debemos empezar diciendo: "Fuimos esclavos", porque

---

1 Ver *Diez Emanaciones Luminosas*, volumen 1, capítulo 1, Luz Interior # 17.
2 Ver *Diez Emanaciones Luminosas*, volumen 1, capítulo 1, Luz Interior # 19.
3 Significando: ya sea todo o nada.
4 Hay un orden de bendiciones para diferentes tipos de alimento y poner el apio primero está totalmente fuera del orden usual.
5 Dos *Amoraim*, kabbalistas y líderes espirituales, Siria, siglo III EC.

בנוגע לשאלתך בענין שאין מקצת נוהג ברוחניות יש להבין למה ומנין לנו הכלל הזה. ועל זה בא המקום השני לתרץ כדרך של דברי תורה שהם עניים במקום זה ועשירים במקום אחר.

והטעם למה אין מקצת נוהג ברוחניות מטעם שברוחניות אין עביות, כי עביות וגשמיות היינו הך, ורוחניות פירושו אור בלי כלי, ובאור לבד אין שינוי בסוד אני הוי"ה לא שניתי, ולכן אין נוהג בו מקצת ולכן קטן וגדול שוים לפניו.

אתרץ לך גם קושיא מפורסמת למה אנו קוראים את ליל הפסח שהוא ליל שימורים בשם ליל הסדר, הלא כל הנס היה מחמת החפזון כי לא הספיק בצקם להחמיץ וחפזון פירושו לא כסדר ואנו גם כן אוכלים הכרפס קודם לרמז על אי הסדר, ולבסוף קוראים את זה ליל הסדר.

הענין הוא כי יש מחלוקת בחז"ל על זה שמתחילים בגנאי ומסיימים בשבח, בין רב ושמואל. אחד אומר להתחיל בעבדים

la esclavitud es la parte del Trasero y una preparación para el Rostro, el cual es la libertad y el Éxodo de Egipto.

El otro (*Rav*) dice que debemos empezar por declarar que nuestros padres eran adoradores de ídolos, porque la "Cara que mira a la parte trasera" (Puerta de las Meditaciones II) es la Revelación en Monte Sinaí y la revelación de la Luz de *Yejidá*[6] (Unidad), cuando oímos de la boca del Creador los Diez Mandamientos [empezando con]: "Yo soy tu Dios" y "no tendrás otros dioses" (Éxodo 20:2-3). Así, para todas las apariencias, hubiera sido mejor establecer la *Halajá* (reglamento espiritual) de acuerdo con aquel [esto es: *Rav*] que dijo que debemos empezar por declarar: "Nuestros antepasados eran adoradores de ídolos".

Puedes obtener la respuesta [a esta cuestión] de lo que ha sido dicho en el nombre de nuestro viejo Maestro, el santo Rav Shalom de Perovitch[7]. Él comparaba esto a un gallo joven que le fue robado a alguien. Más tarde, el ladrón vino al matancero para que lo matara. El propietario del gallo reconoció que era el suyo y empezó a reñir con el ladrón. Acordaron soltar al gallo y ver a quien seguiría voluntariamente.

Esto es lo que el Creador dijo a *Sama-kel*[8]: "Libera a Mi pueblo de tu esclavización y verás que todos ellos Me seguirán". ¡Que sea de esta manera, rápidamente en nuestros días, Amén! Por lo tanto, parece que si dejamos la esclavitud del Otro Lado, entonces la redención que viene con la revelación de la Luz de *Yejidá* (unidad) ocurrirá por sí misma. Es por eso que empezamos con: "Fuimos esclavos".

---

6 La parte más elevada del alma.
7 Uno de los maestros de Rav Áshlag.
8 El Ángel Oscuro negativo.

היינו, שהשעבוד הוא האחוריים וההכנה אל הפנים שהוא החרות ויציאת מצרים.

ואחד אומר להתחיל מתחלה עובדי עבודה זרה היו אבותינו שהפנים נגד אחוריים זה הוא מעמד הר סיני וגילוי אור היחידה ששמענו מפי הגבורה את העשרת הדברות של אנכי ולא יהיה לך, אשר לכאורה היה כדאי לפסוק להלכה כדברי זה שאומר להתחיל במתחילה עובדי עבודה זרה היו אבותינו.

אבל התשובה לזה תוכל להבין על פי מה שמספרים בשם זקננו הרב הקדוש רבי שלום מפרוביטש משל מתרנגול שנגנב מאיש אחד ואחר כך בא הגנב אל השוחט לשחטו ובעל התרנגול הכירו שזה שלו והתחיל להתקוטט עם הגנב עד שהסכימו לעזוב את התרנגול ויראו אחרי מי שילך מעצמו.

ככה יאמר השם יתברך להס"מ תעזוב את עמי מהשעבוד שלך ותראה שכולם ילכו אחרי, וככה יהיה במהרה בימינו אמן, נמצא שאם יוצאים מידי השעבוד של הסטרא אחרא אז הגאולה של התגלות של אור היחידה באה ממילא, ולכן מתחילים בעבדים היינו.

Fui breve, principalmente por la falta de tiempo. En lo concerniente a la noche del *Séder* (orden) deseamos atraer a nosotros la Luz de la Redención completa, cuando "No irás con prisa, ni irás volando, porque el Creador irá delante de ti" (Isaías 52:12), ¡Amén!

Hazme saber si has entendido, porque esto fue breve.
Con deseos de oír buenas noticias de ti,
Yehuda Tzvi

קצרתי מאד מחמת הזמן הדוחק. ובענין ליל הסדר שאנו רוצים להמשיך את האור של הגאולה השלימה אשר לא בחפזון תצאו ובמנוסה לא תלכון כי הולך לפניכם ה׳ אמן.

תודיע לי אם הבנת כי קצרתי.
המצפה לשמוע ממך תמיד בשורות טובות
יהודה צבי

Carta Doce

Con ayuda del Creador
Día 24 del mes de *Nisán*, 5725
26 de abril de 1965.

¡Al honorable amado de mi alma y mi amado por siempre, nuestro Maestro, Rav Shraga Féivel; que merezcas una vida larga y buena, Amén!

Después de saludarte con gran amor...
Después de nuestra conversación telefónica ayer en la que preguntabas en lo concerniente a la 'prisa' y el *Séder*, continuaré explicándote y poniendo en orden lo que escribí apresuradamente en la víspera de la festividad, cuando estaba yo muy ocupado con los preparativos para el amasijo de las *Matsot Mitsvá*[1].

Entiende esto de la explicación siguiente concerniente a lo que recitamos: "*Ha Lajmá Anya...*" ("Este es el pan de la pobreza que nuestros padres comieron en la tierra de Egipto")[2]. Esto presenta un problema porque este "pan de la pobreza", que es las *matsot*, fue comido por nuestros padres cuando dejaban Egipto "porque su masa no tuvo tiempo de fermentar" (Éxodo 12:34, 39). ¿Por qué entonces decimos que comieron el pan de la pobreza en la tierra de Egipto? Debemos decir que lo hicieron al salir de Egipto y no en la tierra de Egipto.

La respuesta es que aún en la tierra de Egipto misma, antes de que salieran, ya habían comido *matsot* porque Moisés y Aarón acostumbraban decirles de antemano: "Sepan que

---

1 *Matsá* que se hornea unas pocas horas antes de que *Pésaj* comience.
2 Recitamos esto leyéndolo de la *Hagadá* de *Pésaj* en la noche del *Séder*.

מכתב י"ב

ב"ה
יום כ"ד ניסן תשכ"ה תל-אביב

כבוד ידיד נפשי ואוהבי נצח מורינו הרב שרגא פייביל שליט"א

אחר דרישת שלומו הטוב באהבה רבה, אחרי שקבלתי הצלצול בטלפון אתמול ושאלת בענין החפזון והסדר, אמשיך לבאר לך ולסדר מה שכתבתי בחפזון ערב החג מחמת שהייתי טרוד מאד בהכנת אפיית המצות מצוה.

ותבין זה עם מה שאפרש את מה שאנו אומרים הא לחמא עניא די אכלו אבהתנא ב"ארעא דמצרים", שלכאורה קשה, הרי הלחם עוני שהוא המצות אכלו אבותינו בצאתם ממצרים על שום כי לא הספיק בצקם להחמיץ, ואיך אנו אומרים שלחם עוני אכלו בארעא דמצרים, צריכים לומר בצאתם ממצרים ולא בארץ מצרים.

התשובה היא, שגם בארץ מצרים גופא טרם שיצאו כבר אכלו מצות, היות שמשה ואהרן היו אומרים להם מקודם דעו לכם שישועתכם תבוא בחפזון כזה שלא תספיקו לאפות את לחמכם

su salvación vendrá con tal apresuramiento que no tendrán tiempo de hornear su pan y tendrán ustedes que hornear la masa antes de que esté fermentada". Por lo tanto, los hijos de Israel, quienes tenían confianza en estas palabras, deseaban mostrar su confianza y su fe en las proclamaciones del Creador [que vinieron a ellos] a través de Moisés y Aarón, así que hornearon sus *matsot* mientras estaban en la tierra de Egipto antes de que fueran perseguidos. Es por eso que decimos "que nuestros padres comieron en la tierra de Egipto". De esta manera, nos recordamos la Luz de la certeza concerniente a su redención que nuestros padres tuvieron aún antes de que partieran [de Egipto].

La diferencia entre un hombre justo y un perverso es que un perverso no tiene certeza en su salvación. En consecuencia, fue dicho: "Para el perverso la salvación está lejos..." (Salmos 119:155). Pero el hombre justo tiene certeza en su salvación y siempre dice: "... porque Mi salvación está aproximándose..." (Isaías 56:1). La razón para esto es que la salvación del justo está atada a la salvación que viene del Creador, y toda su intención [la de la persona justa] es dar placer a su Creador. Por lo tanto, él puede siempre decirse: "¡He aquí el Creador de mi salvación!" (Isaías 12:2). Debido a que su propia salvación viene del Creador, él continúa por lo tanto: "Confiaré y no temeré" (ibid.) porque él ha ganado el conocimiento y puede [así] distinguir (*havdalá*). Si uno no tiene el conocimiento, ¿cómo puede entonces distinguir (*Talmud, Berajot,* 5b)?

Ahora regresaré al tema del *Séder*. La diferencia entre la redención de Egipto y la redención futura está en lo que está escrito acerca de la redención futura: "'... ella no saldrá como los esclavos'" (Éxodo 21:7) y: 'Porque no saldrán ustedes apresurados, ni se irán huyendo; porque el Creador irá delante de ustedes...'" (Isaías

ותהיו מוכרחים לאפות הבצק בטרם שיחמץ, לכן בני ישראל שהאמינו לדבריהם רצו לגלות אמונתם ובטחונם בדברי השם יתברך על ידי משה ואהרן, ואפו מצות עוד בארץ מצרים טרם שגורשו, שלכן אנו אומרים די אכלו אבהתנא בארעא דמצרים, כלומר אנו מזכירים את אור הבטחון שהיה לאבותינו בגאולתם עוד טרם שיצאו.

כי ההפרש בין צדיק לרשע הוא בזה, שלרשע אין לו בטחון בישועתו, ולכן נאמר רחוק מרשעים הישועה והצדיק בטוח בישועתו ואומר תמיד קרובה ישועתי לבוא, והטעם הוא מחמת שישועתו של הצדיק קשורה יחד בישועתו של השם יתברך וכל מגמתו היא לעשות נחת רוח ליוצרו ולכן אפשר לו לומר תמיד הנה א-ל ישועתי, אחרי שישועתו עצמו הוא ישועת ה', ולכן משלים ואומר אבטח ולא אפחד, כי זוכה לדעת, ויכול להבדיל, כי אם אין דעה הבדלה מנין.

ואחזור אל ענין הסדר. כי ההבחן בין גאולת מצרים לבין גאולה העתידה הוא בזה, שעל הגאולה העתידה כתוב לא תצא כצאת העבדים, כי לא בחפזון תצאו ובמנוסה לא תלכון כי הולך לפניכם ה'

52:12). También revisa la introducción a los *Tikunei Zóhar*[3] en *Maalot Hasulam*[4], versículo 342, en donde me he extendido en detalles al explicar los *Tikunei Zóhar.*

Este es el verdadero *Séder* (orden), y deseamos revelar nuestra certeza completa en nuestra redención futura, la cual debe ser en el orden correcto. Así como nuestros antepasados tuvieron certeza en lo que Moisés y Aarón dijeron y por lo tanto comieron el pan de la pobreza en Egipto aun antes de que ellos salieran de modo que ellos podían mostrar su certeza en la salvación que se acercaba, así nosotros deseamos levantarnos con certeza total a través de nuestros exilios y atraer sobre nosotros la Luz de la redención venidera de modo que esta sea ordenadamente y no con apresuramiento.

Es por esto que llamamos a la primera noche de *Pésaj* la noche del *Séder* (orden), porque los milagros y "lo no acorde con los caminos de la naturaleza" son —para el Creador— normales y de acuerdo con los caminos de la naturaleza. Tenemos que saber cómo atraer a nosotros Su salvación, a saber: por medio de tener certeza en que nuestra salvación vendrá pronto porque como está escrito: "¡He aquí el Creador de mi salvación! Confiaré y no temeré" (Isaías 12:2), como fue mencionado antes.

Por la presente concluyo con una bendición: ¡Que la bendición del Creador more sobre todo lo que haces, y que todo lo que emprenderás, el Creador [lo hará] prosperar en tus manos![5]

De mí,
Yehuda Tzvi

---

3 Dos volúmenes del *Zóhar* que tratan de la corrección del alma.

4 Cuando Rav Áshlag falleció, su estudiante, Rav Brandwein, continuó la gran labor de traducir el *Zóhar* y explicarlo. Él llamó a su obra *Maalot HaSulam* ("Los peldaños de la Escalera"), refiriéndose a la obra del Maestro.

5 De acuerdo con el versículo 39:3 de Génesis.

(עיין בהקדמת תקוני הזהר במעלת הסולם אות שמ"ב שהארכתי לבאר את דברי התיקונים).

וזהו סדר ואנו רוצים לגלות הבטחון השלם שלנו בהגאולה העתידה שתהיה בסדר, כמו שאבותינו האמינו בדברי משה ואהרן ואכלו לחם עוני בארץ מצרים עוד טרם שיצאו ממצרים, לגלות בטחונם בישועתם הקרובה, כן אנו רוצים להתרומם בבטחון שלם גם בגלויותנו ולהמשיך את אור הגאולה העתידה שתהיה בסדר ולא בחפזון.

לכן אנו קוראים את ליל הראשון של חג הפסח ליל הסדר כי אצל הקדוש ברוך הוא הנסים והבלתי דרך הטבע הם אצלו יתברך כדרך הטבע, ואנו צריכים לדעת איך שנמשיך את ישועתו אלינו, והיינו בבטחון כי ישועתינו קרובה לבוא, מטעם כי הנה א-ל ישועתי אבטח ולא אפחד, כנזכר למעלה.

הנני חותם בברכה שתשרה ברכת ה' בכל מעשיך וכל מה שתעשה ה' יצליח בידיך.

ממני יהודה צבי

P. D. Con respecto a la Unidad Simple (*Peshutá*), debes entender que lleva el mismo significado que en el versículo: "Me he quitado (*pashateti*) mi manto" (Cantar de los Cantares 5:3). El significado de la palabra "unidad" es "desnudada (*mufshetet*) de nuestras mentes"[6], ya que no podemos percibir la unidad entre una cosa y su opuesto, como amargo y dulce juntos, que fueron incluidos en el *maná* que nuestros padres comían en el desierto. ¿Cómo puede tal unidad ser concebible?

Esto está más allá de nuestra percepción y nuestro entendimiento, porque no podemos [siquiera] concebirla. Esta unidad que está "desnudada (*mufshetet*)" de nuestra percepción es llamada Unidad Simple (*Peshutá*). ¡Dicha unidad se aplica a la Luz del *Ein Sof* (Infinito)! Por lo tanto, es mencionado como "Él", que es la Luz, y "Su Nombre", que es [ambos] el Deseo y la Vasija, así como la palabra "Su Nombre" (*Shemó*) tiene el mismo valor numérico que la palabra "Deseo" (*Ratsón*) y son uno. La Vasija, sin embargo, no causa cambio alguno en la Luz.

No preguntes cómo es esto posible, aunque todo cambio en la espiritualidad es algo nuevo y una segunda forma para el anterior, porque esto está más allá de nuestra comprensión y es llamado Unidad Simple. Pero esto no es así después del *Tsimtsum* (Contracción). Hay unidad entonces, pero no unidad simple. Decimos que en *Atsilut* (el Mundo de la Emanación), "Él y Su Vitalidad y Sus Causalidades son uno", significando que la Luz, que es llamada "Él", Sus emanaciones dadoras de vida, que son llamadas Vitalidad, y las Vasijas, que son llamadas Causalidades, son una.

Esto es similar a una persona y sus pensamientos. Las partes del cuerpo hacen todo lo que la persona piensa porque están unidas. Nosotros podemos comprender esta unidad. Pero la

---

6 Más allá de nuestra comprensión intelectual.

ובענין אחדות פשוטה תבין שפירוש פשוטה מלשון פשטתי את כתנתי, שהמובן אחדות מופשטת משכל שלנו שאנו לא משיגים אחדות כזו, דהיינו דבר והפוכו כמו מר ומתוק יחד שאנו אומרים ב"מן" שאכלו אבותינו במדבר ששניהם היו כלולים בו, ואיך יתכן אחדות כזו?

זהו למעלה ממושג שלנו ומהשכל שלנו, שאין אנו משיגים את זה. ואחדות המופשטת ממושג שלנו נקראת אחדות פשוטה. ואחדות כזו נוהג באור אין סוף ברוך הוא. ולכן כתוב בו "הוא", שהוא האור. ושמו, שהוא הרצון והכלי, ששמו בגימטריא רצון הם "אחד" והכלי אינו עושה שום שינוי על האור.

ואל תשאל איך יתכן דבר כזה הלא כל שינוי ברוחניות הוא דבר חדש ודבר שני אל הקודם לו כי זה למעלה מהשגותינו וזה נקרא אחדות פשוטה. מה שאין כן אחר הצמצום, אחדות יש אבל לא "פשוטה", דהיינו, אנו אומרים שבאצילות "איהו וחיוהו וגרמוהו חד בהון" שפירושו שהאור שנקרא איהו והחיות שנקרא חיוהו, והכלים שנקראים גרמוהו הם אחד.

על דרך אדם עם מחשבתו שאבריו של האדם עושים כל מה שהוא חושב וזהו מחמת שהם מאוחדים ואנו משיגים אחדות זו. אבל בבריאה יצירה ועשיה אין אחדות כמו באצילות, אלא אחדות כמו

unidad en [los Mundos de] *Briá* (Creación), *Yetsirá* (*Formación*) y *Asiyá* (Acción) no es como la unidad en *Atsilut*; más bien, es como un amo con relación a sus esclavos, quienes le son fieles y están adheridos a él. Hacen lo que el amo les ordena hacer, pero no lo que el amo piensa que deberían hacer, porque ellos no pueden captar los pensamientos de su amo. Pero la unidad en *Atsilut* es como una persona y sus pensamientos.

Aunque las partes del cuerpo son físicas y el pensamiento es espiritual, el Creador, sin embargo, con Su habilidad ha creado tal unidad en el hombre que los órganos físicos están conectados al pensamiento espiritual y hacen todo lo que el hombre piensa. Todo esto es llamado "unidad", y podemos comprender esta unidad, que no es el caso de la unidad de uno y su opuesto, lo cual es llamado Unidad Simple. Esta es la diferencia entre unidad antes y después del *Tsimtsum* (Contracción).

אדון עם עבדיו הנאמנים לו ודבוקים בו ועושים כל מה שהאדון מצוה אותם אבל לא מה שהאדון חושב שעליהם לעשות כי אין הם משיגים את מחשבות האדון. אבל אחדות שבאצילות היא כאדם עם מחשבתו.

אשר האברים של האדם הגם שהם גשמיים והמחשבה היא רוחני עם כל זה השם יתברך בכל יכולתו יתברך ברא אחדות כזו שאברים הגשמיים מקושרים בהמחשבה הרוחנית ועושים כל מה שהאדם חושב, אבל כל זה נקרא אחדות מפני שאנו משיגים את אחדות זו מה שאין כן דבר והפוכו נקרא אחדות פשוטה. וזהו החילוק בין אחדות שמלפני הצמצום ואחדות של אחר הצמצום.

ב"ה יום כ"ד ניסן תשכ"ה תל-אביב

כבוד ידי"נ ואוהבי נצח מוהרש"פ שליט"א

אחדשה"ט באה"ר, אחרי שקבלתי הצלצול בטלפון אתמול ושאלת בענין החפזון והסדר, אמשיך לבאר לך ולסדר מה שכתבתי בחפזון ערב החג מחמת שהייתי טרוד מאד בהכנת אפיית המצות מצוה.

ותבין זה עם מה שאפרש את מה שאנו אומרים הא לחמא עניא די אכלו אבהתנא ב"ארעא דמצרים", שלכאורה קשה הרי הלחם עוני שהוא המצות אכלו אבותינו בצאתם ממצרים ע"ש כי לא הספיק בצקם להחמיץ, ואיך אנו אומרים שלחם עוני אכלו בארעא דמצרים, צריכים לומר בצאתם ממצרים ולא בארץ מצרים.

התשובה היא שגם בארץ מצרים גופא טרם שיצאו כבר אכלו מצות, מפני, היות שמשה ואהרן היו אומרים להם מקודם דעו לכם שישועתכם תבוא בחפזון בזה שלא תספיקו לאפות את לחמכם ותהיו מוכרחים לאפות הבצק בטרם שיחמץ, לכן בני ישראל שהאמינו לדבריהם רצו לגלות אמונתם ובטחונם בדברי השי"ת ע"י משה ואהרן, ואפו מצות עוד בארץ מצרים טרם שגורשו, שלכן אנו אומרים די אכלו אבהתנא בארעא דמצרים, כלומר אנו מזכירים את אור הבטחון שהיה לאבותינו בגאולתם עוד טרם שיצאו, כי ההפרש בין צדיק לרשע הוא בזה, שלרשע אין לו בטחון בישועתו, ולכן נאמר רחוק מרשעים הישועה והצדיק בטוח בישועתו ואומר תמיד קרובה ישועתי לבוא, והטעם הוא מחמת שישועתו של הצדיק קשורה יחד בישועתו של השי"ת וכל מגמתו היא לעשות נחת רוח ליוצרו ולכן אפשר לו לומר תמיד הנה א-ל ישועתי, אחרי שישועתו עצמו הוא ישועת ה׳, ולכן משלים ואומר אבטח ולא אפחד, כי זוכה לדעת, ויכול להבדיל, כי אם אין דעה הבדלה מנין.

ואחזור אל ענין הסדר, כי ההבחן בין גאולת מצרים לבין גאולת העתידה הוא בזה, שעל הגאולה העתידה כתוב לא תצא כצאת העבדים, כי לא בחפזון תצאו ובמנוסה לא תלכון כי הולך לפניכם ה׳ (עיין בהקדמת תקוני הזהר במעלת הסולם אות שס"ב שהארכתי לבאר את דברי התקונים) וזהו סדר ואנו רוצים לגלות הבטחון השלם שלנו בהגאולה העתידה שתהי׳ בסדר, כמו שאבותינו האמינו בדברי משה ואהרן ואכלו לחם עוני בארץ מצרים עוד טרם שיצאו ממצרים, לגלות בטחונם בישועתם הקרובה, כן אנו רוצים להתדמות בבטחון שלם גם בגלויותנו ולהמשיך את אור הגאולה העתידה שתהי׳ בסדר ולא בחפזון, לכן אנו קוראים את ליל הראשון של חג הפסח ליל הסדר כי אצל הקב"ה הנסים וקבלתי דרך הטבע מם אצלו ית׳ בדרך הטבע, ואנו צריכים לדעת איך שנמשיך את ישועתו אלינו, והיינו בבטחון כי ישועתינו קרובה לבוא, מטעם כי הנה א-ל ישועתי אבטח ולא אפחד כנ"ל.

הנני חותם בברכה שתשרה ברכת ה׳ בכל מעשיך וכל מה שתעשה ה׳ יצליח בידיך,

ממני יהודה [illegible]

[illegible]

יז. אבל בבריאה יצירה ועשיה אין אהבה כמו באצילות, אלא אהבה
כמו אדון עם עבדיו הנאמנים ודבוקים בו ומשמשים בו מה
שהאדון מצוה אותם אבל לא מה שהאדון חושק עצמו [illegible]
כי אין הם משיגים את מחשבות האדון, אבל אהבות שבאצילות
היא כאדם עם מחשבתו אשר [illegible] האדם וגם שהם גשמיים
והמחשבה היא רוחני [illegible] אהבה כמו שאדם
גשמיים מקושרים [illegible] המחשבה הרוחנית [illegible] שהאדם חושק אבל
כי זה נקרא אהבה מפני שאינו משיג את אהבות [illegible] דבר
והפוכו נקרא אהבה [illegible] בין אהבה [illegible] ואהבות של

Carta Trece

Con la ayuda del Creador
Rosh Jódesh (primer día) del mes de *Iyar*, 5725
Iyar: iniciales (en hebreo) de: "Todos mis enemigos serán avergonzados y estarán muy asustados"[1]
Día 15 del *Omer*[2]
3 de mayo de 1965

Al honorable amado de mi alma y mi eterno amado, simpático entre los hombres, Rav Shraga Féivel; que merezcas una larga y buena vida, Amén, y que la Luz del Creador brille sobre ti[3].

Recibí tu carta fechada 23 de *Nisán*, y estoy seguro de que recibiste mi carta de ese día en la cual he explicado cuidadosamente por qué llamamos a la noche de *Pésaj* con el nombre de víspera de *Séder* (orden).

Ahora explicaré el primer versículo de la porción de *Kedoshim*[4]. Está escrito: "Serán ustedes santos porque Yo, el Creador, soy santo" (Levítico 19:2). En el *Midrash*[5] está escrito: "Ustedes serán santos. Mi Santidad es superior a la de ustedes" (*Vayikrá Rabá*, 24:9). Aparentemente, esto produce algunas preguntas: ¿Qué razón hay [para especificar] "ustedes serán santos" porque "Yo, el Creador, soy santo"? Si el Creador es santo, ¿qué tiene esto que ver con nosotros? ¿Podemos nosotros, a través de esto, alcanzar también el nivel de ser santos? Y lo que declara el Midrash no

---

1 (Salmos 6:11).
2 El *Ómer* es el período de 49 días entre *Pésaj* y la Revelación en Monte Sinaí (*Shavuot*).
3 Según Isaías 38:17.
4 La séptima porción en el Libro de *Vayikrá* (Levítico).
5 Discurso homilético.

מכתב י"ג

ב"ה

יום א' דראש חודש **א**ויבי **י**שובו **י**בושו **ר**גע תשכ"ה ט"ו למטמונים

תל-אביב

כבוד ידיד נפשי ואוהבי נצח חביב אדם הרב רבי שרגא פייביל שליט"א, אור ה' עליך.

קבלתי מכתבך מיום כ"ג ניסן, ובטח גם לך הגיע מכתבי מאותו יום שבו בארתי היטב למה אנו קוראים לליל פסח בשם ליל סדר.

כעת אבאר הפסוק הראשון של פרשת קדושים. כתוב קדושים תהיו כי קדוש אני ה' אלקיכם, ובמדרש כתוב קדושים תהיו, קדושתי למעלה מקדושתכם. שלכאורה קשה, איזה נימוק הוא על קדושים תהיו מחמת כי קדוש אני ה', אם כביכול הקדוש ברוך הוא הוא קדוש מה זה שייך לנו שעל ידי זה יכולים לבוא גם אנו אל

es menos difícil de entender. ¿Qué es nuevo acerca del hecho de que la santidad del Creador es superior a nuestra santidad?

Más bien, el asunto es como sigue: El significado de "ser santos" es lo que *Rashí*[6], de memoria bendita, ha explicado: "Mantente alejado del incesto y las transgresiones, etc." (Levítico 19:2). Aquí hay espacio para uno que desea dominarlo para que tenga duda y piense: "¿Cómo y con qué fuerza puedo dominar a la fuerza de los impulsos malignos que están engranados en mí?". Es por eso que el versículo declara: "Porque Yo, el Creador, soy santo" y Yo soy tu raíz. Esto es porque tu alma es una parte de la Divinidad, y lo que es encontrado en el todo es también encontrado en la parte.

Por lo tanto, uno no debe descorazonarse, porque lo que está en nuestra raíz está cercano a nosotros y nos da placer (*Diez Emanaciones Luminosas*: Reflexión Interna, Parte 1). Necesitamos solamente hacer un esfuerzo para acercarnos a nuestra raíz, y luego la raíz brillará dentro de nosotros y será despertada hacia nosotros, y dominaremos nuestros deseos y nuestros impulsos malignos.

No debes decir que si es bueno ser santo y estar separado, entonces me retiraré de todos y de todo a la manera de los filósofos que acostumbraban retirarse a campos y bosques lejos de los sitios habitados a fin de adherirse a la espiritualidad. Aquí, se está diciendo que este no es el camino de la *Torá*, porque solamente el Creador está separado de todos y de todo porque Su Santidad es superior a la nuestra.

Te explicaré esto por medio de una historia acerca del anciano Rav Elimélej[7], que su mérito nos proteja, Amén. Después

---

6 Rabí Shlomó Yitsjaki, conocido como *Rashí*, quien es el más conocido comentarista de la *Torá*, siglo XI EC.

7 Gran líder kabbalístico, estudiante del *Maguid*, el sucesor del Baal Shem Tov, siglo XVIII EC.

המעלה להיות קדושים. גם דברי המדרש מוקשים מה מחדש לנו שקדושת השם יתברך היא למעלה מקדושתנו.

אלא הענין הוא, כי הפירוש קדושים כפי שפירש רש"י ז"ל הוו פרושים מן העריות ומן העבירה וכו'. וכאן יש מקום אל האדם בעת שיצרו מתגבר עליו להרהר ולחשוב איך ובאיזה כח אוכל להתגבר על כוחות היצר הטבועים בי. לזה אומר לנו הכתוב כי קדוש אני ה' ואני השורש שלכם, כי נשמתכם היא חלק אלקי וכל מה שיש "בהכל" יש גם בהחלק.

ולכן לא צריכים להתייאש כי מה שיש בשורשנו הוא קרוב לנו ויונעם לנו (הסתכלות פנימית ח"א), רק צריכים להתאמץ להתקרב אל השורש ואז השורש מאיר בנו ומתעורר אלינו ומתגברים על התאוות ויצר הרע.

ואל תאמר אם טוב להיות קדוש ופרוש אפרוש עצמי מכל וכל כדרך הפילוסופים שהיו פורשים לשדות ויערות חוץ ממקום ישוב בכדי להתדבק ברוחניות, אומרים לך לא, אין זה דרך התורה, כי פרוש מכל וכל הוא הקדוש ברוך הוא, כי קדושתו למעלה מן קדושתנו.

de cada *Yom Kipur*, él acostumbraba estar de buen humor y alegre. Revelaba a cada uno de sus estudiantes más jóvenes lo que había pedido y por lo que había orado al Creador en ese día santo, así como como la respuesta y el cumplimiento de su petición cuando el Creador la había respondido.

A un joven le dijo: "Tú pediste que el Creador te dé la capacidad de aprender algunas páginas de la *Guemará*[8] cada día, pero que no obtengas algún beneficio de tu estudio; que todo sea solo por amor al Creador. Debes saber lo que te contestaron de Arriba. Dado que todo lo que deseas es dar placer a Él y no disfrutar nada de tus estudios, el Creador te libera de este favor y no necesita tus estudios".

Este es el significado de "Mi Santidad es superior a tu santidad". El Creador desea de nosotros que aceptemos Su beneficencia ya que el propósito total de la Creación es beneficiar a Sus criaturas. Así que si nos fuéramos a retirar de todo y de todos, entonces estaríamos desperdiciando nuestra Vasija de Recibir.

La secuencia es como una novia y un novio que están comiendo del mismo plato. El novio empuja el plato hacia la novia y la novia empuja el plato haca el novio. El Creador es el novio en este ejemplo y la Congregación de Israelitas es la novia, [y de ese modo] obviamente, el plato de comida que el Novio [Divino] desea dar a la novia permanece en las manos de la novia.

Con respecto a lo que has escrito acerca de los buenos sentimientos durante los días de las festividades, debes saber que uno no debe caer presa de las emociones porque algunas veces los sentimientos [positivos] y la admiración vienen de

8 Interpretaciones de la *Mishná*, la gran obra sobre las leyes espirituales, la cual fue escrita entre los años 200 y 700 EC.

ואסביר לך זה על פי ספור מזקננו הרב רבי אלימלך זכותו יגן עלינו אמן, שבכל מוצאי יום כפור היה בבדיחות הדעת ושמח, והיה אומר להצעירים שבחבריא שלו לכל אחד ואחד, מה שביקש והתפלל מהשם יתברך ביום הקדוש, וגם את התשובה והמילוי הבקשה, שהקדוש ברוך הוא ענה על המבוקש שלו.

לצעיר אחד אמר, אתה בקשת מהשם יתברך שיתן לך האפשרות ללמוד בכל יום כמה דפים גמרא בלתי אל ה' לבדו שאתה לא תהנה כלום מלימודך, דע לך מה שענו לך, היות שאתה רוצה רק לעשות נחת רוח ולא להנות מן הלימוד כלום, הקדוש ברוך הוא מוחל לך הטובה הזאת והוא לא צריך את לימודך.

זהו הכוונה קדושתי למעלה מקדושתכם, כי הקדוש ברוך הוא רוצה שנקבל הטבתו כי כל הבריאה היא להיטיב לנבראיו, ואם אנחנו נפרוש מכל וכל נאבד את הכלי קבלה שלנו.

והסדר הוא כמו חתן וכלה שאוכלים בקערה אחת והחתן דוחף את הקערה להכלה והכלה דוחפת הקערה אל החתן, הקדוש ברוך הוא נמשל אל החתן וכנסת ישראל היא כלה, מובן מאליו שהקערה עם האוכל שהחתן רצה לתת להכלה נשאר בידי הכלה.

ובענין מה שכתבת על הרגשת הטוב שבימי החג. דע לך כי אסור להיות מסור בידי ההרגש כי יש לפעמים שההרגש וההתפעלות

una fuente impura, y cuando esa fuente desea dejar caer a esa persona, se lleva esos sentimientos que le había dado.

Cualquier hombre que está acostumbrado a la obra del Creador a través de los sentimientos ha der caer, Dios nos proteja. El camino de nuestra Santa *Torá* es: "Tú serás *tamim* (inocente, completo) con el Creador, tu Dios" (Deuteronomio 18:13) y: "Amarás al Creador con todo tu corazón" (Deuteronomio 6:5). Aun si Él se lleva tu alma, tu amor por el Creador no debe enfriarse, ¡el Cielo no lo permita!

Es verdad que si el Creador otorga beneficios a una persona, él [el individuo] no debe ser ingrato, ¡el Cielo no lo permita!, porque sería castigado por esto. Pero uno no debe basar el amor en las emociones, sino más bien solamente amar al Creador y recitar el *Shemá*[9] con devoción "cuando te acuestes" (Deuteronomio 6:7), cuando sentimos la humildad y todos los defectos que son innatos en nosotros, y también "cuando te levantes" (Deuteronomio 6:7), cuando nos sentimos elevados y cercanos al Creador.

Desde el punto de vista de aquel que verdaderamente ora con inocencia y perfección, no hay diferencia (ver: *Zóhar*, Prólogo 201), y así él cumple el precepto de recitar el *Shemá*, tanto "cuando te acuestas" como "cuando te levantas".

Bendiciéndote con corazón y alma,
Yehuda Tzvi Brandwein

P. D. Por favor llama al Rav de Lubavitch, ¡que pueda merecer una vida larga y buena, Amén! Por favor pregúntale si recibió el libro "Cuatrocientos Shékeles de Plata"[10] que le envié. No he

---

9 Meditación que recitamos cada mañana cuando despertamos y cada noche cuando vamos a dormir.

10 Uno de los libros del gran kabbalista del siglo XVI, el *Arí*, Rav Isaac Luria.

בא מאיזה צד בלתי טהור ואז בעת שהצד ההוא רוצה להפיל את האדם, לוקח ממנו ההרגש שנתן לו.

והאדם הרגיל לעבוד את ה׳ מתוך הרגש מוכרח ליפול רחמנא ליצלן, ודרך תורתנו הקדושה היא תמים תהיה עם ה׳ אלקיך ולאהוב את ה׳ בכל לבבך אפילו כשהוא נוטל את נשמתך לא תתקרר ותצטנן האהבה אל ה׳ חס ושלום.

נכון שאם השם יתברך נותן טובות להאדם אסור לו להיות כפוי טובה חס ושלום, כי אז הוא נענש על זה, אבל לא לבנות את האהבה על ההרגש, רק לאהוב את השם יתברך ולקרות קריאת שמע במסירות נפש, בין בזמן השכיבה רוצה לומר שמרגישים את השפלות וכל מיני החסרונות הטבועים באדם, ובין בזמן הקימה שמרגישים רוממות והתקרבות אל השם יתברך.

אצל העובד התמים באמת, אצלו אין הבדל, (עיין בהקדמת ספר הזהר אות ר״א דף ק״צ) ומקיים מצות קריאת שמע בין בשכבך ובין ובקומך.

המברך בלב ונפש
יהודה צבי ברנדווין

recibido una confirmación de que él recibió el libro y siempre he recibido una confirmación de la recepción de cada libro que le he enviado hasta ahora.

El que suscribe

אבקש שתתקשר עם הרבי מלובאוויטש שליט"א ותברר אם נתקבל אצלו הספר "ארבע מאות שקל כסף" ששלחתי אליו, כי לא נתקבל אצלי אישור על קבלת הספר. ומקודם נהג לכל ספר ששלחתי אליו, קבלתי אישור.

הנ"ל

ב"ה יום א' דראש חודש אויבי ישובו יבושו רגע תשכ"ה ס"ו לממטונים תל - אביב

כבוד ידי"נ ואוהבי נצח ח"א הרב ר' שרגא פייביל שליט"א

וזוג' מרת רבקה תחי' עשכב"ג ויז"ח אור ה' עליכם יחד'.

קבלתי מכתבך מיום כ"ג ניסן ובטח גם לך הגיע מכתבי מאותו יום שבו בארתי היטב למה אנו קוראים ללילל פסח בשם ליל הסדר.

כעת אבאר הפסוק הראשון של פרשת קדושים, כתוב קדושים תהיו כי קדוש אני ה' אלקיכם, ובמדרש כתוב קדושים תהיו, קדושתי למעלה מקדושתכם שלכאורה קשה איזה נימוק הוא על קדושים תהיו מחמת כי קדוש אני ה' אם כביכול הקב"ה הוא קדוש מה זה שייך לנו שעי"ז יכולים לבוא גם אנו אל המעלה להיות קדושים. גם דברי המדרש מבקשים מה מחדש לנו שקדושת השי"ת היא למעלה מקדושתנו.

אלא הענין הוא: כי הפירוש קדושים כפי שפירש"י ז"ל הוו פרושים מן העריות ומן העבירה וכו', וכאן יתקומם אל האדם בעת שיצרו מתגבר עליו להבהיר ולחשוב איך ובאיזה כח אוכל להתגבר על כוחות תאצר המבועים בי. לזה אומר לנו הכתוב כי קדוש אני ה' ואני השורש שלכם, כי נשמתכם היא חלק אלקי ממעל וכל מה שיש "בהכל" יש גם בהחלק ולכן לא צריכים להתייאש כי מה שיש בשורשנו הוא קרוב לנו ויונעם לנו,(הסתכלות פנימית)רק צריכים להתאמץ להתקרב אל השורש ואז השורש מאיר בנו ומתעורר אלינו ומתגברים על התאוות ויצר הרע. ואל תאמר אם טוב להיות קדוש ופרוש מכל וכל כדרך הפילוסופים שהיו פורשים לשדות ויערות חוץ ממקום ישוב בכדי להתדבק ברוחניות, אומרים לך לא, אין זה דרך התורה, כי פרוש מכל וכל הוא הקב"ה, כי קדושתו למעלה מן קדושתנו, ואסביר לך זה עפ"י סיפור מזקננו הרבי ר' אלימלך זצ"א שבכל מוצאי יוה"כ היה בגדיחת הדעת ושמח, והי' אומר להצעירים שבחבריא שלו כל אחד ואחד, מה שביקש והתפלל מהשי"ת ביום הקדוש, וגם את התשובה והמילוא הבקשה, שהקב"ה ענה על המבוקש שלו. לצעיר אחד אמר אתה, בקשת מהשי"ת שיתן לך האפשרות ללמוד בכל יום כמה דפים גמרא בלתי אל ה' לבדו שאתה לא תהנה כלום מלימודך, דע לך מה שענו לך, היות שאתה רוצה רק לעשות נחת רוח ולא להנות מן הלימוד כלום, הקב"ה מוחל לך הטובה הזאת והוא לא צריך את לימודך, זהו הכוונה קדושתי למעלה מקדושתכם כי הקב"ה רוצה שנקבל המתנו כי כל הבריאה היא להטיב לנבראיו ואם אנחנו נפרוש מכל וכל נאבד את הכלי קבלה שלנו. הסדר הוא כמו חתן וכלה שאוכלים בקערה אחת והחתן דוחף את הקערה להכלה והכלה דוחפת הקערה אל החתן, הקב"ה הוא נמשל אל החתן וכנסת ישראל היא כלה מובן מאליו שהקערה עם האוכל שהחתן רצה לתת להכלה נישאר בידי הכלה.

ובענין מה שכתבת על הרגשת הטוב שבימי החג. דע לך כי אסור להיות מסור בידי ההרגש כי יש לפעמים שהרגש וההתפעלות בא מאיזה צד מלתי טהור ואז בעת שהצד ההוא רוצה להפיל את האדם לוקח ממנו ההרגש שנתן לו והאדם הרגיל לעבוד את ה' מתוך הרגש מוכרח ליפול ר"ל ודרך תוה"ק היא תמים תהיה עם ה' אלקיך ולאהוב את ה' בכל לבבך אפילו כשהוא נוטל את נשמתך לא תתקרר ותצטנן האהבה אל ה' ח"ו, נכון שאם השי"ת נותן מובות להאדם אסור לו להיות כפוי טובה ח"ו כי אז הוא נענש ע"ז, אבל לא לבנות את האהבה על ההרגש, רק לאהוב את השי"ת ולקרות ק"ש במסירות נפש בין בזמן העצבות שמרגישים את השפלות וכל מיני החסרונות המבועים באדם, ובין בזמן הקימה שמרגישים רוממות והתקרבות אל השי"ת אצל העובד התמים באמת אצלו אין הבדל. (עיין בהקדמת ספר הזהר אות ר"א דף ק"ב) ומקיים מצות ק"ש בין בשכבך ובין בקומך, ובזה מבין את הסיפור מהרה"צ ר' שמואל קאריבר ז"ל בהגדה שלפסח דף ק"ג בהגדה של בתך פייגאלע מהר"ש סיפור אבחנה אולוכין זי"ע
בענין בית החיים אין דרך אחרת רק ע"י קאלך או מי שהוא אחר כי אם אני בעצמי אלך מפקיד לפקיד לבקש את הדבר ונסיתי לעשות את זה וראיתי שזוהי רק השפלה בשבילי, ואם אחרים עושים את זה בשמי אז אפשר שתצליח להשיג הדבר וצריכים לזרז את קאלך ללא יותר.

ובענין יהלום צלצלתי ללוי יצחק הירושלמי היום ואמר לי שיתקשר עם יהלום ונראה מה שיאמר לו. אני דורש בשלום הילדים כל אחד ואחד, שמות של הבנים אהרלע ואברמצע ויצחק יהושע ונפתלי נ"י אני יודע כבר ומהבנות אני לא יודע רק השם של פייגאלע. יתן השי"ת שאתה ורבקה תהי' תגדלם מתוך נחת והרחבה ותראו דורות ישרים ברוחניות ובגשמיות.

דורשכם המברך מלב ונפש
יהודה צבי ישעפין

אבקש שתתקשר עם הרבי מליובאוויטש שליט"א ותברר אם נתקבל אצלו הספר "ארבע מאות שקל כסף" ששלחתי אליו כי לא נתקבל אצלי אישור על קבלת הספר. ומקודם על כל ספר ששלחתי אליו, קבלתי אישור.

Carta Catorce

Con ayuda del Creador
Día 24 del *Ómer*[1]
Día 9 del mes de *Iyar*, 5725
11 de mayo de 1965

¡Bendición y éxito y todo lo mejor para el amado de mi alma, fiel y piadoso, nuestro Maestro, Rav Shraga Féivel, que merezcas una vida larga y buena, Amén!

Después de saludarte con gran amor...
Recibí tu carta fechada el 28 de *Nisán*, y responderé [a tus preguntas] en el orden en que [las] preguntaste.

Al añadir las palabras: "Los milagros y el 'no de acuerdo con los caminos de la naturaleza' son —para el Creador— normales y de acuerdo con los caminos de la naturaleza", quise decir que esta es la razón por la que llamamos a la noche del *Séder* (orden) por el nombre "Orden" y no por el nombre "Apuro". Esto es porque durante la noche de *Pésaj*, nuestra adhesión al Creador es tan elevada que no podemos distinguir entre apuro y orden, como lo es con el Creador.

Es verdad que escribí la carta apresuradamente porque era entonces [solamente] dos días antes de la festividad y yo sabía que estabas anhelando recibir unas pocas palabras mías. Y si no hubiera escrito entonces, toda la festividad habría pasado [sin una carta mía]. Esa es la razón por la que te escribí y toqué temas importantes. Pero debido a mi gran ocupación

---

1 El *Ómer* es el período de 49 días entre *Pésaj* y *Shavuot* (la Revelación en el Monte Sinaí).

מכתב י"ד

ב"ה
יום כ"ד למנין בני ישראל תשכ"ה תל-אביב

ברכה והצלחה וכל טוב סלה ידיד נפשי ותיק וחסיד מורנו הרב שרגא פייביל שליט"א.

אחר דרישת שלומו הטוב באהבה רבה, קבלתי מכתבך מיום כ"ח ניסן ואשיב לך ראשון ראשון.

מה שהוספתי המילים שאצל הקדוש ברוך הוא הנסים והבלתי דרך הטבע הוא אצלו יתברך כדרך הטבע, רציתי לומר שלכן אנו קוראים את ליל הסדר בשם סדר ולא בשם חפזון כי אנו מתרוממים בדבקות להשם יתברך בלילה של פסח עד שאין אנו מבחינים בין חפזון לסדר כמו אצל השם יתברך.

ונכון הוא שהמכתב ההוא כתבתי בחפזון שהיה שני ימים לפני החג וידעתי שאתה משתוקק לקבל ממני כמה מילים, ואם לא אכתוב

con la víspera de la festividad, los asuntos no fueron puestos apropiadamente en orden.

Las palabras de la *Torá* que te estoy escribiendo y que tú estudias con los demás, no te puedo decir que no [las compartas] porque es sabido desde Maimónides[2], de bendita memoria, que aquel que pone algo por escrito, aunque sea solamente para él mismo, lo revela a 2,000 personas (*Moré Nevujim*, Prólogo). La única cosa que te aconsejo y te pido hacer es que cuando recibas Palabras de la *Torá* las leas al menos tres veces, tú solo, y entiendas lo que está escrito en ellas con relación a tu trabajo espiritual personal. Solamente entonces debes considerar el mostrarlas o no a los demás.

Hablé con el señor Kalaj, el abogado, con relación a la transferencia de posesión de la propiedad en *Tsefat* (Safed), ¡que sea reconstruida y restablecida! Él dijo que hay un retraso en la transferencia porque deseo registrar la propiedad a tu nombre y tú eres un residente extranjero.

Además, me dijo que está recorriendo las oficinas de gobierno con respecto al cementerio cerca de Merón[3]. Ahora se le dijo que el asunto está en las manos del Rav de Merón, con quien está a punto de encontrarse.

Tengo la intención de viajar a Merón en el siguiente *Lag BaÓmer*[4] para cortar el pelo de los niños [*jalake*[5]] y hacerles rizos. ¡Que el Creador acepte mi oración favorablemente en nombre de todos y cada uno individualmente y en nombre de

---

2 Rav Moisés Ben Maimón, uno de los más grandes comentaristas de la *Torá*, filósofo y médico; España, siglo XII EC.

3 Un pueblo en la Alta Galilea cerca de *Tsefat* (Safed) y el lugar del reposo final de Rav Shimón bar Yojái.

4 Aniversario de la muerte de Rav Shimón, en el trigésimo tercer día del *Ómer.*

5 Corte de pelo a los varones por primera vez a la edad de tres años. Esta ceremonia tiene lugar una vez al año, en *Lag BaÓmer*, en Merón.

אז יעבור כל החג לכן כתבתי ונגעתי בכמה ענינים חשובים אבל מרוב הטרדות של ערב החג לא היו הדברים מסודרים כהוגן.

דברי התורה שאני כותב לך ואתה לומד עם אחרים אין אני יכול לומר לך שלא תעשה את זה, כידוע בשם הרמב"ם ז"ל שהכותב משהו אפילו לעצמו הוא מגלה הדבר לשני אלפים איש, רק מה שאני מיעץ לך ומבקש ממך לעשות הוא כשתקבל איזה דבר תורה תקרא אותו לכל הפחות שלשה פעמים לבד ותברר לך מה שכתוב בו, בנוגע לעבודת השם יתברך לך לעצמך, אחר כך תשקול בדעתך אם להראות את זה גם לאחרים.

דיברתי עם העורך דין קאלך בענין העברת הנכס שבצפת תבנה ותכונן, ואמר לי שיש עיכוב להעברה מחמת שאני רוצה לרשום הנכס על שמך ואתה נתין זר.

כמו כן אמר לי שהוא מתרוצץ במשרדי הממשלה בענין בית החיים על יד מירון וכעת אמרו לו שזה שייך להרב של מירון והוא עומד להפגש עמו.

הנני מתכונן לנסוע למירון בל"ג בעומר המתקרב לגזוז לילדים השערות ולעשות להם פאות, יתן ה' שתתקבל תפילתי לרצון

los israelitas colectivos, para que podamos merecer una rápida y completa redención, la redención del alma y la redención del cuerpo, Amén!

Espero oír de ti y siempre darte buenas noticias,
Yehuda Tzvi Brandwein

בשם כל אחד ואחד בפרטות ובשם כלל ישראל, שנזכה במהרה אל הגאולה השלימה גאולת הנפש וגאולת הגוף אמן.

המצפה לשמוע ולהשמיע לך תמיד בשורות טובות.
יהודה צבי ברנדוויין

יום כ"ד לעומר תשנ"ה תל-אביב

ברכה והצלחה וכט"ס לכבוד ידי"נ וו"ח וכו' הרב מוהר"ה שליט"א

אחדשה"ט באה"ר. קבלתי מכתבך מיום כ"ח ניסן ואשיב לך ראשון ראשון

מה שהוספתי המלים שאצל הקבלה הנסים ולהבדיל דרך הטבע הוא

אצלו ית' כדרך הטבע רציתי לומר שלכן אנו קוראים את ליל הסדר

בשם סדר ולא בשם חפזון כי אנו מתרוממים בדבקות להשי"ת בלילה

של פסח עד שאין אנו מבחינים בין חפזון לסדר כמו אצל השי"ת. ונכון

הוא שהמכתב ההוא כתבתי בחפזון שהי' שני ימים לפני החג וודאי

שאתה מתוקן לקבל ממני כמה מלים ואם לא אכתוב אז יעבור כל החג. וכן

כתבתי ונגעתי בכמה ענינים חשובים אבל מרוב הטרדות שעלי

היום לא היו הדברים מסודרים כהוגן דברי התורה שאני כותב לך ואתה לומד עם

אחרים אין אני יכול לומר לך שלא תעשה את זה כידוע בשם הרמב"ם ז"ל)

שהכותב משהו אפילו לעצמו הוא מגלה הדבר לשני אלפים איש, רק מה

שאני מיעץ לך ומבקש ממך לעשות היא כשתקבל איזה דבר תורה תקרא

אותו לכל הפחות שלשה פעמים, לבד ותברר לך מה שכתוב בו בנוגע

לעבודת השי"ת לך לעצמך, אחר כך תשקול בדעתך אם להראות

את זה גם לאחרים. דיברתי עם העו"ד קאלק בענין

העברת הנכס לבצפתו ואמר לו שיש עיכוב להעברה מחמת שאני רוצה ורשום הנכס

על שמך ואתה נותן דר. כמו כן אמר לו שהוא מתרוצץ במשרדי הממשלה,

בענין בית החיים על יד מירון ועתה אמרו לו שזה שייך להרב של מירון והוא

עומד להפגש עמו.

ונסע למירון בל"ג בעומר המתקרב לגזוז לילדים השערות ולעשות להם

פאות. יתן ה' שתתקבל תפלותי לרצון בשם כל אחד ואחד בפרטיות ובשם כלל

ישראל שנזכה במהרה אל הגאולה השלמה גאולת הנפש וגאולת הגוף אמן

המצפה לגאולה ולישועה לכם תמיד בבשורות טובות יהודה צבי ברנדווין

Carta Quince

Con ayuda del Creador
Día 27 del *Ómer*
Día 12 del mes de *Iyar*, 5725
14 de mayo de 1965

El honorable amado de los hombres, el amado de mi alma y mi eterno amado, la gloria de nuestra *Torá*, nuestro Maestro Rav Shraga Féivel: ¡que merezcas vida larga y buena, Amén! ¡Que vivas con la Luz del Creador!

Después de saludarte con gran amor…
Me pediste una explicación de lo que se quiso decir en la introducción a las *Diez Emanaciones Luminosas* (Sección 10) con las palabras: "Pero esto no permanece así". ¿Cómo es que el *Zóhar* declara (*Zóhar Bereshit* 1, 348) que: "en el futuro por venir" se relaciona con la purificación de sus cuerpos?

Uno debe examinar profundamente estas palabras y entenderlas. Está escrito en la *Torá*: "Y Dios dijo: 'Que haya Luz' y hubo Luz" (Génesis 1:3). De acuerdo con el significado literal, todo lo que Dios dijo estaba en conexión con este mundo. Pero luego llega el Santo *Zóhar* y dice que: "Que haya Luz" [significa] en este mundo, y: "hubo Luz" [significa] en el Mundo por Venir. Si es así, entonces lo que el Creador dijo no fue manifestado, ¡el Cielo no lo permita! Porque el Creador dijo: "Que haya Luz" en este mundo, pero al final, la Luz se manifestó en el Mundo por Venir y no en este mundo.

Es por eso que Rav Áshlag, de bendita memoria, vino a explicar las palabras del *Zóhar*. Él dijo que cuando el Creador dijo primero: "Que haya Luz", la Luz se manifestó de inmediato en

מכתב ט"ו

ב"ה
ז"ך למטמונים תשכ"ה תל-אביב

כבוד חביב אדם ידיד נפשי ואוהבי נצח כבוד שם תורתו מורינו הרב שרגא פייביל שליט"א אור ה' עליך יחי'.

אחר דרישת שלומו הטוב באהבה רבה.
שאלת פירוש בהקדמה לתלמוד עשר הספירות אות י', את המילים "אמנם לא נשאר כן", וכן איך משמע בזהר שבזמן עתיד לבוא הוא אחר גמר הזדככות גופם.

וצריך להתעמק בדברים. כי יש להבין, בתורה כתוב ויאמר אלקים יהי אור, ויהי אור, לפי הפשט הכל נאמר בעולם הזה, בא הזהר הקדוש ואומר יהי אור לעולם הזה, ויהי אור לעולם הבא, ואם כן הרי לא נתקיים האמירה של השם יתברך חס ושלום כי השם יתברך אמר יהי אור לעולם הזה. ולבסוף נעשה האור לעולם הבא ולא לעולם הזה.

לכן בא מרן זכר צדיק לברכה ומפרש את דברי הזהר שמקודם, בעת שהשם יתברך אמר יהי אור נעשה תכף אור בעולם הזה, "אמנם לא נשאר כן", כי אחר כן נגנז האור לצדיקים לעתיד לבוא.

este mundo. "Pero no permaneció así" porque más tarde, fue ocultada por los justos del Mundo por Venir. Y si dijéramos: "Vemos que la manifestación [real] de la Luz fue diferente de lo que el Creador dijo, porque el Creador dijo: 'Que haya Luz' en este mundo, pero finalmente esta fue para el Mundo por Venir y no permaneció en este mundo".

Pero no debemos decir eso porque la alusión a: "el Mundo por Venir" y "el futuro por Venir" no significan después de la muerte y después de que el alma ha abandonado el cuerpo, de acuerdo con el sentido literal. Aquellos que se ocupan con la *Torá* y los preceptos por estos mismos merecen en su tiempo de vida, en este mundo, esa gran Luz.

¿Por qué entonces es llamado "el Mundo por Venir" o "el futuro por venir? Esto es porque este [el mundo futuro] llega después de que la humanidad ha purificado sus cuerpos con los senderos de la *Torá*. El hombre nace como en la frase: "El hombre nace como asnillo de asno salvaje" (Job 11:12). Pero a través de la purificación por medio de la *Torá* y sus preceptos –que fueron dados para purificar a Yisrael– alcanza gradualmente una iluminación mayor, como está dicho en la porción de *Mishpatim* (Sección 11): "Cuando el hombre nace, le es dada una alma bestial (*Néfesh*) del aspecto de la pureza. Cuando él gana más, le es dada una alma espiritual (*Neshamá*)". Revisa lo que está escrito allí.

Prueba de esto —que el hombre puede alcanzar [ambas]: la vida en este mundo y la gran Luz que está reservada para el Mundo por Venir— está en lo que nuestros sabios, de bendita memoria, han dicho en el Tratado *Berajot*, 17a: Cuando los sabios se iban de la casa de Rav Ami, ellos le decían de la casa de Rav Janina: "Tú contemplarás tu mundo en el curso de tu

ואם תשאל הרי נמצא שנשתנה התהוות האור ממה שאמר השם יתברך, כי השם יתברך אמר יהי אור לעולם הזה, וזה נעשה לעולם הבא ולא נשאר בעולם הזה, אל תאמר כך.

כי גם המשמעות לעולם הבא וגם לעתיד לבוא אין הפירוש כפי הפשוט שזה אחר המיתה ויציאת הנשמה מן הגוף, אלא העוסקים בתורה ובמצוות לשמה זוכים בחיים חיותם בעולם הזה לאור הגדול ההוא.

ולמה זה נקרא עולם הבא או לעתיד לבוא, היינו אחר הזדככות גופם בדרכה של תורה, שאדם נולד בבחינת עייר פרא אדם יולד וע"י הזיכוך בתורה ומצוות שניתנו לצרף את ישראל זוכה בכל פעם להארות עליונות, כמ"ש בזהר משפטים (אות י"א) אדם כשנולד נותנים לו נפש בהמה מצד הטהרה זכה יותר נותנים לו נשמה עיין שם.

ומביא ראיה על זה שאפשר לו לאדם לזכות בחיים בעולם הזה להאור הגדול הגנוז לעולם הבא מאמרם ז"ל ברכות י"ז כי הוו מפטרי רבנן מבי רבי אמי ואמרו לה מבי רבי חנינא אמרי ליה הכי

vida...". Lee la introducción a esto en el párrafo 76 para una explicación detallada de este ensayo.

El total del párrafo 27 está bien explicado, y debes profundizar y pedir "de Quién la sabiduría es Suya" para otorgar sobre ti conocimiento, entendimiento, y percepción. Revisa el Tratado *Nidá*, 70b, y entonces merecerás el entendimiento porque "Él no retirará el bien de aquellos que caminan en rectitud" (Salmos 84:12).

Voy a Merón[1], Dios mediante. Allá rezaré por todos nosotros para que merezcamos ser salvos con toda clase de salvaciones, todos y cada uno de acuerdo a sus deseos, en cuerpo y alma, por virtud de esos [individuos] justos cuya *Torá* nos ocupamos de difundir entre el público, para atraer mérito sobre Israel para que ellos hablen bien de nosotros. Y que merezcamos rápidamente ver nuestro mundo en el curso de nuestra vida, Amén.

Yehuda Tzvi Brandwein

P. D. Te envío el libro de *Tikunéi Zóhar*[2] y también los volúmenes 9, 16, y 21 del *Zóhar*, [También] oí que el *Zóhar* completo con el comentario del *Sulam* fue impreso en Londres en 10 volúmenes.

El arriba mencionado

---

1 Para conectarse con la energía de Rav Shimón bar Yojái.

2 La sección del *Zóhar* que trata acerca de la corrección del alma.

עולמך תראה בחייך וכו'. ועיין בהקדמה זו באות ע"ו פירוש מאמר זה באריכות.

כל האות כ"ז מפורש היטב ואתה צריך להעמיק ולבקש ממי שהחכמה שלו שיחנן אותך דעה בינה והשכל, עיין במסכת נדה דף ע', ע"ב ואז תזכה להבין כי לא ימנע הטוב מהולכי תמים.

הנני נוסע אם ירצה השם למירון ואתפלל על כולנו שנזכה להוושע בכל מיני ישועות לכל אחד ואחד כפי משאלותיו בגוף ונפש, בזכות הצדיקים הקדושים שאנו עוסקים בתורתם ומשתדלים להפיץ תורתם ברבים לזכות את ישראל שימליצו בעדינו ונזכה במהרה לראות עולמינו בחיים אמן.

יהודא צבי ברנדוויין

הנני שולח לך ספר התקונים וגם ג' כרכים מספר הזהר כרך ט', ט"ז וכ"א. שמעתי שבלונדון הדפיסו את כל ספר הזהר עם פירוש הסולם בעשרה כרכים.

הנ"ל

ב"ה ז"ך לממונים תשכ"ה ת"א

כבוד ח"א ידי"נ ואוהבי נצח כש"ת מוהרש"פ שליט"א

אור ה' עליך יחי'

אחדשה"ט באה"ר, שאלת פירוש בהקדמה לתלמוד ע"ס אות י' את המלים "אמנם לא נשאר כן", וכן איך משמע בזהר שבזמן עתיד לבוא הוא אחר גמר הזדככות גופם, וצריך להעסק בהדברים, כי יש להבין, בתורה ויאמר אלקים יהי אור, ויהי אור, לפי הפשט הכל נאמר בעולם הזה, בא הזהר הקדוש ואומר יהי אור לעולם הזה, ויהי אור לעולם הבא, וא"כ הרי לא נתקיים האמירה של השי"ת כי השי"ת אמר יהי אור לעולם הזה, ולבסוף נעשה האור לעולם הבא ולא לעולם הזה, לכן בא מרן זצ"ל ומפרש את דברי הזהר שמקודם שהשי"ת אמר יהי אור נעשה תכף אור בעולם הזה אמנם לא נשאר כן כי אחר כך נגנז האור לצדיקים לעתיד לבוא, ואם תשאל הרי נמצא שנשתנה התהוות האור ממה שאמר השי"ת, כי השי"ת אמר יהי אור לעולם הזה וזה נעשה לעולם הבא ולא נשאר בעולם הזה, אל תאמר כך כי גם עולם הבא וגם לעתיד לבוא אין הפירוש כפי הפשוט שזה אחר המיתה ויציאת הנשמה מן הגוף אלא העוסקים בתורה ובמצוות לשמה זוכים בחיים חיותם בעולם הזה לאור הגדול ההוא, ולמה זה נקרא עולם הבא או לעתיד לבוא, היינו אחר הזדככות גופם בדרכה של תורה, שאדם נולד בבחינה עַיִר פרא אדם יולד וע"י הזיכוך בתורה ומצוות שניתנו לצרף את ישראל זוכה בכל פעם להארות עליונות כמש"א בזהר משפטים (אות י"א) אדם כשנולד נותנים לו נפש בהמה מצד הטהרה זכה יותר נותנים לו נשמה עיי"ש. ומביא ראי' ע"ז שאפשר לו לאדם לזכות בחיים בעולם הזה להאור הגדול הגנוז לעולם הבא ממאמרם ז"ל ברכות י"ז כי הוו מפטרי רבנן מבי רבי אמי ואמרי לה מבי רבי חנינא אמרי ליה הכי עולמך תראה בחייך וכו', ועיין בהקדמה זו באות ע"ו פירוש מאמר זה באריכות,

וכל האות כ"ז מפורש היטב ואתה צריך להעמיק ולבקש ממי שהסכמתא שלו שיחנן אותך דעה בינה והשכל, (עיין במסכת נדה דף ל"א) ואז תזכה להבין כי לא ימנע הטוב מהולכי תמים.

הנני נוסע אי"ה למירון ואתפלל על כולנו שנזכה להושע בכל מיני ישועות לכל אחד ואחד כפי שאלותיו בגוף ונפש, בזכות הצדיקים הקדושים שאנו עוסקים בתורתם ומשתדלים להפיץ תורתם ברבים לזכות את ישראל שימליצו בעדינו ונזכה במהרה לראות עולמינו בחיים אמן.

יהודא צבי ברנדוויין

הנני שולח לך ספר התקונים וגם ג' כרכים מספר הזהר כרך ט' ט"ז וכ"א, שמעתי שבלונדון הדפיסו את כ' ספר הזהר עם פירוש הסולם בעשרה כרכים.

הנ"ל

Carta Dieciséis

Con ayuda del Creador
Día 38 del *Ómer*
Día 23 del mes de *Iyar*, 5725
25 de mayo de 1965

¡Días alegres y una vida larga para el honorable y amado entre los hombres, el amado de mi alma y la gloria de nuestra *Torá*, nuestro Maestro, Rav Shraga Féivel, que merezcas una vida larga y buena, Amén!

Después de saludarte con gran amor...
Tengo ante mí tres cartas que trataré de contestar, de acuerdo con la buena Mano del Creador.

La introducción a *Diez Emanaciones Luminosas*[1] es más profunda que cualquier profundidad. Es mejor que, por el momento, estudies del libro mismo. Cuando estés en la Tierra Santa, con ayuda del Creador, estudiaré la introducción junto contigo.

Con respecto al hecho de que tú encuentras aparentes contradicciones en el relato de nuestro anciano Rav Elimélej[2] —que su mérito nos proteja, Amén—, tú debes entender la esencia de "dar placer al Creador" y "estudiar por ella misma". Estas son las grandes delicias que pueden ser encontradas en todos los Mundos y son llamados "la pasión de los humildes" (Salmos 10:17). Para merecer esta [alegría], sin embargo, uno debe deshacerse de todos los deseos mundanos.

---

1 Los 16 libros de Rav Áshlag, que contienen una explicación detallada del *Arí* sobre la Creación.
2 Kabbalista Rav Elimelej de Lizhensk, Polonia, siglo XVIII.

מכתב ט"ז

ב"ה
יום ג' כ"ג אייר ל"ח למנין בני ישראל תל-אביב

חדות ימים ושנות חיים לכבוד חביב אדם ידיד נפשי ואוהבי נצח כבוד שם תורתו מורנו הרב שרגא פייביל שליט"א.

אחר דרישת שלומו הטוב באהבה רבה, מונח לפני שלשה מכתבים ואשתדל לענות עליהם כיד ה' הטובה.

ההקדמה לתלמוד עשר הספירות הוא עמוק, מכל עמוק, וכדאי שלעת עתה תלמוד בפנים הספר ואם ירצה השם כשתהיה בארץ הקודש אלמוד עמך את ההקדמה.

וזה שהנך מוצא סתירות לכאורה לסיפורו של זקננו הרבי רבי אלימלך זכותו יגן עלינו אמן, צריך להבין את ענין לעשות נחת רוח ליוצרו ולימוד לשמה שזהו התענוג הכי הגדול שנמצא בעולמות ונקרא תאות ענוים, ולזכות לזה צריכים לצאת מכל התאוות שבעולם.

En cuanto a las personas que piensan que ya están haciendo [acciones espirituales positivas] "por ella misma", ciertos libros [de comentarios] ofrecen una explicación a lo que el Faraón dijo a los hijos de Israel (Éxodo 5:17): "¡Ustedes son holgazanes!; por lo tanto, dicen: Déjanos ir y ofrecer un sacrificio al Creador", significando que les dijo que su declaración de que su disposición para el autosacrificio y para ofrecerse para la gloria del Creador era solamente debida a [su] pereza y holgazanería para servir al Creador. ¡Ustedes son holgazanes en el trabajo [les estaba diciendo]; por lo tanto, dicen que están preparados para autosacrificarse para la gloria del Creador!

No preguntes qué tiene esto que ver con el Faraón, porque en la *Torá* de *Atsilut* (Emanación)[3], la *Torá* entera consiste de los Nombres del Creador, y no hay nombres de contaminación[4]. Es sabido que el nombre Labán [en hebreo: *Laván*][5] alude a blancura espiritual. También, está escrito del Faraón[6] en el *Zóhar* Sagrado: "del cual todas las Luces son reveladas" (*Zóhar*, *Vayigash* 104). Es este nivel [llamado]: "del cual todas las Luces son reveladas", que nos dice: "¡Ustedes son holgazanes, ustedes son holgazanes!".

En estas palabras encontrarás una explicación para lo que has dicho en tu segunda carta con respecto a: "Él no debe creer en sí mismo".

Debes saber que debes estudiar la introducción [de *Diez Emanaciones Luminosas*] solamente después de que hayas merecido lo que está escrito en el libro mismo. Por lo tanto,

---

3 La *Torá* más allá del significado literal.

4 El rey egipcio en el tiempo del Éxodo cuyo nombre representa a las fuerzas negativas.

5 *Laván* es un nombre mencionado en la *Torá*, el suegro de Jacob, una persona muy negativa; su nombre significa: "blanco".

6 Literalmente, la palabra significa: "salvaje" o "abierto".

ומה שאדם מדמה לעצמו שכבר עושה לשמה, יש בספרים פירוש על זה שאמר פרעה לבני ישראל נרפים אתם נרפים על כן אתם אומרים נלכה נזבחה לה' אלקיכם, פירושו הוא שאמר להם שזה שהם אומרים שהם מוכנים למסירת נפש וללכת ולזבוח את עצמם למען כבוד השם יתברך, זה בא מטעם עצלות ורפיון בעבודת ה', נרפים אתם מעבודה ולכן אתם אומרים שהנכם כבר מוכנים לזבוח עצמכם על כבוד ה'.

ולא תשאל מה שייך זה לפרעה, כי בתורה דאצילות כל התורה כולה היא שמותיו של הקדוש ברוך הוא ואין שם שמות של טומאה, כידוע שהשם לבן רומז על לובן העליון. וכן פרעה, כתוב בזהר הקדוש דאתפרעון מניה כל נהורין, ואותה המדריגה שממנה נגלה כל האורות אומרת לנו נרפים אתם נרפים.

במילים אלה יש כבר תירוץ של מה שנאמר במכתב השני בענין אל יאמין בעצמו.

ודע לך שלימוד ההקדמה היא אחר שתזכה למה שכתוב בפנים הספר ולכן תזדרז לחלק שני בתלמוד עשר ספירות, ועיקר

apresúrate y ve a la segunda parte del libro. La parte principal del estudio de las *Diez Emanaciones Luminosas* es la Lección 8 donde el mundo del *tikún* (corrección) empieza.

Estuve en Merón. Volé allá en avión, a fín de no cansarme. Realizamos el *Jalakei*[7].

Te he mencionado en todos los lugares santos y orado por tu éxito y por el de todos, y que el mérito de los justos esté contigo en cada paso y acción que hagas. Oré y con la ayuda del Creador, fui respondido con felicidad inconmensurablemente grande. Además tu llamada telefónica en *Lag BaÓmer*[8] llegó inmediatamente después de la comida y la fogata que encendimos en el patio.

La semana pasada, me reuní con el Ministro de Asuntos Religiosos, Sr. Warhaftig. Hablé con él acerca del lote en el cementerio, y él está en contra de esto. Dijo bastante claramente que no está de acuerdo, y citó de la Biblia: "pero cuando entraste, contaminaste mi tierra" (Jeremías 2:7). Sin embargo, cuando estés aquí, tengo un plan para arreglar las cosas bien y fácilmente.

Hay todavía otro asunto: Rav Yosef M. Weinstock[9] (él es uno de nuestro grupo) tenía el libro del *Zóhar* con el comentario del *Sulam* impreso en Londres. Él arregló todos los 21 volúmenes en 10 volúmenes. Es un hombre pobre. No sé cuánto de su propio dinero invirtió y cuánto le debe a otros. Aparte de eso, es una gran hazaña distribuir el libro de modo que haya una copia del *Zóhar* en cada hogar.

Yo he sugerido que él se dirija a ti y que, para la gloria de la *Torá*, tú lo pongas en contacto con los libreros americanos

---

7 Corte de pelo de los varoncitos por vez primera a la edad de tres años.
8 Aniversario de la muerte de Rav Shimón, en el día 33 del *Ómer.*
9 Uno de los estudiantes de Rav Áshlag.

הלימוד בתלמוד עשר הספירות הוא בשיעור ח' ששם מתחיל עולם התיקון.

הייתי במירון. טסתי לשם באוירון כדי לא להתעייף. ועשינו חאלאקא.

בכל המקומות הקדושים הזכרתי אותך והתפללתי להצלחתך בפרט ולמען הכלל שזכות הצדיקים תלווה אותך בכל צד ושעל ובעזרת השם יתברך התפללתי ונעניתי מתוך שמחה גדולה שאין לשער, גם הצלצול שלך בל"ג בעומר היה תכף אחר הסעודה וההדלקה שעשינו בחצר.

בשבוע שעבר נפגשתי עם שר הדתות מר זרח ווארהאפטיג נדברתי עמו בענין בית החיים, הוא נגד זה ואמר בפירוש שלא מסכים לזה מטעם ותבואו ותטמאו את ארצי, ובכל זאת כשתהיה כאן יש לי תכנית שנוכל לסדר את זה בנקל וטוב.

גם יש עוד ענין. היות שבלונדון הדפיס רבי יוסף ויינשטאק מ' (הוא א' מחברנא) את ספר הזהר עם פירוש הסולם כל הכ"א כרכים סידר בעשר כרכים. בכלל הוא איש עני, אין אני יודע כמה כסף השקיע משלו וכמה הוא חייב לאחרים, וחוץ מזה הוא מצוה גדולה להפיץ הספר שיהיה בכל בית יהודי ספר הזהר.

אני הצעתי לו לפנות אליך שאתה תעשה למענו ולמען כבוד התורה לקשר אותו עם מוכרי ספרים באמעריקא שישלח להם

para que él pueda enviarles libros a ellos y no lo engañen. Él está vendiendo todos los diez volúmenes por veinte dólares [el juego completo], que es un precio muy bajo. Los libros del *Zóhar* no se consiguen aquí. Cuando seas contactado por él, por favor, trátalo bondadosamente y haz todo lo que esté en tu poder, por él y por la difusión del Santo *Zóhar*.

Estoy concluyendo con la bendición de la *Torá*. Debes saber que unas pocas bancas[10] han sido añadidas a la *Yeshivá* de *Kol Yehuda* y debemos atender a su mantenimiento. En cuanto a la propiedad en *Tsefat* (Safed), ¡que sea reconstruida y restablecida!, planearemos ese asunto cuando estés aquí. Es mucho mejor que [la propiedad] esté a tu nombre.

Yo digo la bendición sobre los *Tefilín* (filacterias) de la cabeza en un susurro, como es la opinión del *Rama*[11].

Acabo de ver una carta de Rav Yosef Weinstock en la cual él escribe que ya te envió un juego completo del *Zóhar*. Sería bueno que le escribieras tan pronto como recibas los libros.

De mí, uno que espera la salvación del Creador que está cerca y rápida en nuestros días, ¡Amén!
Yehuda Tzvi

---

10 Más estudiantes.

11 Acrónimo para el nombre de Rav Moisés Iserlish, un Kabbalista del siglo XVI, Cracovia, Polonia.

ספרים ושלא ירמו אותו, הוא מוכר במחיר נמוך מאד כל עשר הכרכים בעשרים דולר, כאן אין בנמצא כל ספר הזהר, אני מבקש כשתקבל פניה ממנו שתשיב לו בסבר פנים יפות ותעשה למענו ולמען הפצת הזהר הקדוש כל מה שבאפשרותך.

והנני מסיים בברכת התורה, וכדאי שתדע שנתוספו ספסלים בישיבת קול יהודה וצריכים לדאוג איך נחזיקם. ענין הנכס בצפת תבנה ותכונן גם כן נסדר כשתהיה כאן, כי רצוי מאוד שיהיה על שמך.

אני מברך בלחש על תפילין של ראש כדעת הרמ"א ז"ל.

ראיתי כעת מכתב מרבי יוסף וויינשטאק וכותב ששלח לך כבר סדר של הזהר כולו, כדאי שתכתוב אליו בעת שתקבל הספרים.

ממני המצפה לישועת ה' הקרובה במהרה בימינו אמן.

יהודה צבי

[illegible]

Carta Diecisiete

Con la ayuda del Creador
Día 27 del mes de *Siván*, 5725
27 de junio de 1965

¡Días alegres y larga vida al honorable y amado de los hombres, el amado de mi alma, "un hombre valiente de muchas hazañas" (II Samuel 23:20), nuestro Maestro, Rav Shraga Féivel, que merezcas una vida larga y buena, Amén!

Después de saludarte con gran amor...
Recibí tu llamada telefónica y es mejor que vengas más pronto.

En la porción de Kóraj[1] se dice: "Y Kóraj...se hizo". *Rashí*[2] comenta que Kóraj se hizo a un lado para estar separado de la congregación. Las palabras "se hizo a un lado" han de ser entendidas porque *Rashí* debió haber dicho que Kóraj se retiró para estar separado. ¿Qué significa "a un lado"? Y ¿cuántos lados hay?

Esto lo podemos entender a través de una explicación de las dos preguntas que Kóraj hizo a Moisés. Está escrito en *Midrash Tanjumá*: "¿Qué hizo él? Se levantó y reunió 250 cabezas del *Sanhedrín*[3], la mayoría de ellos de la tribu de Rubén, su vecino, y vistió a cada uno con un *Tálit* (chal para oraciones) que era completamente azul.

"Ellos vinieron y se pararon ante Moisés y preguntaron: '¿Se requiere que un *Tálit* que es completamente azul tenga un

---

1 Ver Carta Uno para más detalles.
2 Rabi ShlomóYitsjaki, conocido como *Rashí*, quien es el comentarista de la *Torá* más conocido, siglo XI EC.
3 Los líderes espirituales y jueces israelitas.

מכתב י"ז

ב"ה
יום ז"ך סיון תשכ"ה תל-אביב

חדות ימים ושנות חיים למעלת כבוד חביב אדם וידיד נפשי איש חי רב פעלים מורינו הרב שרגא פייביל שליט"א.

אחר דרישת שלומו הטוב באהבה רבה, קבלתי הצלצול בטילפון וכדאי שתבוא יפה שעה אחת קודם.

בפרשת קרח, ויקח קרח, פירש רש"י לקח את עצמו לצד אחד להיות נחלק מתוך העדה. יש להבין המלים לקח עצמו לצד אחד היה צריך לומר לקח עצמו להיות נחלק, מהו צד אחד, וכי כמה צדדים יש?

ונבין את זה על פי מה שנסביר את שתי השאלות ששאל קרח את משה, שכתוב, מה עשה עמד וכנס ר"נ ראשי סנהדראות רובן משבט ראובן שכניו וכו' והלבישן טליתות שכולן תכלת.

באו ועמדו לפני משה, אמרו לו טלית שכולה תכלת חייבת בציצית או פטורה, אמר להם חייבת, התחילו לשחק עליו, וכו'. וכן שאלו

Tsitsit[4] o está exento [de este requisito]?', Moisés respondió que sí es un requisito. Ellos empezaron a burlarse de él etc. También preguntaron a Moisés: '¿Una casa que está llena de libros necesita tener una *Mezuzá*[5] o no?'. Él respondió que sí. Otra vez se burlaron de él".

¡Debemos entender lo que está implicado y ocultado en estas dos preguntas y por qué ellos no hicieron más preguntas si sabían cómo preguntar!

El asunto es que en nuestra Santa *Torá*, hay dos lados contradictorios que se presentan opuestos uno al otro, como el fuego y el agua. La *Torá*, que es la de Moisés y es la Columna Central, abraza ambos [lados] y los unifica en uno. Un lado se relaciona con tener fe y aceptar sobre uno la carga del Reino del Cielo con simple confianza, sin conocimiento, observación o comprensión.

De acuerdo con nuestros sabios, de bendita memoria, quienes han comentado acerca del versículo: "¡Oh, Creador, Tú preservas al hombre y a la bestia!" (Salmos 36:7), tales personas están sin (lit. desnudas de) el conocimiento apropiado a los seres humanos y se conducen como animales: "como el toro es al yugo, y como el asno es a la carga". Este aspecto [esto es: confianza ciega] es llamada un *Tálit* que es todo azul porque la palabra *tejélet* (azul) es derivada de [el versículo]: "He visto un fin para cada propósito (*tijlá*)" (Salmos 119:96), lo cual significa que él [el individuo] destruye (*mejalé*) toda la comprensión y las revelaciones, y [este aspecto de la *Torá*] no requiere inteligencia y conocimiento, solamente fe y nada más.

---

4 Flecos en las cuatro esquinas del chal para oraciones.

5 Pergamino que contiene texto bíblico, fijo en la jamba de la puerta para protección espiritual.

את משה: בית שמלא ספרים חייב במזוזה או לא, אמר להם חייב, ושחקו.

יש להבין מה רמוז וגנוז באלו שתי השאלות, ולמה לא שאלו עוד שאלות אם ידעו לשאול.

אלא הענין הוא, כי יש בתורתינו הקדושה שתי צדדים הסותרים זה את זה, מפני שהם הפכיים זה לזה כמו אש ומים, והתורה שהיא תורת משה עמודא דאמצעיתא, כוללת שניהם ומאחדת שניהם לאחד. צד אחד הוא אמונה לקבל עליו עול מלכות שמים באמונה פשוטה בלי לדעת ולראות ולהשיג.

אלא כמו שאמרו חכמינו זכרונם לברכה על הכתוב אדם ובהמה תושיע ה׳, אלו בני אדם שהם ערומים בדעת כבני אדם ומשימים עצמם כבהמה, כשור לעול וכחמור למשא. צד זה נקרא טלית שכולה תכלת, כי תכלת מלשון לכל תכלה ראיתי קץ, שפירושו שמכלה כל מיני ההשגות וגילויים שלא צריכים שכל וידיעה רק אמונה.

Tsitsit significa observación, como en el versículo: "Él atisba (*metsits*) a través de la celosía" (Cantar de los Cantares 2:9), de acuerdo con el secreto del versículo: "Pero tus ojos serán tu maestro" (Isaías 30:20). Los israelitas también dijeron (*Mejiltá, Yitró,* 19:9): "Queremos ver a nuestro Rey". Y también está escrito (Tratado *Taanit,* 31a) que en el futuro por venir el Creador organizará una festividad de danza (*majol*) para los justos y cada uno apuntará con su dedo y dirá: "¡Aquí, este es nuestro Creador!" (Isaías 25:9).

Kóraj preguntó a Moisés: "Tú, quien eres llamado el Pastor Fiel[6], deseas inducir en Israel confianza en el Creador. Un *Tálit* que es todo azul, a saber: alguien que tiene fe completa y acepta sobre sí servir al Creador 'como el toro es al yugo, y como el asno es a la carga', [esto es:] sin conocer y ver y entender de plano, ¿debe tener *Tsitsit*? A saber: ¿necesita reservar un lugar en su alma para también percibir y conocer al Creador?".

Moisés respondió: "Sí, un *Tálit* que es todo azul debe tener *Tsitsit*. Es verdad que tenemos que aceptar que debemos adorar al Creador con confianza más allá de la comprensión, como una bestia. Pero esto es desde nuestro punto de vista; estamos preparados hasta para esto.

Pero en un tiempo de buena voluntad, cuando el Creador específicamente desea mostrarnos milagros claros o revelaciones magníficas y cosas parecidas, como fue dicho: 'Una doncella[7] vio en el mar lo que el profeta Ezequiel[8] no vio (*Zóhar, Beshalaj,* 434)', no diremos que no tenemos deseo [de testificar estas cosas]. Por el contrario, si da satisfacción al Creador que lo adoremos a Él como humanos y no como bestias, ¿por qué entonces no

---

6 Moisés es siempre mencionado en el *Zóhar* como *Raayá Meheimná* (el Pastor Fiel).
7 Persona simple.
8 Un profeta, circa 580 AEC, quien tuvo una visión de la Creación, la Resurrección futura y Armaguedón.

ציצית פירושן הסתכלות, כמו שנאמר מציץ מן החרכים, בסוד הכתוב והיו עיניך רואות את מורך, וכן אמרו בני ישראל רצוננו לראות את מלכנו, וכן כתוב שלעתיד יעשה הקדוש ברוך הוא מחול לצדיקים וכל אחד יראה באצבע הנה אלקינו זה.

קרח שאל את משה, אתה שנקרא רעיא מהימנא, הרועה הנאמן, שאתה רוצה להחדיר את אמונת ה' בישראל, אם טלית שכולה תכלת, דהיינו מי שיש לו אמונה שלימה, ויקבל על עצמו לעבוד את ה' כשור לעול וכחמור למשא בלי לדעת ולראות ולהשיג כלל עוד חייב בציצית, היינו להשאיר מקום בנפשו גם להשגה ולדעת את ה'.

משה ענה לו כן, טלית שכולה תכלת חייבת בציצית. כי אמת שאנו מקבלים עלינו לעבוד את ה' באמונה למעלה מן הדעת כבהמה, אבל זהו מצידנו, אנו מוכנים גם לזה.

אבל בעת רצון, שהשם יתברך ירצה דוקא להראות לנו נסים גלויים או השגות גדולות וכדומה כמו שנאמר ראתה שפחה על הים מה שלא ראה יחזקאל הנביא, אנו לא נאמר שלא רוצים, אדרבא, אם יש נחת רוח להקדוש ברוך הוא שנעבוד אותו כבני אדם ולא

debemos estar de acuerdo?". Por lo tanto, Moisés dijo a Kóraj que un *Tálit* que es todo azul debe [aún así] tener *Tsitsit*.

Kóraj entonces cambió al otro lado y preguntó a Moisés: "Una 'casa llena de libros', a saber: uno que ha alcanzado todo tipo de percepciones y revelaciones y secretos de la *Torá* y se ha vuelto como una casa llena de libros, ¿necesita una *Mezuzá*, que significa fe?". Luego continuó y preguntó que si uno ha merecido tales revelaciones de Luz, ¿por qué necesita fe?

Moisés respondió que hasta uno que ha merecido ser 'una casa llena de libros' y para quien todo es evidente y puede ver todo y conoce todo, aun así él no puede desechar el precepto de tener fe, y de ese modo necesita una *Mezuzá*. Todos los preceptos son eternos, y nunca puede ser dicho acerca de alguno de los preceptos que se ha vuelto superfluo.

Tal hombre, si hace a un lado y rechaza el precepto de tener fe y es luego encarado con un período de 'Ocultamiento[9]', ¿qué debe hacer entonces? Por lo tanto, no tenemos tiempo de 'podar las plantas' (crear cortocircuitos); debemos observar siempre todos los mandamientos del Creador.

Esto es lo que se quiso decir con "él se hizo a un lado", a saber: al lado de la fe o al lado del conocimiento. Pero Moisés le dijo que la *Torá* es la Vasija que contiene bendiciones para Israel. Acerca de esto, nuestros sabios, de bendita memoria, dijeron (en Tratado *Ukatsín*, 3:12): "El Creador no pudo encontrar una Vasija para contener la bendición para Israel excepto la paz" y de la *Torá*: "todos Sus (de la *Torá*) pasos son pacíficos" (Proverbios 3:17).

Como vemos hasta en el mundo físico, el agua y el fuego, que son los elementos más opuestos en el mundo, pueden ser

---

9 La oscuridad, no siendo capaz de entender o ver a la Divina Providencia, tiempos de caos.

כבהמה למה לא נסכים, ולכן אמר לקרח שטלית שכולה תכלת גם כן חייבת בציצית.

וכן הלך קרח לצד שני ושאל את משה רבינו עליו השלום: בית שמלא ספרים היינו מי שזכה לכל מיני השגות וגילויים ורזי תורה ונעשה לבחינת בית מלא ספרים, שאל אם הוא מחויב במזוזה הרומזת לאמונה, ואמר מי שזכה לאורות גלויים כל כך למה הוא צריך עוד אמונה.

ומשה ענה לו: אפילו מי שזכה להיות בית מלא ספרים ויש לו הכל גלוי ורואה ויודע אינו יכול לוותר על המצוה של אמונה, ומחויב במזוזה. כי כל המצוות הן נצחיות, ואי אפשר לומר אף על מצוה אחת שגמרה את תפקידה.

והנה איש כזה אם יעזוב או יתרשל ממצות אמונה ואחר כך תבוא לו עת של הסתרה, מה יעשה אז, ולכן אין לנו שום זמן לקצץ בנטיעות וצריכים תמיד לקיים את כל מצוות ה'.

וזה הפירוש לקח עצמו לצד אחד, היינו או לאמונה או לידיעה. אבל משה אמר לו כי התורה היא כלי המחזיק ברכה לישראל שעליה אמרו חכמינו זכרונם לברכה לא מצא הקדוש ברוך הוא כלי מחזיק ברכה לישראל אלא השלום, והתורה כל נתיבותיה שלום.

כמו שאנו רואים שאפילו בגשמיות מתאחדים אש ומים שהם שני ההפכים שבעולם, על ידי הכלי. היינו מי שיש לו מים קרים

unidos por medio de una vasija. Por lo tanto, uno que tiene agua fría y no puede beberla debido a su frialdad coloca el agua dentro de una vasija y luego coloca la vasija con el agua sobre el fuego. El vigor del fuego ahora entra en el agua, y la persona puede ahora beber y disfrutar del agua hirviente, que contiene [los aspectos de] ambos: agua y fuego.

De manera similar, nuestra *Torá* une la fe y el conocimiento en uno, y podemos disfrutarlos juntos. Así hay dos facetas en la *Torá* de Moisés, pero Kóraj "se hizo a un lado"; separándose por tanto de la congregación del Creador.

Concluyo con la bendición de la *Torá*,
Yehuda Tzvi

ואי אפשר לו לשתות מהם מחמת הקרירות שבהם, הוא שם אותם לתוך כלי ואחר כך משים הכלי עם המים על האש ועל ידי זה נכנס כח האש בתוך המים ושותה מים רותחים הכלולים מאש וממים, ונהנה.

כן תורתינו מאחדת אמונה וידיעה לאחד, ונהנים משניהם ביחד. ונמצא שיש ב' צדדים בתורתו של משה, וקרח לקח לו רק צד אחד לבד להיות נחלק מתוך עדת ה'.

החותם בברכת התורה
יהודה צבי

ב"ה יום ז"ך סיון תשכ"ה   תל - אביב

חדרת ימים ושנות חיים למע"כ ס"א וידי"נ איש חי
רב פעלים מוהרש"פ גרוברגר שליט"א

אחדשה"ט באהבה רבה.

קבלתי הצלצול בטליפון, וכדאי שתבוא לפה שעה אחת קודם,
בפרשת קרח, ויקח קרח: פירש רש"י לקח את עצמו לצד אחד להיות נחלק מתוך העדה, יש להבין המלים
לקח עצמו <u>לצד אחד</u> היה צריך לומר לקח עצמו להיות נחלק, מהו צד אחד, וכי כמה צדדים יש? ונבין את
זה עפ"י מה שנסביר את שתי השאלות ששאל קרח את משה, שכתוב, מה עשה עמד וכנס ר"נ ראשי סנהדראות
רובן משבט ראובן שכניו וכו' והלבישן טליתות שכולן תכלת, באו ועמדו לפני משה, אמרו לו טלית
שכולה תכלת חייבת בציצית או פטורה, אמר להם חייבת, התחילו לשחק עליו, וכו'. וכן שאלו את משה
בית שמלא ספרים חייב במזוזה או לא, אמר להם חייב, ושחקו. יש להבין מה רמוז וגנוז באלו שתי
השאלות, ולמה לא שאלו עוד שאלות אם ידעו לשאול, אלא הענין הוא, כי יש בתורתינו הקדושה שני
צדדים הסותרים זה את זה, מפני שהם הפכיים זה לזה כמו אש ומים, והתורה שהיא תורת משה עמודא
דאמצעיתא, כוללת שניהם ומאחדת שניהם לאחד. צד אחד הוא <u>אמונה</u> לקבל עליו עול מלכות שמים באמונה
פשוטה בלי לדעת ולראות ולהשיג, אלא כמו שאמרו חז"ל על הכתוב אדם ובהמה תושיע ה' אלו בני אדם
שהם ערומים בדעת כבני אדם ומשימים עצמן כבהמה, כשור לעול וכחמור למשא. צד זה נקרא טלית שכולה
תכלת, כי תכלת מלשון לכל תכלה ראיתי קץ, שפירושו שמכלה כל מיני ההשגות וגילויים שלא צריכים
שכל וידיעה רק אמונה, ציצית פירושן הסתכלות, כמ"ש מציץ מן החרכים, בסו"ה והיו עיניך רואות את
מורך, וכן אמרו בני ישראל רצוננו לראות את מלכנו, וכן כתוב שלעתיד יעשה הקב"ה מחול לצדיקים
וכל אחד יראה באצבע הנה אלקינו זה, קרח שאל את משה, אתה שנקרא רעיא מהימנא הרועה הנאמן
שאתה רוצה להחדיר את אמונת ה' בישראל, אם טלית שכולה תכלת, דהיינו מי שיש לו אמונה שלימה,
וקיבל על עצמו לעבוד את ה' כשור לעול וכחמור למשא בלי לדעת ולראות ולהשיג כלל עוד חייב בציצת
היינו להשאיר מקום בנפשו גם להשגה ולדעת את ה', משה ענה לו כן טלית שכולה תכלת חייבת בציצית
כי אמת שאנו מקבלים עלינו לעבוד את ה' באמונה למעלה מן הדעת כבהמה, אבל אין זהו מצידנו, אנו
מוכנים גם לזה, אבל בעת רצון, שהשי"ת ירצה דוקא להראות לנו נסים גלויים או השגות גדולות וכדומה
כמ"ש ראתה שפחה על הים מה שלא ראה יחזקאל הנביא, אנו לא נאמר שלא רוצים, אדרבה אם יש נחת רוח
להקב"ה שנעבוד אותו כבני אדם ולא כבהמה למה לא נסכים, ולכן אמר לקרח שטלית שכולו תכלת ג"כ
חייבת בציצית. וכן הלך קרח לצד שני ושאל את משה רבינו ע"ה בית שמלא ספרים היינו מי שזכה לכל
מיני השגות וגלויים ורזי תורה ונעשה לבחי' בית מלא ספרים, שאל אם הוא מחויב במזוזה הרומזת
לאמונה, ואמר מי שזכה לאורות גלויים כ"כ למה הוא צריך עוד אמונה, ומשה ענה לו אפילו מי שזכה
להיות בית מלא ספרים ויש לו הכל גלוי ורואה ויודע איננו יכול לוותר על המצוה של אמונה ומחויב
במזוזה כי כל המצוות הן נצחיות ואי אפשר לומר אף על מצוה אחת שגמרה את תפקידה, והנה איש כזה
אם יעזוב או יתרשל ממצות אמונה ואח"כ תבוא לו עת של הסתרה מה יעשה אז, ולכן אין לנו שום זמן
לקצץ בנטיעות וצריכים תמיד לקיים את כל מצוות ה'. וזה הפירוש לקח עצמו לצד אחד היינו או לאמונה
או לידיעה, אבל משה אמר לו כי התורה הי-א כלי המחזיק ברכה לישראל שעליה אמרו חז"ל לא מצא
הקב"ה כלי מחזיק ברכה לישראל אלא השלום והתורה כל נתיבותיה שלום וכמו שאנו רואים שאפילו בגשמיו
מתאחדים אש ומים שהם שני ההפכים שבעולם ע"י הכלי. היינו מי שיש לו מים קרים ואי אפשר לו לשתות
מהם מחמת הקרירות שבהם הוא שם אותם לתוך כלי ואח"כ משים הכלי עם המים על האש ועל ידי זה
נכנס כח האש בתוך המים ושותה מים רותחים הכלולים מאש ומים, ונהנה, כן תורתינו מאחדת אמונה
וידיעה לאחד, ונהנים משניהם ביחד. ונמצא שיש ב' צדדים בתורתו של משה וקרח לקח לו רק צד אחד
לבד להיות נחלק מתוך עדת ה'.

החותם בברכת התורה
יהודה צדקה

Carta Dieciocho

Con ayuda del Creador
Viernes, víspera de *Shabat*
Día 23 del mes de *Tamuz*, 5725
23 de julio de 1965

¡Muchos saludos y todo lo mejor para el honorable amado de los hombres y el amado de mi alma, nuestro Maestro, Rav Shraga Féivel; que merezcas una vida larga y buena, Amén!

Después de saludarte con gran amor...
El versículo de nuestros sabios, de bendita memoria, en la porción de *Pinjás*[1] de esta semana, es bien conocido. Ellos dijeron: "Pinjás es Elías", lo cual es sorprendente porque debieron haber dicho que Elías es Pinjás, en vista de que Pinjás[2] vivió mucho antes de Elías[3] y es usual equiparar al último con el primero [y no de la otra manera].

Para empezar, debemos explicar apropiadamente que Elías es llamado el Ángel del *Brit* (circuncisión, y también: Pacto). Además, la oración del *mohel* (el que circuncida) incluye las palabras: "Elías, Ángel del *Brit*, siéntate a mi derecha; he aquí que lo que es tuyo está delante de ti".

Es difícil entender esto porque durante la circuncisión decimos la bendición: "... para introducirlo al *Brit* de Abraham el Patriarca". [Dada esta oración], ¿por qué es Elías llamado el Ángel del *Brit*? ¿Qué significa esta frase: "he aquí que lo que

---

1 La octava porción en el Libro de *Bemidbar* (Números).
2 Pinjás, hijo de Elazar hijo de Aarón el Cohén, vivió durante el éxodo de Egipto, Siglo XIII AEC.
3 Elías el Profeta, vivió durante el tiempo del Primer Templo, circa 800 AEC.

מכתב י"ח

ב"ה
אור ליום ו' ערב שבת קודש פרשת פנחס תשכ"ה
תל-אביב

רב שלומים וכל טוב סלה לכבוד חביב אדם וידיד נפשי מורינו הרב שרגא פייביל שליט"א.

אחר דרישת שלומו הטוב באהבה רבה. בפרשת השבוע, פנחס, ידוע מאמר חכמינו זכרונם לברכה "פנחס זה אליהו", וזה תמוה, היה צריך לומר אליהו זה פנחס, כי הלא פנחס היה הרבה זמן לפני אליהו, ותמיד מיחסים את המאוחר אל הקודם לו.

ומקודם יש לבאר היטב את זה שאליהו נקרא מלאך הברית, וכן בתפילת המוהל כתוב שהוא אומר אליהו מלאך הברית עמוד לימיני הרי שלך לפניך.

וקשה, הלא אנו מברכים בברית מילה להכניסו בבריתו של אברהם אבינו אם כן למה נקרא אליהו מלאך הברית, ומה פירוש המלים

es tuyo está frente a ti"? ¿Y cómo [y por qué] está el precepto de la circuncisión conectado a Elías, [dado que] recibimos el mandamiento de la circuncisión en los días de Abraham el Patriarca (Génesis 17:10)?

Hay dichos de nuestros sabios, de bendita memoria, que necesitan esclarecimiento. En un lugar (*Zóhar*, Prólogo, 225), está escrito que debemos preparar una silla especial para Elías, la cual es llamada "la silla de Elías". Anunciamos y decimos: "Esta es la silla de Elías, de bendita memoria", y si esto no es dicho, él no viene. Esta es la costumbre.

Pero en otro lugar (*Zóhar*, *Lej Lejá*, 388) está escrito que Elías dijo: "He sido muy celoso con el Creador... porque los hijos de Israel han abandonado Tu *Brit*". El Creador le dijo: "Mientras vivas, donde sea que Mis hijos impriman esta inscripción santa sobre su carne, tú estarás presente. Y la misma boca que testificó que Israel ha abandonado el Pacto, testificará ahora que Israel está guardando el Pacto". Así, Elías está ahora obligado a estar presente en cada circuncisión de los israelitas como castigo por la calumnia que él dijo acerca de Israel sobre que ellos "han abandonado Tu *Brit*". Lee más en el *Zóhar*.

¿Cómo encaja esto con lo que fue escrito: que no solamente debe ser preparada una silla especial para Elías, sino que debemos proclamarlo, porque si no, entonces no llega Elías? Él debe venir para testificar [por orden del Creador] que los hijos de Israel están guardando el mandamiento de la circuncisión. Sin embargo, es difícil entender por qué su testimonio es necesario. Después de todo, todo está revelado y conocido para el Creador.

El asunto es que también hay un dicho en Tratado *Yevamot* que declara que los hijos de Israel nunca han abolido el precepto de la circuncisión. Lo que Elías dijo: "porque los hijos de Israel

הרי שלך לפניך, למה שייך מצוה זו לאליהו הלא עוד מימי אברהם אבינו קבלנו מצות המילה.

גם יש מאמרים בחז"ל שיש להסבירם. במקום אחד כתוב שצריכים להכין כסא מיוחד בשביל אליהו וזה נקרא כסא של אליהו, וצריכים להזכיר ולומר זה הכסא של אליהו זכור לטוב, ואם לא, הוא לא בא, וכן נוהגים.

ובמקום אחר כתוב (בזהר פרשת לך דף קכ"ט אות שפ"ח בזהר עם פירוש הסולם) שמשום שאמר אליהו קנא קנאתי לה' כי עזבו בריתך בני ישראל וגו', אמר לו חייך בכל אתר דהאי רשימא קדישא ירשמון ליה בני בבשריהון אנת תזדמן תמן, ופומא דאסהיד דישראל עזבו הוא יסהיד דישראל מקיימין האי קיימא, נמצא שאליהו נתחייב להיות על כל ברית מילה בבני ישראל מטעם עונש על שאמר דלטורא על ישראל כי עזבו בריתך, עיין שם בזהר.

ואיך זה מותאם עם זה שכתוב שצריכים להכין לו כסא מיוחד ולהזכיר בפה, ואם לא, הוא לא בא, הלא הוא מוכרח לבוא ולהעיד שבני ישראל מקיימים מצות מילה. וחוץ מזה קשה למה צריכים עדות זו הלא הכל גלוי וידוע לפני הקדוש ברוך הוא.

אלא הענין הוא זה. כי יש גם מאמר במסכת יבמות שבני ישראל אף פעם לא בטלו מצות מילה, אלא מה שאמר אליהו כי עזבו בריתך הוא סוד עמוק, כי מצות מילה היא בבחינת קרבן, ובכל הקרבנות

han abandonado Tu *Brit*" es un profundo secreto. El precepto de la circuncisión es semejante a una ofrenda, y en todas las ofrendas es bien conocido que una parte es dada al Otro Lado[4], el cual es entonces transformado de ser un acusador a ser un abogado defensor.

El Otro Lado considera el prepucio que es cortado durante la circuncisión y arrojado al suelo como si esa parte fuera dada como una ofrenda a este [Satán. ¿Por qué es esto así?]. La naturaleza de las entidades espirituales es que están consideradas una dentro de la otra. Así, dado que el prepucio estuvo una vez conectado a *Yesod*[5], cuando es luego cortado, lleva consigo algo de la santidad y una chispa de vida del cuerpo del niño con quien había estado conectado.

Ya que arrojamos el prepucio a los Externos (fuerzas negativas), esas fuerzas sacan de este algún resplandor de los *Mojín* (energías espirituales positivas) que son reveladas a través de la circuncisión y la *periá* (descubrimiento de la corona). Consecuentemente, ellos no tienen interés en denunciar a Israel debido a que eso anularía los *mojín* y así perderían su parte [de estas energías espirituales].

Elías no tolera este compromiso. Aunque los Externos han dejado de denunciar a los israelitas, están ahora recibiendo una parte de la chispa de vida de la santidad. Es por eso que él tomó sobre sí la tarea de estar presente en cada circuncisión y preceder al Otro Lado y tomar esa parte de la chispa de vida de la santidad antes de que esta caiga en las manos del Otro Lado.

Es por esto que quien circuncida dice: "Eso que es tuyo está delante de ti" refiriéndose a la chispa santa que cuelga del

---

4 *Sitrá Ajará*, significando: Satán, la Fuerza Negativa.

5 Cada *Sefirá* se refiere a una cierta parte en el cuerpo humano. *Yesod* se refiere al órgano reproductivo.

ידוע שהיו נותנים חלק אל הסטרא אחרא, ונתהפך מקטיגור להיות סניגור.

ובברית מילה, הערלה ההיא שחותכים ומשליכים אותה לעפר, רואה אותה הסטרא אחרא שנותנים לה חלק מאותו הקרבן של ברית המילה ומטבע הרוחניים שנכללים זה בזה וכיון שהערלה היתה פעם דבוקה ביסוד נמצא שבעת שחותכים אותה שנוטלת עמה חלק מהקדושה, וניצוץ של חיים מן גוף הילד שהיתה דבוקה בו.

וכיון שאנו משליכים את הערלה אל החצונים הרי הם יונקים על ידי זה איזו הארה מהמוחין המתגלים על ידי המילה והפריעה, ועל כן אינם רוצים לקטרג על ישראל להשבית את אלו המוחין כדי שלא יפסידו את חלקם.

אליהו לא סובל תיקון זה, כי אף על פי שהם פוסקים מלקטרג על ישראל אמנם הם לוקחים חלק מניצוץ החיים של הקדושה, לכן לקח על עצמו להיות בכל ברית, להקדים את הסטרא אחרא. ולקחת את הניצוץ של הקדושה שלא יבוא אל הסטרא אחרא.

ולכן אומר המוהל הרי שלך לפניך, היינו הניצוץ הקדוש הדבוק בהערלה שאליהו יחזיק בו וזהו תוספת על מצות המילה והפריעה

prepucio, del cual Elías se hace cargo. Esto es en adición al precepto del *Brit* (circuncisión) y la *periá*, que es el *Brit* de Abraham el Patriarca. Y la silla que preparamos [para Elías] es para atraer la presencia de Elías para que él se haga cargo de esa parte [el prepucio] arriba mencionada.

De manera similar, con Pinjás, está escrito: "Porque él era celoso con su Creador" (Números 25:13). No fue escrito "para el Creador (*Elohim*)" sino "con su Creador (*Elohav*)", que está escrito [en hebreo] con las mismas letras de Elías, quien también era celoso con la gota santa que era dada a las *klipot* (cáscaras, entidades negativas). Por lo tanto, está dicho que Pinjás es Elías, aludiendo a las palabras "su Creador", que están escritas en conexión con [ambos: Elías y] Pinjás.

La oración [de la bendición del que circuncida] concluye con: "e hizo expiación por los israelitas". Esta es la fuente de lo que está escrito en los libros [de comentario]: que todos aquellos que forman parte en el precepto de la circuncisión merecen que sus pecados sean expiados.

Por favor infórmame si lo que te he dicho está claro.

Con respecto a tu pregunta en [las *Diez Emanaciones Luminosas*], la Reflexión Interna, Parte 1, Capítulo 8, párrafo 12: El tema de *Biná* (Inteligencia) que se vuelve áspera es una gran Luz. Es llamada con el nombre: "porque desea Misericordia (*Jésed*)" (Miqueas 7:18), y atrae la Luz de *Jasadim* (Misericordias).

¡Que todos nosotros merezcamos bendiciones y que siempre oigamos y hablemos de buenas nuevas!
Yehuda Tzvi

שהיא בריתו של אברהם אבינו, וכן גם הכסא שאנו מכינים היא להביא השראתו של אליהו לתפוס את חלק הנ"ל.

וכן אצל פנחס כתוב אשר קנא לאלקיו ולא כתוב לה' או לאלקים אלא לאלקיו, אותיות לאליהו כי גם הוא קנא על הטפה הקדושה שמסרוה אל הקליפה, ולכן אומרים פנחס זה אליהו, רומזים על השם אלקיו שכתוב אצל פנחס.

ומסיים, ויכפר על בני ישראל, שמכאן מה שכתוב בספרים שכל אלה המשתתפים במצות ברית זוכים לכפרת עוונות.

נא להודיע לי אם הדברים מובנים.

בנוגע לשאלתך בהסתכלות פנימית חלק ראשון פרק ח' אות ל' התעבות הבינה היא אור גדול, ונקרא בשם כי חפץ חסד הוא וממשיכה אור של חסדים.

ויעמדו כולם על הברכה ונזכה לשמוע ולהשמיע בשורות טובות.

יהודה צבי

Carta Diecinueve

Con la ayuda del Creador
Día 28 del mes de *Tamuz*, 5725
28 de julio de 1965

¡Bendición y paz y todo lo mejor para el honorable amado de los hombres, quien está adherido a mi corazón, "un valiente hombre de la vida y muchas hazañas"[1], nuestro Maestro, Rav Shraga Féivel! ¡Que merezcas una vida larga y buena, Amén!

Después de saludarte con gran amor, amor eterno...
Me gustaría decirte que no he recibido el dinero de A. L. y digo que él no tiene mérito para participar en la retención de este dinero que es [para ser] usado para cosas pertenecientes a la santidad. Mientras tanto, yo estoy en gran aflicción económica... Si te las has arreglado para obtener una licencia para la *Yeshivá*, esto es bueno.

El libro *Or Neerav*[2] ("Luz agradable") junto con el libro *Shaaréi HaKedushá* ("Las Puertas de la Santidad") de nuestro maestro y mentor Rav Jayim Vital, de bendita memoria, será publicado próximamente. No puedo presionar al impresor dado que no tengo dinero.

No he recibido noticias con respecto a tus estudios de *Diez Emanaciones Luminosas* y qué tan lejos has llegado. Debes saber que el estudio es el nutrimento real para el alma, exactamente como el alimento para el cuerpo. Y así como es imposible sostener el cuerpo sin alimento, así [también, es imposible

---

1 Paráfrasis de II Samuel 23:20.
2 Un libro kabbalístico, escrito por el *Ramak*, Rav Moisés Kordovero.

מכתב י"ט

ב"ה
יום ד' כ"ח לחודש תמוז תשכ"ה

ברכה ושלום וכל טוב לכבוד חביב אדם הנצמד בקירות לבי איש חי רב פעלים מורינו ורבינו שרגא פייביל שליט"א.

אחר דרישת שלום באהבה רבה, אהבה נצחית, הנני להודיע לך שהכסף מ... לא קיבלתי, ואני אומר שאין לו הזכות שכסף כזה שהולך לדברים שבקדושה שיהיה לו חלק בו. בנתיים אני נמצא במצוקה כספית גדולה... אם כבר השגת רשיון על הישיבה מה טוב.

הספר אור נערב עם הספר שער הקדושה למורינו ורבינו הרב חיים וויטאל זכרונו לברכה יצאו לאור בקרוב, אני לא יכול ללחוץ על המדפיס מחמת שאין לי כסף.

לא קבלתי ממך שום ידיעה בענין לימודך בתלמוד עשר ספירות ועד היכן הגעת, דע לך שהלימוד הוא מזון הנשמה ממש כדרך האוכל שהוא מזון הגוף, ואי אפשר לקיים הגוף בלי מזון כך הנשמה

sostener al] alma [sin el estudio). Si esta [el alma] recibe alimento, entonces está viva y siente. Y nosotros debemos sentirla y podemos elevarnos de *Néfesh*[3] (alma bestial) a *Rúaj* (espíritu); de *Rúaj* a *Neshamá* (alma); [de *Neshamá*] a *Jayá* (fuerza de la vida), y [de *Jayá*, finalmente] a *Yejidá* (unidad).

Cada uno de estos [niveles] se subdivide en [su propio] *Néfesh, Rúaj, Neshamá, Jayá* y *Yejidá* (*Zóhar, Ajarei Mot*, 222), hasta que alcanzamos todos los 125 niveles del alma. Todo esto es logrado a través de la *Torá* y la oración por ella misma. Pero cuando aceptamos ser como animales con solamente un *Néfesh* bestial, entonces no podemos sentir la *Neshamá* (alma). Acerca de esto, nuestros sabios, de bendita memoria, dijeron que "los perversos son llamados muertos mientras viven" (Tratado *Berajot* 18b) porque así como una persona muerta no tiene sentimientos, así es con un hombre [perverso]. Él no tiene sentimientos espirituales y está abierto a toda clase de pensamientos extraños y de inclinaciones prohibidas. Pero quien ha merecido una *Neshamá* viviente, de él está dicho: "Mis oídos han oído la condena de los perversos que se levantan contra mí" (Salmos 92:12) y "El hombre recto florece como las palmeras: crecerá como un cedro en el Líbano" (ibid. 13).

Yehuda Tzvi

---

3 *Néfesh, Rúaj, Neshamá, Jayá* y *Yejidá*: cinco niveles de nuestra alma, siendo *Néfesh* el inferior y *Yejidá* el superior.

אם נותנים לה את המזון שלה היא חיה ומרגישה וגם זוכים להרגיש אותה ולעלות מנפש לרוח ומרוח לנשמה ולחיה וליחידה.

וכל פרט מהם מתחלק לנפש רוח נשמה חיה יחידה עד שזוכים לקכה' מדרגות הנשמה, וכל זה על ידי התורה והתפילה לשמה, אבל כשמסכימים להיות כמו בהמה עם הנפש הבהמית בלבד לא מרגישים את הנשמה, ועל זה אמרו חכמינו זכרונם לברכה רשעים בחייהם נקראים מתים. מה המת אינו מרגיש כך האדם הזה אין לו שום הרגש רוחני והוא מופקר לכל מיני מחשבות זרות ותאוות אסורות. אבל מי שזוכה לנשמה חיה עליו נאמר בקמים עלי מרעים תשמענה אזני, ואז צדיק כתמר יפרח כארז בלבנון ישגה.

יהודה צבי

יום ד' כ"ח לחודש תמוז תשכ"ה

ברכה ושלום וכל טוב לכבוד ח"א הנעלה במדות לבו איש חי רב
פעלים וכו' מוהר"ר שרגא פייוול שליט"א
אחדשה"ט באה"ר ואה"נ. הנני להודיע לך כי הכסף לא קבלתי
ואני אומר שאילו הזכות שכספך בזה שהולך לדרום שבקרוב שיהיו לו חלק בו
בינתיים אני נמצא במצוקה כספית גדולה אם כבר השגת רשיון
על הישיבה מהטור. הספר אור נערב עם הספר שער הקדושה
למוהרח"ו זצ"ל יצא לאור בקרוב אני לא יכול ללחוץ על המדפיס מחמת
שאין לי כסף. לא קבלתי ממך שום ידיעה בענין ויאודק בתלמוד ע"פ
ויש היכן הגמרא דע לך שהלימוד הוא מזון הנשמה ממש כדרך האוכל
שהוא מזון הגוף ואי אפשר לקיום הגוף בלי מזון כך הנשמה אם נותנים
לה את המזון שלה היא חיה ומרגישה וגם זוכים להרגיש אותה
ועליות מנפש לרוח ומרוח לנשמה ולחיה וליחידה וכל פרט מהם מתחלק
לנרנח"י עד שזוכים לקנ"ה מדרגות הנשמה וכל זה ע"י התורה והתפלה
לנשמה אבל כשמסכנים אותם לתאוות כמו בהמה עם הנפש הבהמית
בלבד ולא מרגישים את הנשמה וע"ז אמרו חז"ל רשעים בחייהם קרואים מתים
מה המת אינו מרגיש כך האדם הזה אין לו שום הרגש רוחני והוא
מופקר לכל מיני מחשבות זרות ותאוות אסורות אבל מי שזוכה לנשמה
חיה עליו נאמר בקמים עלי מרעים תשמענה אזני וצדיק כתמר
יפרח כארז בלבנון ישגא. יהודה צבי

Carta Veinte

Con ayuda del Creador
Día 7 del mes de *Menajem Av*, 5725
5 de agosto de 1965

¡Desde los días entre los apuros[1], que la Luz brille sobre los rectos! ¡Al Gaón, amigo del Creador y amado de mi alma, honorable amado entre los hombres, nuestro Maestro, Rav Shraga Féivel; que merezcas una vida larga y buena, Amén!

Habiéndote saludado con gran amor, con amor eterno... Recibí tu carta con fecha del 28 de *Tamuz* (Julio 28, 1965) en la cual preguntaste si uno puede reunir contribuciones de idólatras.

¿Cómo lo harían? Quizás publicas un llamado por promesas y donativos para la *Yeshivá* de *Kol Yehuda*, aunque esto está prohibido de acuerdo con la *Halajá*[2] porque puede constituir una profanación del Nombre del Creador. Está escrito para ese efecto en el *Shulján Aruj, Yoré Deá*[3], Sección 254, que los israelitas tienen prohibido recibir caridad de alguien que adora a ídolos en público. Hay una diferencia, sin embargo, entre promesas o donativos, y caridad. Podemos aceptar promesas y donativos de ellos porque son vistos como ofrendas para sacrificio [y como tales, pueden ser] aceptadas de idólatras. No así con la caridad, que expía la negatividad. De manera similar, si ellos donan algo a una sinagoga, puede ser aceptado de ellos. El asunto principal aquí es la [subsecuente] publicidad

---

1 Los 21 días negativos entre el 17 de *Tamuz* y el 9 de *Av*, son llamados "los días de entre los apuros".

2 El cuerpo colectivo de las leyes bíblicas.

3 El manual escrito de la *Halajá*.

מכתב כ׳

ב"ה
יום ז׳ לחודש מנחם אב תשכ"ה תל-אביב

מבין המצרים יזרח אור לישרים הרב הגאון ידיד ה׳ וידיד נפשי חביב אדם מורינו הרב שרגא פייביל שליט"א.

אחר דרישת שלומו הטוב באהבה רבה ואהבת עולם.
קבלתי מכתבך מיום כ"ח תמוז ובו שאלת שאתה יכול לאסוף כספים על ידי עכו"ם.

ומה הם יעשו? אולי קול קורא לנדור ולנדב על ישיבת "קול יהודה" זאת היא אסור על פי ההלכה, כי יש בזה חלול השם, וכן כתוב בשולחן ערוך יורה דעה סימן רנ"ד אסור לישראל ליטול צדקה מן העובד כוכבים בפרהסיא. יש לחלק בין נדרים ונדבות לצדקה, כי נדרים ונדבות מותר לקבל מהם, שהם כמו קרבן שמקבלים קרבנות מן העובדי כוכבים ומזלות, מה שאין כן צדקה שהיא מכפרת, וכן אם הם מנדבים לבית הכנסת איזה דבר מקבלים מהם,

y anuncio porque la necesidad puede presentarse de anunciar los [nombres de los] donantes y lo que donaron. Esto es muy desaconsejable y puede hasta ser prohibido. Pero si [la petición] es hecha discretamente y solamente de promesas y donativos, entonces no debe haber problema en aceptar a esta gente.

Estoy imprimiendo el libro *Or Neerav*[4] ("Luz Agradable") simplemente porque este es un librito que estimula el estudio de la Kabbalah y porque no involucra mucho costo. Tenemos que ahorrar cada centavo para gastarlo en el propósito sagrado para el que lo hemos recibido.

Por ejemplo: [está] el libro de *Diez Emanaciones Luminosas*, el cual, del volumen ocho en adelante, no ha sido todavía impreso. Tú puedes encontrar en este un sistema muy bien preparado para educar a estudiantes "que realmente buscan al Creador" sobre cómo entrar en las profundidades de la Sabiduría[5]. Tú ya has probado un poco [de este libro], y maneras y medios para imprimirlo y publicarlo habrán de ser encontradas.

El señor K.F. ha viajado a Estados Unidos y desea trabajar para la *Yeshivá* y para difundir el *Zóhar*. Ve si él trabaja fielmente, y luego continúa con él. Primero dile que lo aceptas a prueba.

No entendí si preguntaste acerca de hacer un banquete para honrar el aniversario mortuorio del santo *Arí*, que su mérito nos proteja, Amén. Es bueno que no esperaste por una respuesta. No hay necesidad de preguntar si debes hacer tales actos buenos que causan felicidad y placer a través de los Mundos.

---

4 Un libro kabbalístico escrito por el Ramak, Rav Moisés Kordovero.

5 La sabiduría de la Kabbalah es llamada algunas veces: Sabiduría.

העיקר הוא כאן הפרסומת והפומביות שאם יהיה צורך לפרסם את הנותנים ועל מה שנתנו זה לא כדאי ואולי אסור אבל אם זה יהיה בצינעא וסתם נדרים ונדבות, אפשר לקבל מהם.

את הספר אור נערב אני מדפיס פשוט משום שהוא ספר קטן ומעורר ללמוד הקבלה ואין בו הרבה הוצאות, כי צריכים לשמור על כל פרוטה להוציאה אל המטרה הקדושה שלשם כך קבלנו אותה.

הנה למשל יש הספר תלמוד עשר הספירות ומכרך ח' לא נדפס עדיין, ושם יש סדר מסודר לחנך תלמידים מבקשי ה' באמת איך לכנס בעומק החכמה, קצת ממנו טעמת כבר, צריכים לחפש כל מיני אמצעים איך לפרסמו ולהדפיסו.

את ... שנסע לארצות הברית והוא רוצה לעבוד עבור הישיבה והפצת הזהר, תראה אם הוא יעבוד באמונה תמשיך עמו, ומקודם תגיד לו שאתה מקבלו רק לניסיון.

לא הבנתי אם אתה שואל לעשות סעודה בהילולת רבינו האר"י הקדוש זכותו יגן עלינו אמן, וטוב עשית שלא חכית לתשובה, לעשות דברים טובים כאלה אשר גורמים שמחה ונחת בכל העולמות צריכים לשאול.

Creo que tú sientes el beneficio de esa fiesta que hiciste. Si no, entonces el tiempo llegará, con ayuda del Creador, para que veas el beneficio de todas tus buenas acciones porque el Creador no retiene el bien de aquellos que Le causan placer genuino [de una manera que es] simple.

Deseo que tengas *Torá* y grandeza[6] en un lugar, y no deseo retrasar el envío de esta carta y te escribiré [pronto] otra carta.
Yehuda Tzvi

---

6 Los kabbalistas dijeron que no todo el mundo merece éxito financiero y espiritual. Rav Brandwein bendice a su estudiante, Rav Berg, para que experimente ambas clases de éxito al mismo tiempo.

אני חושב שאתה מרגיש קצת הרווח מן הסעודה שעשית, ואם לא
יבוא הזמן בעזרת השם שתראה הריוח מכל המעשים טובים כי ה׳
לא ימנע הטוב מאלה העושים לו נחת רוח בתמימות ולשמה.

המאחל לך תורה וגדולה במקום אחד.
אני לא רוצה לעכב שלוח המכתב ואכתוב לך עוד מכתב.
יהודה צבי

ב"ה יום ד' לחודש מנחם אב תשנ"ה תל-אביב

כבוד האי גאון ודרה אראלים הה"ה ידיד ה' ונדיב נפשו,
חו"ה הרב מוהרי"ף שליט"א

אחדשה"ט באהבה ואח"כ. קבלתי מכתבך מיום כ"ח תמוז ובו שאלת
שאתה יכול לאמץ כרבים [illegible] ואם הם ירצו אולי קול קורא לנדור
ולנדב על "ישיבת קול יהודה" זאת היא אסור ע"פ ההלכה.
כי יש בזה חלול השם, וכן כתוב בשו"ע יורה דעה סימן רנ"ד אסור ליטול
להם צדקה מן העובדי כוכבים בפרהסיא, יש לחלק בין נדרים
ונדבות לצדקה, כי נדרים ונדבות מותר לקבל מהם שהם כמו קרבן
שמקבלים קרבנות מן העכו"ם משא"כ צדקה שהיא מכפרת, וכן אם הם
מנדבים לבית הכנסת איזה דבר מקבלים מהם, העיקר הוא כאן
הפרסומת והפומביות שאם יהיה צורך לפרסם את הנותנים ושל
מה שנתנו זה לא כדאי ואולי אסור אבל אם זה יהיה בצנעא וסתם
נדרים ונדבות אפשר לקבל מהם. הנה ומשל יש הספר תלמוד עשר
הספירות ומפרק ח לא נדפס עדיין ושם יש סדר מסודר לחנך
תלמידים מבקשי ה' באמת איך לבנות בעומק החכמה.
קצת מזה מעט כדבר, צריכים להפיץ כל מיני אמצעים
איך לפרסמו ולהדפיסו את [illegible] לא הבנתי ורוצה
לשמוע עיקר הישיבה והפצת הזהר, תראה אם הוא משכיל
באמונה תמשיך עמו ומקודם תגיד לו שאתה מקבלו רק לנסיון.

לא הבנתי אם אתה שואל לעשות חבורה
בהילולת רבינו האר"י הק' זיע"א, וטוב עשות שלא חבות לחשובה לעשות דברים
טובים כאלה אשר גורמים שמחה ונחת רוח בכל העולמות ברוכים לאמן, אני חושב
שאתה מרגיש קצת הרווחה מן המצוקה שעברת, ואם לא יבוא הזמן בע"ה
שתראה הרווחה מכל המצוות טובים כי ה' לא ימנע הטוב מאלה העושים
נחת רוח בתמימות ולשמה. ואכתוב רק עוד מכתב יהודה [illegible]

Cuarta Veintiuno

Con ayuda del Creador
Tel Aviv, día 15 del mes de *Menajem Av*, 5725
13 de agosto de 1965

¡Muchas bendiciones y plenitud de alegría para el excelente y honorable y agradable entre los hombres, quien se adhiere a mi corazón, Rav Shraga Féivel, que viva larga y felizmente, Amén!

Después de saludarte con gran amor...
He recibido las cartas fechadas el 5 y el 7 del mes de *Av*. He buscado las cartas anteriores y encontré que no escribiste, en forma de pregunta, si hacer o no una comida en el 5 de *Av*[1]. Sin embargo, no entendí que esta fuera una pregunta. Lo que yo leí es que estás preparando una fiesta, y me alegró eso.

Estuve complacido con tu percepción con respecto al "*taaméi Torá*" de los kabbalistas, lo cual coincide con el secreto del versículo: "¡Prueba y ve que el Creador es bueno" (Salmos 34:9), y también con el secreto del versículo: "y el paladar prueba el alimento" (Job 12:11). De acuerdo con lo revelado [aspectos de la *Torá*], *taaméi* significa "discusión" o "razonamiento", pero también se refiere al "sabor interno" de un dicho, de acuerdo con lo oculto [aspecto esotérico de la *Torá*]. Estudia y encontrarás que hay una expansión desde la Boca [*Maljut*, Reino] hacia arriba, y esta es llamada las Luces de las Primeras Tres *Sefirot*, o las Luces de la Cabeza. Hay también una expansión de arriba hacia abajo, a saber: de la Boca hacia abajo, y este es el secreto de las Luces de Sabores, que son las Luces del Cuerpo de la Boca hacia abajo.

---

1 El aniversario de la muerte del *Arí*, Rav Isaac Luria.

מכתב כ"א

ב"ה

יום חמשה עשר לחודש אב תשכ"ה תל-אביב

רב ברכות ושובע שמחות למעלת כבוד חביב אדם הנצמד בקירות לבי ה"ה הרב רבי שרגא פייביל שליט"א.

אחר דרישת שלומו הטוב באהבה רבה קבלתי המכתבים מיום ז' אב וה' אב, חיפשתי במכתבים הקודמים ומצאתי שלא כתבת לי בתור שאלה אם לעשות סעודה בה' אב, בכל אופן אני לא הבנתי שזו היא שאלה, וקראתי שאתה עושה סעודה ונהניתי.

שמחתי על הבנתך בענין טעמי תורה של המקובלים, והוא בסוד הכתוב טעמו וראו כי טוב ה', ובסוד הכתוב וחיך אוכל יטעם, לפי הנגלה שטעם הוא סברא וטעם הדבר זהו סתרי תורה, תלמד ותראה שיש התפשטות מפה ולמעלה וזה נקרא אורות דג' ראשונות או אורות דראש. ויש התפשטות ממעלה למטה היינו מן הפה ולמטה והוא סוד אורות דטעמים שהם אורות דגוף מפה ולמטה.

Ya he explicado en el comentario *Maalot HaSulam*[2] en el *Tikunei Zóhar*[3], acerca [de un versículo] en las canciones de *Shabat*: "Que Él nos revele el *taaméi* (sabor, propósito) de las 12 barras de pan[4]", que significa que deseamos sentir y probar el sabor interno de las 12 *jalás*[5] que insinúan las 12 *partsuf* (estructuras espirituales) de [el mundo de] *Atsilut* (Emanación). No puedo recordar ahora la página donde he explicado esto.

La razón de que he explicado esto era porque un cierto Rav en la tierra de Israel dijo en su mesa que el *taaméi* [según él: la razón] de las 12 *jalás* es un gran secreto. [Él dijo que] la prueba de esto es que hasta el santo *Arí* oraba y decía: "Que Él nos revele el *taaméi* de las 12 barras de pan".

En conexión con él [este Rav y su comentario], yo recité el versículo: "Adondequiera que el necio va, revela a todos que es un necio" (Eclesiastés 10:3). Él [ese *Rav*] se expuso él mismo como un ignorante diciendo que hasta el *Arí*, de bendita memoria, no sabía [el significado secreto de las 12 barras de pan], ya que él interpretaba *taaméi* como la "razón" y "lógica", y no como "gusto". Después de todo, si el *Arí* no sabía, ¡el Cielo no lo permita!, ¿cómo podríamos nosotros haber sabido siquiera acerca de las 12 *jalás*"?

Pero la interpretación es como tú la entiendes. Sentimos el sabor como uno saborea el alimento, y sentir el sabor de esta manera es inmenso e infinito. Esto es exactamente lo que se quiso decir con el versículo: "¡Prueba y ve que el Creador es bueno!".

---

2 Rav Brandwein continuó traduciendo el *Zóhar* y lo llamó *Maalot HaSulam*, "Los Peldaños de la Escalera".

3 La sección del *Zóhar* que trata con la corrección del alma.

4 Nosotros usamos 12 barras de pan en la comida de *Shabat* para conectarnos con los 12 signos del Zodíaco.

5 *Jalá* es un pan horneado especialmente para *Shabat* y las comidas de las festividades.

וכבר הסברתי בספר התקונים במעלות הסולם בזמירות של שבת יגלי לן טעמיה די בתריסר נהמיה, שהפירוש הוא שנרגיש ונטעום הטעם הפנימי שיש בי"ב החלות הרומזות לי"ב פרצופי האצילות. אין אני זוכר כעת הדף איפה שבארתי זה.

והסיבה שביארתי זה היה משום שאדמו"ר הנמצא בארץ ישראל אמר על שולחנו כי הטעם של הי"ב חלות הוא סוד גדול, והראיה שגם האר"י הקדוש מתפלל ואומר יגלי לן טעמי די בתריסר נהמי.

ואמרתי עליו הכתוב שבכל מקום שהסכל הולך אומר לכול כי סכל הוא וגילה את עצמו לעם הארץ ואומר שגם האר"י ז"ל לא ידע, וזה מפני שהוא מפרש שהטעם, רוצה לומר, הסברא והשכל ואם האר"י ז"ל לא היה יודע חס ושלום מנין אנחנו יודעים בכלל ענין הי"ב חלות.

אבל הפירוש הוא כפי הבנתך שנרגיש הטעם כדרך האדם שמרגיש טעם באכילתו, ולהרגיש טעם בבחינה זו אין שיעור ואין סוף, ממש כמו שנאמר טעמו וראו כי טוב ה'.

El santo *Arí*, que su mérito nos proteja, rezaba para que esto le fuera revelado a él más y más y para que sintiera el sabor de los 12 *Partsuf* (lit. caras, significando las estructuras espirituales) de *Atsilut* (Emanación), que no tienen fin.

Esto te ayudará a entender los Mundos Celestiales en los libros kabbalísticos, que no tienen interés en revelar los mundos físicos sino hablar exclusivamente acerca de la espiritualidad y lo Divino, y acerca de una adhesión [*devekut*] más cerrada y la Similitud de Forma. "Como Él es misericordioso, así debes ser tú misericordioso" (Tratado *Shabat*, 133b) para cumplir [el precepto] de: "adherirse a Él" (Deuteronomio 11:22).

Estuve en Merón[6] ayer y oré por ti.

El proceso de imprimir el libro *Or Neerav*[7] ("Luz Agradable") está casi completo y debes escribirme acerca de lo que debo decir acerca de la *Yeshivá* de *Kol Yehuda*[8] en Estados Unidos. ¿Eres tú el presidente? ¿Hay un comité? Si hay otras personas, entonces envíame sus nombres. Yo ya conozco [la lista] de [libros] que fueron publicados por la *Yeshivá* desde que me escribiste, pero hazme saber lo que es necesario añadir.

Yo había retrasado la impresión [de *Or Neerav*] porque deseaba añadir el libro *Shaaréi HaKedushá* ("La Puerta de la Santidad") escrito por Rav Jayim Vital[9], de bendita memoria, que está arreglado y preparado para impresión pero no lo puedo encontrar; por lo tanto, no esperaré y publicaremos solo el libro *Or Neerav* por el momento.

---

6 El sepulcro de Rav Shimón bar Yojái, el autor del *Zóhar*.
7 Un libro kabbalístico, escrito por el Ramak, Rav Moshe Kordovero.
8 El primer nombre del Centro de Kabbalah.
9 Estudiante y sucesor del *Arí*, Rav Isaac Luria, siglo XVI EC.

ועל זה התפלל האר"י הקדוש זכותו יגן עלינו אמן, שתתגלה לו יותר ויותר הרגש הטעם של י"ב פרצופי האצילות, שאין להם סוף.

ובזה תוכל גם כן לתרץ לך ענין העולמות העליונים שבספרי הקבלה שאין להם שום ענין לגלות העולמות הגשמיים, והכל מדובר ברוחניות ובאלקיות, ביתר דבקות והשואת הצורה מה הוא רחום אף אתה רחום לקיים ולדבקה בו יתברך.

הייתי אתמול במירון והתפללתי עליך.

הספר אור נערב הולך ונגמר בדפוס וכדאי שתכתוב לי מה שאזכיר בענין הישיבה קול יהודה באמעריקא, אם אתה הנשיא ואם יש ועד כזה ושמות אנשים אחרים, את זה שיוצא לאור על ידי הישיבה שרשמת אצלי אני יודע, אבל מה נחוץ להוסיף, תודיע לי.

עכבתי את ההדפסה מפני שרציתי לצרף לזה ספר שער הקדושה למורינו הרב חיים וויטל זכרונו לברכה שזה מסודר אצלי לדפוס, ואני לא מוצא אותו ולכן לא אחכה ונוציא לעת עתה הספר אור נערב לבד.

Con respecto a tu venida a la Tierra Santa durante los Días de Respeto (Altas Festividades) hablaremos después. Hay un artículo jasídico sobre: "Que haya deseo delante de Ti para que mores (*tishréi*)..."[10] esto es: que merezcamos la salvación y encontremos fuerza en nuestro Deseo del Creador aun antes [del mes de] *Tishréi*.

Infórmame qué has hecho con respecto a los donativos de los idólatras.

Que el Creador te permita siempre encontrar bendiciones para que podamos oír y hablar de buenas nuevas.
Yehuda Tzvi

10 Puerta de la Meditación II, el *Arí*, Rav Isaac Luria.

בענין ביאתך לארץ הקודש על ימים הנוראים עוד נדבר, ויש מאמר מחסדים יהא רעוא קמיה דתשר"י היינו שנזכה לישועה ולהפיק רצון מהשם יתברך עוד לפני תשר"י.

תודיע לי מה סיכמת מתשובתי בענין תרומות מעכו"ם.

יתן ה' שתעמוד על הברכה ונזכה לשמוע ולבשר בשורות טובות.
יהודה צבי

Carta Veintidós

Con ayuda del Creador
Día 15 del mes de *Menajem Av*, 5725
13 de agosto de 1965

¡Muchas bendiciones y plenitud de alegría para el honorable amado de mi alma y amado entre los hombres, nuestro Maestro, Rav Shraga Féivel, que viva larga y felizmente, Amén! ¡Que la amabilidad del Creador esté sobre ti!

Después de saludarte [con gran amor]…
He aquí que te escribo acerca de un comentario de la *Torá* tocante a un asunto que es aplicable hoy en día.

Está escrito en la *Mishná* (Tratado *Taanit*, 26b): "Rav Shimón ben Gamliel dijo que los israelitas nunca conocieron días más agradables que *Tu BeAv* (15 de *Av*) y *Yom HaKipurim* (Día de la Expiación), cuando las hijas de Israel salían usando vestidos (lit. vasijas) blancos prestados para no apenar a aquellas que no tenían uno, etc… Ellas bailaban en los viñedos y decían: '¡Joven mozo, levanta tus ojos y ve lo que eliges para ti!' etc…!".

Debemos entender lo que es mejor en esas festividades que en las otras festividades. La *Guemará*[1] misma pregunta: "¿Por qué *Yom HaKipurim*? Porque es un día de perdón y expiación, un día sobre el cual las últimas tablas fueron entregadas". ¿Qué hay acerca de *Tu BeAv* (15 de *Av*)? La *Guemará* explica que en este día, muchas cosas pasaron en varios momentos [en su historia] que hicieron felices a los israelitas (Tratado *Taanit*, 30b).

---

1 Interpretaciones de la *Mishná*, la obra principal de las leyes espirituales, que fue escrita entre 200 y 700 EC.

מכתב כ"ב

ב"ה

יום ט"ו באב תשכ"ה

רב ברכות ושובע שמחות לכבוד ידיד נפשי חביב אדם מורינו ורבינו שרגא פייביל שליט"א, יהי נועם ה' עליך.

אחר דרישת שלומו הטוב, הנני לכתוב לך דבר תורה מענינא דיומא.

כתוב במשנה אמר רבן שמעון בן גמליאל לא היו להם ימים טובים לישראל כחמשה עשר באב וכיום הכפורים שבהן היו בנות ישראל יוצאות בכלי לבן שאולין, שלא לבייש את מי שאין לו וכו', וחולות בכרמים, ומה היו אומרות בחור שא נא עיניך וראה מה אתה בורר לך וכו'.

ויש להבין איזהו יתרון יש לימים טובים אלו משאר הימים טובים, הגמרא בעצמה שואלת בשלמא יום הכפורים, משום שיש בו סליחה ומחילה, יום שניתנו בו לוחות האחרונות, אלא ט"ו באב מה הוא. ומתרצת הגמרא, כי ביום זה יש זכר לכמה דברים, ששמחו בהם את ישראל בזמנים שונים:

Este es un día cuando aquellos que fueron condenados a morir en el desierto dejaron de morir. Es [también] un día en el cual [los hombres y mujeres de] las 12 tribus tenían permitido el matrimonio intertribal. Desde los días de Moisés "cada hija que posee una herencia" (Números 36:8-9), pero no hermanos que puedan heredar la propiedad de su padre, podían solamente casarse con alguien de su propia tribu para que la herencia no pasara de una tribu a otra, como está escrito: "pero cada uno de las tribus de los hijos de Israel se guardará para su propia herencia" (ibid. 7).

Esta prohibición sobre el matrimonio intertribal era dura en Israel, y así, en el día en que era permitido, tenían mucha alegría. Era [también] un día en el que la tribu de Benjamín tenía permitido mezclarse con la congregación[2], y muchas otras cosas [pasaban][3]. Pero la *Guemará* no especifica por qué estas cosas pasaban en este día específico [de *Tu BeAv*].

El asunto es que en *Yom HaKipurim* (el Día de la Expiación), las Luces del perdón y la expiación resplandecen después de los preparativos del mes de *Elul* y de *Rosh Hashaná* y los Diez Días de Arrepentimiento. Tal como durante los días [que llevan a *Yom HaKipurim*] los israelitas se preparan con arrepentimiento para este día sagrado [de la Expiación], así también en el 15 de *Av*, que viene después de los días de duelo —el 17 de *Tamuz* y los nueve días del mes de *Av*— cuando los hijos de Israel lamentan la destrucción de Jerusalén y de los Templos Sagrados.

---

2 Ver el relato en la Biblia, *Jueces* 21:1.
3 En el día 15 de *Av*, en años diferentes.

יום שפסקו בו מתי מדבר; יום שהותרו השבטים לבוא זה בזה, שמימי משה רבינו בת יורשת נחלה ושאין לה אחים לרשת נחלת אביה לא יכלה להנשא אלא לבן שבטה בלבד, כדי שלא תעבור נחלה ממטה למטה, כי איש בנחלתו ידבקו מטות בני ישראל.

איסור חיתון זה היה קשה לישראל וביום שהתירו את זה, היתה להם שמחה גדולה, יום שהותר שבט בנימין לבוא בקהל ועוד כמה דברים, אבל בגמרא לא מפורש למה היו הדברים האלה דוקא ביום זה.

אלא הענין הוא זה: כמו שביום הכפורים מאירים האורות של מחילה וסליחה וכפרה, אחרי ההכנה של חודש אלול וראש השנה ועשרת ימי תשובה, שבני ישראל מכינים עצמם בתשובה להיום הקדוש הזה, כך ביום ט"ו באב אחרי ימי האבל, י"ז בתמוז ותשעת הימים של חודש אב, שבני ישראל מתאבלים על חורבן ירושלים ובתי המקדש.

Luego [en *Tu BeAv*], ellos merecen las Luces de la consolación, que en sí mismas constituyen las Luces del perdón y la expiación porque la razón principal para la destrucción [de los Templos] fue las iniquidades [de los israelitas], como es bien conocido, y las Luces de la expiación y el perdón, las cuales exoneran de los pecados, corresponden a ellas [las Luces].

Estas Luces de la expiación y el perdón son llamadas "vestidos blancos" porque aquellos que se arrepienten a través del amor tienen sus fechorías transformadas en méritos, como está dicho: "Aunque tus pecados sean como el escarlata, luego serán tan blancos como la nieve; aunque sean como la grana, serán blancos como la lana" (Isaías 1:18) y "La iniquidad de Israel será buscada, y ninguna será encontrada" (Jeremías 40:20). Porque los pecados mismos son las Vasijas para la Luz de la expiación y el perdón, ya que entonces no solamente exonerará el Creador las fechorías, sino que Él transformará toda transgresión y pecado en un precepto y un mérito.

Esto es similar a un relato acerca de un israelita que era administrador de un terrateniente, quien era uno de los [hombres] más poderosos entre los terratenientes. Este terrateniente amaba mucho a su administrador. Un día, este terrateniente partió a un viaje y dejó todos sus asuntos para ser manejados por un substituto. Este hombre [el substituto del terrateniente] odiaba al israelita tanto que lo calumnió [al israelita] y lo llevó al tribunal, donde fue sentenciado a ser azotado cinco veces en público delante de los [convocados] terratenientes para humillarlo. Cuando el terrateniente regresó, el israelita le contó todo lo que había pasado. Esto enfureció grandemente al terrateniente, y llamó a su substituto y le ordenó pagar al israelita mil monedas por cada [golpe del] azote [público].

אז הם זוכים לאורות של נחמה, ואורות של נחמה הם עצמם הוא האור של סליחה ומחילה כי כל החורבן בא מחמת העונות כידוע, וכנגדם הם האורות של סליחה ומחילה המכפרים את העונות.

ואורות של סליחה ומחילה נקראים כלים לבנים, כי הזוכים לתשובה מאהבה הזדונות נעשים להם לזכיות, כמו שנאמר אם יהיו חטאיכם כשנים כשלג ילבינו ואם יאדימו כתולע כצמר יהיו, וכן אל יבוקש עון ישראל ואיננו, כי העונות בעצמם הם הכלים אל האור של סליחה ומחילה, כי אז לא בלבד שהשם יתברך מוחל הזדונות, אלא כל זדון ועבירה מהפך השם יתברך למצוה ולזכות.

וזה דומה למה שמסופר על יהודי שהיה נאמן בית אצל אדון אחד גדול בין הפריצים והאדון הזה אהב אותו מאד. קרה פעם שהאדון נסע לדרכו והניח כל עסקיו אצל ממלא מקום. האיש הזה היה שונא ישראל, מה עשה, העליל על היהודי והוציא עליו משפט להלקות אותו חמש מלקות בפרהסיא לעיני כולם כדי להשפילו. כאשר חזר האדון בא אליו היהודי וסיפר לו כל מה שקרה, ויחר לו מאד, וקרא אל הממלא המקום ויצוהו ליתן ליהודי על כל מכה אלף לירות.

El israelita tomó el dinero y regresó a su casa lamentándose y llorando. Todos los miembros de su familia le preguntaron preocupados si algo nuevo había ocurrido con el terrateniente. Les dijo: "Estoy llorando porque el substituto me azotó solamente cinco veces, pues si me hubiera azotado por lo menos diez veces, yo tendría ahora 10,000 monedas". Este es un caso de alcanzar el arrepentimiento por amor, donde cada agonía es transformada en gran alegría y cada desgracia en un beneficio maravilloso.

También está dicho en la *Mishná* que ellas [las muchachas israelitas] salían con vestidos (lit. vasijas) prestados para no avergonzar a aquellas que no tuvieran ninguno [vestido nuevo].

El tema de "Vasijas prestadas" puede ser entendido de un cuento corto acerca de Rav Elimélej, de bendita y justa memoria. Una vez él envió a su hijo, Rav Elazar, a visitar a los hombres justos de su generación. Rav Elazar vino a Rav Pinjás de Korits, de bendita memoria. Rav Pinjás lo recibió entre otros visitantes sin ninguna bienvenida especial más allá de la que dio a todos los otros *jasidim* que llegaron, y esta es la forma en la que Rav Elazar pasó el *Shabat* con él.

Mientras se sentaban para la Tercera Comida, Rav Elazar dijo unas pocas palabras: "¡Padre mío, Señor del Universo!". Rav Pinjás le preguntó: "¿Quién dijo que Él [Dios] es tu padre?". Cuando Rav Elazar regresó a su padre, le relató lo que había acontecido. Rav Elimélej le dijo a su hijo: "Debías haberle dicho que está escrito: 'Pide (que aquí también significa: "pide prestado") a tu padre' (Deuteronomio 32:7). Uno puede pedir prestado para sí mismo un padre".

La explicación de estas palabras es que para sentir la Luz del arrepentimiento a través del amor, uno debe condicionarse de modo que se sienta completo porque (*Rashí, Jayéi Sará*, 24:39) "el

היהודי לקח הכסף ושב הביתה ובכה, כל בני הבית שאלוהו בחרדה, אם קרה לו משהו חדש עם האדון, סיפר להם ואמר, כעת אני בוכה למה הרביץ לי רק חמש מכות, ואם לכל הפחות היו נותנים עשר מכות, היה לי כעת עשרת אלפים לירות. כן הוא המצב בזמן שזוכים לתשובה מאהבה, שכל צער נהפך לשמחה גדולה וכל רעה נהפכת לטובה נפלאה.

וכתוב במשנה שיצאו בכלי לבן שאולים לא לבייש את מי שאין לו.

ענין כלים שאולים נבין על פי סיפור קצר שהרבי רבי אלימלך זכר צדיק לברכה שלח פעם את בנו רבי אלעזר שיבקר אצל צדיקים אחרים בדורו. בא רבי אלעזר לרבי פנחס מקראץ ז"ל, רבי פנחס קיבל אותו בתוך יתר הבאים בלי שום הסברת פנים משאר החסידים שבאו, וככה שבת אצלו.

בעת שישבו בשלוש סעודות, הפליט רבי אלעזר כמה מילים, אוי רבונו של עולם, טאטע, אמר לו רבי פנחס, ודלמא לאו אביו הוא. כשחזר רבי אלעזר לאביו סיפר לו את הכל, אמר לו רבי אלימלך היית צריך לומר לו שכתוב שאל אביך, מען לייעט זיך א' טאטין.

פירוש הדברים הוא, להרגיש את האור של תשובה מאהבה צריך האדם להתאים את עצמו שירגיש את עצמו שלם, כי אחרת אין ברוך מתדבק בארור, ואם מי שמרגיש בעצמו שעודנו רחוק

bendito no puede adherirse al maldito". Y si uno siente que está lejos de ser completo, es principalmente en esos momentos en que la Inclinación al Mal viene para confundirlo más y recordarle todos sus defectos, sus problemas, y sus pecados para entramparlo en un estado de tristeza. Pero la *Shejiná* (la Presencia Divina) no habita en un lugar de tristeza.

El consejo para esto es "pedir prestadas Vasijas" de acuerdo con el versículo "pregunta (pide prestado) a tu padre" porque entonces es seguro que "el desterrado no será olvidado" (II Samuel, 14:14). Todos nosotros mereceremos nuestro arrepentimiento a través del amor, exactamente como he dicho arriba: que "la iniquidad de Israel será buscada, y no habrá ninguna" y que "toda transgresión y pecado será transformado en créditos y méritos". Este es el principio detrás de: "lo que sea que deba ser pagado es como si [esto] ya estuviera pagado" (Tratado *Yevamot* 38b). Así la hijas de Israel salieron con vestidos prestados para no avergonzar a aquellas que no tenían ningunos [vestidos nuevos].

Había tres tipos de hijas: hermosas, de buenas familias, y feas. Este es el secreto de *Biná* (Entendimiento), *Tevuná* (Inteligencia) y *Maljut* (Reino). *Maljut* es llamada fea según el secreto del versículo: "La piedra que los constructores rechazaron se ha vuelto la piedra angular" (Salmos 118:22).

Con esto, tú puedes entender más profundamente la continuación al final del Tratado *Taanit*, que declara: "El Creador hará en el futuro una celebración de danza (*majol*) para los justos, y cada uno señalará con su dedo y dirá: 'Este es el Creador; largamente Lo anticipamos; ¡Que nos alegremos y nos regocijemos en Su salvación!'" (Isaías 25:9). Porque el significado secreto de "danza" (*majol*) es la expiación (*mejilá*) de los pecados que sigue al arrepentimiento a través del amor,

מלהיות שלם, ועל פי רוב בזמנים אלה בא היצר הרע דוקא לבלבל את האדם ומזכיר לו את כל החסרונות והצרות והעוונות כדי להכשילו ולהביאו למצב של עצבות, ואין השכינה שורה מתוך עצבות.

העצה לזה הוא שלוקחים כלים בהשאלה, בבחינת שאל אביך, כי זהו בטוח שלא ידח ממנו נידח וכולנו נזכה לתשובה מאהבה ממש כמו שאמרתי לעיל, שיבוקש עון ישראל ואיננו וכל הזדונות יתהפכו למצות ולזכיות, וזהו כלל כל העומד לגבות כגבוי דמי, ולכן יצאו בנות ישראל בכלים שאולים, לא לבייש את מי שאין לו.

והיו ג׳ מיני בנות. יפיפיות ומיוחסות ומכוערות, שהוא סוד בינה ותבונה ומלכות, ומלכות נקראת מכוערת בסוד הכתוב אבן מאסו הבונים היתה לראש פנה.

ובזה תוכל להעמיק להבין ההמשך בסוף תענית עתיד הקדוש ברוך הוא לעשות מחול לצדיקים וכל אחד מראה באצבעו ואומר

la palabra para "danza" (*majol*) es la misma [raíz y significado] que la palabra "expiación" (*mejilá*).

Te deseo todo lo mejor y bendiciones para ti con el corazón y el alma,
Yehuda Tzvi

זה ה' קוינו לו נגילה ונשמחה בישועתו, כי סוד המחול היא מחילת העונות אחרי תשובה מאהבה ומחול פירושו מחילה.

המאחל כל טוב ומברך בלב ונפש
יהודה צבי

ב"ה יום ט"ו באב תשמ"ח

רב ברכות ושובע שמחות לכבוד ידי"נ ח"א, מזה"ר שרגא פייביל שליט"א

עשכבו"ב , יהי נועם ה' עליכם.

אחדשה"מ, הנני לכתוב לך דבר תורה מענינא דיומא.

כתוב במשנה אמר רבן שמעון בן גמליאל לא היו להם ימים טובים לישראל כחמשה עשר באב וכיום הכפורים שבהן היו בנות ישראל יוצאות בכלי לבן שאולין, שלא לבייש את מי שאין לו וכו', וחולות בכרמים, ומה היו אומרות בחור שא נא עיניך וראה מה אתה בורר לך וכו', ויש להבין איזהו יתרון יש לימים טובים אלו משאר הימים טובים, הגמרא בעצמה שואלת בשלמא יום הכפורים, משום שיש בו סליחה ומחילה, יום שניתנו בו לוחות האחרונות, אלא ט"ו באב מה הוא, ומתרצת הגמרא, כי ביום זה יש זכרון לכמה דברים, ששמחו בהם את ישראל בזמנים שונים: יום שכלו בו מתי המדבר יום שהותרו השבטים לבוא זה בזה, שמימי משה רבינו בת יורשת נחלה ושאין לה אחים לרשת נחלת אביה, לא יכלה להנשא אלא לבן שבטה בלבד, כדי שלא תעבור נחלה ממטה למטה, כי איש בנחלתו ידבקו ממות בני ישראל, איסור חיתון זה היה קשה לישראל, וביום שהותרו את זה, היתה להם שמחה גדולה, יום שהותר שבט בנימין לבוא בקהל ועוד כמה דברים, אבל בגמרא לא מפורש למה היו הדברים האלה דוקא ביום זה, אלא הענין הוא זה: כמו שביום הכפורים מאירים האורות של מחילה וסליחה וכפרה, אחרי ההכנה של חודש אלול ור"ה ועשרת ימי תשובה, שבני ישראל מכינים עצמם בתשובה להיום הקדוש הזה, כך ביום ט"ו באב אחרי ימי האבל, י"ז בתמוז ותשעת הימים של חודש אב, שבני ישראל מתאבלים על חורבן ירושלים ובית המקדש אז הם זוכים לאורות של נחמה, ואורות של נחמה הם עצמם האור של סליחה ומחילה כי כל החורבן בא מחמת העוונות כידוע, ובנגדם הם האורות של סליחה ומחילה המכפרים את העוונות. ואורות של נחמה סליחה ומחילה נקראים כלים לבנים כי הזוכים לתשובה מאהבה הזדונות נעשים להם לזכיות, כמו שנאמר אם יהיו חטאיכם כשנים כשלג ילבינו ואם יאדימו כתולע כצמר יהיו, וכן אז יבוקש עון ישראל ואיננו, כי העונות בעצמם הם הכלים אל האור של סליחה ומחילה, כי אז לא בלבד שהקב"ה מוחל הזדונות, אלא כל זדון ועבירה מהפך השי"ת למצוה ולזכות. וזה דומה למה שמסופר על יהודי שהיה נאמן בית אצל אדון אחד גדול בין הפריצים והאדון הזה אהב אותו מאד, קרה פעם שהאדון נסע לדרכו והניח כל עסקיו אצל ממלא מקום, האיש הזה היה שונא ישראל, מה עשה, העליל על היהודי והוציא עליו משפט להלקות אותו חמש מכות בפרהסיא לעיני כל הגוים כדי להשפילו, כאשר חזר האדון בא אליו היהודי וסיפר לו כל מה שקרה, ויחר לו מאד, וקרא אל ממלא המקום וציוהו ליתן להיהודי על כל מכה אלף לירות, היהודי לקח הכסף ושב הביתה ובכה, כל בני הבית שאלוהו בחרדה, מה קרה לו משהו חדש עם האדון, סיפר להם ואמר, כעת אני בוכה למה הרביץ לי רק חמש מכות, ואם לכל המכות היו נותנים עשר מכות, הוה לי כעת עשרת אלפים לירות. כן הוא המצב בזמן שזוכים לתשובה מאהבה, שכל צער נהפך לשמחה גדולה וכל רעה נהפכת לטובה נפלאה. וכתוב במשנה שיוצאו בכלי לבן שאולים לא לבייש את מי שאין לו, ענין כלים שאולים מבין עפ"י סיפור קצר שהרבי ר' אלימלך זצ"ל שלח פעם את בנו ר' אלעזר שיבקר אצל צדיקים אחרים בדורו, בא ר' אלעזר לר' פנחס מקוריץ ז"ל, רבי פנחס קיבל אותו בחדר יותר מבאים בלי שום הסברת פנים משאר הנכנסים שבאו. ובכן שבת אצלו בעת שישבו בסלוא סעודות, הפליט ר' אלעזר מבחוץ מלים, אוי רבש"ע טאטע, אמר לו ר' פנחס, ודלמא לאו אביו הוא, כשחזר ר' אלעזר לאביו סיפר לו את הכל, אמר לו ר' אלימלך היית צריך לומר לו שכתוב שאל אביך, מען לייעט זיך א טאטיך. פירוש הדברים הוא, להרגיש את האור של תשובה מאהבה צריך האדם להתאים את עצמו ולהרגיש את עצמו שלם, כי אחרת אין ברצון מתדבק באורו, ואם מי שמרגיש בעצמו שעודנו רחוק מלהיות שלם, ועפ"י רוב בזמנים אלה בא היצר הרע-דוקא לבלבל את האדם ומזכיר לו את כל החסרונות והצרות והעונות כדי להכשילו ולהביאו למצב של עצבות, ואין השכינה שורה מתוך עצבות, העצה לזה הוא שלוקחים כלים בשאלה, בבחינת שאל אביך, כי זהו במוח שלא ידע

ב

ממנו

ממנו נידח וכולנו נזכה לתשובה מאהבה ממש כמו שאמרתי לעיל, שיבוקש עון ישראל ואיננו וכל הזדונות יתהפכו למצות ולזכיות, וזהו כלל כל העומד לגבות כגבוי דמי, ולכן יצאו בנות ישראל בכלים שאולים לא לבייש את מי שאין לו, והיו ג׳ מיני בנות יפיפיות ומיוחסות ומכוערות, שה"ס בינה ותבונה ומלכות, ומלכות נקראת מכוערה בסו"ה אבן מאסו הבונים היתה לראש פנה, ובזה תוכל להעמיק להבין ההמשך בסוף תענית עתיד הקב"ה לעשות מחול לצדיקים וכל אחד מראה באצבעו ואומר זה ה׳ קוינו לו נגילה ונשמחה בישועתו, כי סוד המחול היא מחילת העוונות אחרי תשובה מאהבה ומחול פירושו מחילה,

המאחל כל טוב ומברך בלב ונפש

יהודה ליב

Carta Veintitrés

Con ayuda del Creador
Tel Aviv, primer día del mes de *Elul*, 5725
(*Elul*, nombre hebreo, iniciales de: "Yo soy para mi amado, y mi amado es para mí")[1].
29 de agosto de 1965

¡Un escrito favorable y un sello en el Libro de los Justos inmediatamente para una buena vida para el grandemente honorable, amado entre los hombres, quien está atado a las paredes de mi corazón, "un valiente hombre de la vida y muchas hazañas", nuestro Maestro, Rav Shraga Féivel; que merezcas una vida larga y buena, Amén!

Después de haberte saludado con amor eterno...
Tengo ante mí dos de tus cartas: una de la víspera de *Shabat*, porción de *Devarim*[2], y la otra de la víspera del *Shabat* Santo, porción de *Ékev*[3]. Contestaré a cada una por orden.

Preguntaste si en las ofrendas sacrificiales una parte era dada al Otro Lado para transformar al [Otro Lado de un] acusador a defensor, y por qué no debe ser lo mismo con la circuncisión, en la cual el Otro Lado se vuelve un defensor; estas son tus palabras. Citaré el *Zóhar* para ti, porción de *Pekudei*[4], página 212, o el *Zóhar* con el comentario del *Sulam*, párrafo 691, que dice: "Cuando uno es circuncidado en el octavo día, *Shabat*, la *Maljut* (Reino) de la santidad, ya ha descansado sobre él. El Otro Lado ve el prepucio que es cortado y arrojado como

---

1 (Cantar de los Cantares 6:3).
2 La primera porción del Libro de *Devarim* (Deuteronomio).
3 La tercera porción del Libro de *Devarim* (Deuteronomio).
4 La última porción del Libro de *Bemidbar* (Números).

מכתב כ"ג

ב"ה

יום א' לחודש **אני לדודי ודודי לי** תשכ"ה תל-אביב

כתיבה וחתימה טובה בספרן של צדיקים לאלתר לחיים טובים למעלת כבוד חביב אדם הנצמד בקירות לבי, איש חי רב פעלים מורינו הרב שרגא פייביל שליט"א.

אחר דרישת שלומו הטוב באהבת נצח, מונח לפני שני מכתבים שלך אחד מיום ערב שבת קודש דברים ואחד מערב שבת קודש פרשת עקב, והנני להשיב לך אחת לאחת.

אתה שואל אם בקרבנות היו נותנים חלק להסטרא אחרא כדי להפך מקטיגור להיות סניגור, ומדוע לא צריך להיות כמו זה בברית מילה שהסטרא אחרא נעשה סניגור. עד כאן לשונך. ובכן אני מעתיק לך לשון הזהר פרשת פקודי דף רי"ב, ובזהר עם פירוש הסולם פקודי אות תרצ"א וזה לשונו: "בזמנא דאתגזר בר נש לתמניא יומין ושראת עליה שבת, מלכות קדישא. ההיא ערלה

su parte de esa ofrenda. Entonces el Otro Lado es roto y no lo puede controlar y denunciarlo, y [el Otro Lado] se vuelve un abogado defensor para Israel delante del Creador".

Y esto significa: Cuando uno es circuncidado en el octavo día, después de que el día del *Shabat* ha pasado ya sobre él, lo cual es el secreto de la *Maljut* santa, el prepucio es cortado y arrojado. El Otro Lado ve que a este le es dada una porción de esa ofrenda del Pacto de la circuncisión, y a través de este presente, cambia de un acusador a un defensor de Israel delante del Creador.

Y si deseas entender la carta donde declara que "Pinjás es Elías", estudia entonces el artículo llamado "El séptimo mandamiento" que empieza con el párrafo 209 en el prólogo al *Zóhar*. Lee atentamente el comentario del *Sulam* [también, porque] todo está bien explicado allí.

Con respecto a tu venida para las Altas Festividades, estoy de acuerdo y deseo verte. Estoy lleno de esperanza y certeza en que tus esfuerzos serán aceptados delante del Creador, pero que tú debes limitarte a las necesidades del Divino solamente.

Si Rav Yehuda desea estudiar Kabbalah, también él puede. Que sea uno de aquellos que estudian la sabiduría oculta, y que merezca encontrar gracia y buena opinión a los ojos de Dios y de los hombres.

En cuanto a D. V. S., si él desea aconsejar a alguien verbalmente o aun por escrito en un nivel personal, entonces debes permitírselo con limitaciones, pero imprimiendo un prospecto informativo a su nombre porque a nombre de la *Yeshivá* está prohibido por la *Halajá* y podría ser un problema.

דגזרין ושדאן לה לבר, כדין קיימא ההוא סטרא אחרא, כדין אתבר ולא יכול לשלטאה ולקטרגא עלוי וסליק ואתעביד סניגוריא על ישראל קמי קדוש ברוך הוא".

ופירושו הוא: בעת שהאדם נימול לשמונה ימים, שכבר עבר עליו יום השבת שהוא סוד מלכות הקדושה. הנה ערלה ההיא שחותכין ומשליכין אותה לחוץ, רואה אותה הסטרא אחרא שנותנים לה חלק מאותו הקרבן של ברית המילה, ועל ידי מתנה זו היא מתהפכת מקטיגור להיות סניגור על ישראל לפני הקדוש ברוך הוא.

ואם הנך רוצה להבין המכתב מפנחס זה אליהו, תלמד בספר הזהר בהקדמה דף ר"ט מאמר פקודא שביעאה, עיין שם בסולם הכל מבואר היטב.

ובענין ביאתך לימים הנוראים אני מסכים ומשתוקק לראותך ואני מלא תקוה ובטחון שיגיעתך תהיה לרצון לפני השם יתברך, אלא שתוכל לצמצם עצמך רק לצרכי שמים.

אם רבי יהודא נרו יאיר רוצה ללמוד קבלה אדרבה, מי יתן והיה מלומדי חכמת הנסתר ויזכה למצוא חן ושכל טוב בעיני אלקים ואדם.

ובענין ספעלמאן אם סתם ימליץ בעל פה או אפילו בכתב למי שהוא במכתב פרטי יש להתיר בדוחק, אבל לפרסם תעודה בשמו לטובת הישיבה זה אסור על פי ההלכה, ויכול להיות חלול ה' נורא.

Con respecto a la Luna y los demás cuerpos celestiales, ya te he escrito que nuestra única fuerza está en nuestras bocas, aun para resucitar a los muertos. Podemos cambiar la naturaleza y realizar milagros solamente a través de la oración. Pero la verdad es que necesitamos saber cómo orar, ya que está dicho en el versículo: "Lo pondré en lo alto, porque él ha conocido Mi Nombre. Él Me llamará y Yo le responderé" (Salmos 91:14).

Nuestros sabios, de bendita memoria, dijeron: "¿Por qué los israelitas oran pero no reciben respuesta? ¡Es porque no saben cómo orar con el Nombre [de Dios]!". Pero involucrarse con la "*Kabbalah Maasit*", "Kabbalah mágica", está estrictamente prohibido porque si nos involucramos con la "Kabbalah mágica", [esto es: con] hechizos y conjuros y demás, fortalecemos al Otro Lado para que también usa hechicería y afines porque "el Creador ha hecho tanto el uno como el otro" (Eclesiastés 7:14).

Consecuentemente, puedes asegurar a todos que por apoyar a la *Yeshivá* y por difundir el estudio de la sabiduría de la Kabbalah —no por medio de actos como "Kabbalah mágica", sino simplemente por medio de oraciones sencillas y totales— ellos pueden alcanzar muchas clases de éxito y que el Creador cumpla todos y cada uno de sus deseos internos de una buena manera. Y por medio de la virtud de su trabajo duro al estudiar para conocer Sus Nombres, cada uno de esos partidarios ganará mérito.

El libro *Or Neerav* ("Luz Agradable") está siendo impreso y te enviaré pronto una copia, Dios mediante, y tú puedes escribir lo que desees.

Por favor, hazme saber si recibiste el libro del *Zóhar* de Rav Yosef Weinstock en Bélgica.

ובענין הלבנה וגורמי שמים, כבר כתבתי לך שאנו אין כוחנו אלא בפה אפילו להחיות מתים ולשנות הטבע ולעשות נסים וכדומה רק על ידי תפילה, והנכון שצריכים לדעת איך להתפלל שעל זה נאמר אשגבהו כי ידע שמי יקראני ואענהו.

וחכמינו זכרונם לברכה אמרו מפני מה ישראל מתפללים ואינם נענים מפני שאינם יודעים להתפלל בשם, אבל בקבלה מעשית אסור לעסוק, ואם אנו נעסוק בקבלה מעשית והשבעות וכדומה, אנו נותנים בזה כח אל הסטרא אחרא שגם היא תפעל בכשפים וכדומה כי זה לעומת זה עשה אלקים.

ולכן אתה יכול להבטיח לכל שעל ידי התמיכה בהישיבה והפצת לימוד חכמת הקבלה יזכו לכל מיני הצלחות שהשם יתברך ימלא לכל אחד ואחד את משאלות לבו לטוב, אבל לא על ידי פעולות וקבלה מעשית רק על ידי תפלה בפשטות ובתמימות. וזכות היגיעה בלימוד לדעת שמותיו יתברך יזכה כל אחד מהמסייעים.

הספר אור נערב הולך ונדפס ואשלח לך העתקים אם ירצה השם בקרוב ותוכל לכתוב מה שהנך רוצה.

תודיע לי אם קבלת את ספר הזהר מרבי יוסף ויינשטאק מבלגיה.

Espero que nos reunamos y podamos finalmente hacer algo en Beer Sheva o en Haifa y así en adelante.

Concluyo con: "Que sea deseable delante de Ti morar (*tishréi*)".

Que escuchemos solamente buenas noticias.
Yehuda Tzvi

P: D. ¡Te bendigo para que inmediatamente seas anotado y sellado en el Libro de los Justos de por vida!

אקווה שנתראה פה, נוכל סוף סוף לעשות משהו בבאר שבע או בחיפה וכדומה.

והנני חותם יהא רעוה קמי ד"תשרי"

שנשמע ונתבשר בשורות טובות
יהודה צבי

והנני מברך אותך להכתב ולהחתם בספרן של צדיקים לאלתר לחיים.

Carta Veinticuatro

Con ayuda del Creador
Tel Aviv, día 2 del mes de *Elul*, 5725
30 de agosto de 1965

¡Un inmediato y favorable escrito y sello en el Libro de los Justos para una buena vida, para la elevada honra del amable entre los hombres, el *Gaón* [1], nuestro Maestro, Rav Shraga Féivel; que vivas larga y felizmente, Amén!

Después de saludarte con gran amor y con amor eterno... Te envié una carta ayer, y hoy recibí [tu] carta de fecha 24 del mes de *Av*.

Ahora añadiré a la carta del 15 de *Av* en la que cité a nuestros sabios, de bendita memoria, quienes dijeron: "Nunca ha habido días más festivos para Israel que el 15 de *Av* y *Yom Kipur*, cuando las hijas de Israel salían y danzaban en los viñedos y decían: '¡Joven mozo, alza tus ojos, etc.!'" (*Mishná*, Tratado *Taanit*, 26b). ¿Puedes imaginar qué clase de festividad israelita debe haber sido, que sus hijas salían y danzaban con mozos solteros?

La *Guemará*[2] declara que nunca ha habido mejores festividades. El simple hecho es horrendo cuando *Rashí* pregunta acerca de Jacob [que él dijo algo] que aun el más atolondrado no diría. También está escrito: (*Séfer Yetsirá*, Libro de la Formación)[3] que el mes de *Elul* es la constelación de Virgo (la virgen). ¿Qué significa esto?

---

1 Señor de la sabiduría; también: señor de la mente.
2 Interpretaciones de la *Mishná*, la obra principal de las leyes espirituales, que fue escrita entre 200 y 700 EC.
3 Escrito por Abraham el Patriarca.

מכתב כ"ד

ב"ה
יום ב' לחודש הרחמים תשכ"ה תל-אביב

כתיבה וחתימה טובה בספרן של צדיקים לאלתר לחיים טובים למעלת כבוד חביב אדם הרב הגאון מורינו הרב שרגא פייביל שליט"א.

אחר דרישת שלומו הטוב באהבה רבה ואהבת נצח שלחתי לך אתמול מכתב והיום קבלתי מכתב מיום כ"ד אב.

כעת אוסיף לך על המכתב של ט"ו באב שחכמינו זכרונם לברכה אמרו שלא היו להם ימים לישראל כחמשה עשר באב ויום הכיפורים שבהם היו בנות ישראל יוצאות וחולות בכרמים ואומרים בחור שא נא עיניך וכו', תתאר לך איזה מין חג בישראל שבנותיהם יוצאות ורוקדות עם בחורים.

והגמרא אומרת שלא היו לישראל ימים טובים כאלה. עצם העובדא היא נורא כמו שרש"י שואל על יעקב אפילו קל שבקלים לא אומר כך. וכן כתוב שחודש אלול הוא מזל בתולה מה רמוז בזה.

La "virgen" es la *Shejiná* Santa, quien es llamada la Congregación de Israel y quien contiene todas las almas de Israel. El "mozo soltero" es el Creador, Quien es llamado mozo, como está dicho, que: "en el tiempo de la Partición del Mar Rojo, el Creador apareció como un joven guerrero" (*Rashí*, Éxodo, 20:2).

Y durante estas festividades, cuando la Luz del 'arrepentimiento a través del amor' resplandece, como he escrito[4], entonces el matrimonio es finalizado como siempre decimos [en la bendición del matrimonio]: "Aquel Quien santifica a Su nación israelita por medio de la *jupá* (dosel nupcial) y *kidushín* (matrimonio santificado)".

Y notarás que la *Mishná*, el Tratado *Taanit*, primero cita el versículo: "La gracia es engañosa, y la belleza es vana; pero una mujer que siente veneración por el Creador debe ser alabada" (Proverbios 31:30) y luego el versículo: "¡Vayan, hijas de Zión, y contemplen al Rey Salomón… en el día de su casamiento, en el día de la amabilidad de su corazón!" (Cantar de los Cantares 3:11). La *Mishná* dice que: "en el día de su casamiento" se refiere a la Entrega de la *Torá* y "en el día de la amabilidad de su corazón" es el Templo que será construido rápidamente y en nuestros días.

El secreto de las hijas de Israel es el Deseo de Recibir que por medio del 'arrepentimiento a través del amor' ha sido transformado en [el Deseo de] Compartir. Esto te ayudará a entender los tres tipos de hijas[5]. Las hermosas son la gente justa, quienes tienen en sus manos sus actos buenos y hermosos. Aquellas de buenas familias son las personas que tienen méritos ancestrales. Y las feas son aquellas que son pecadoras.

---

4 Ver Carta Veintidós.
5 Ver Carta Veintidós.

אלא הבתולה הזאת היא השכינה הקדושה שנקראת כנסת ישראל וכוללת כל נשמות ישראל, הבחור הוא הקדוש ברוך הוא שנקרא בחור כמו שנאמר שבעת קריעת ים סוף נראה הקדוש ברוך הוא כבחור איש מלחמה.

ובימים טובים אלו שמאיר האור של תשובה מאהבה כמו שכתבתי אז נגמר הקדושין שאנו אומרים מקדש עמו ישראל על ידי חופה וקדושין.

ותראה בהמשנה שם במסכת תענית מקודם מביאה הפסוק שקר החן והבל היופי אשה יראת ה' היא תתהלל, ואחר כך הפסוק צאינה וראינה בנות ציון במלך שלמה ביום חתונתו וביום שמחת לבו, ואומרת, ביום חתונתו זהו מתן תורה וביום שמחת לבו זהו בנין בית המקדש שיבנה במהרה בימינו.

והסוד של בנות ישראל הן הרצון לקבל שבתשובה מאהבה שנהפך להיות משפיע. ובזה תבין גם כן ג' מיני הבנות, שהיפות הן הצדיקים שיש בידם מעשים טובים ויפים. והמיוחסות אלה שיש להן זכות אבות, ומכוערות הן בעלי עבירות.

Ellas acostumbraban decir: "Haz tus negocios por amor al Cielo, pero adórname con monedas de oro". Pero si ellas eran feas, ¿por qué entonces merecían monedas de oro? Es porque tienen Vasijas debido [en el momento del 'arrepentimiento a través del amor'] a que cada pecado y cada transgresión se vuelve una Vasija para recibir las Luces del perdón y la expiación, como está escrito: "Y en ese día, dice el Creador: 'La iniquidad de Israel será buscada, y no habrá ninguna'" (Jeremías 50:20). ¿Por qué buscarían ellos los pecados? Que busquen las Vasijas de acuerdo con el ejemplo que te escribí [en la Carta Veintidós] donde él [el administrador del terrateniente] lloró porque no le habían pegado más.

Este es el significado secreto del versículo: "Entonces las vírgenes se regocijarán en una danza, y los mozos y los viejos juntos. Porque tornaré su duelo en gozo, y los confortaré y desharé su pena" (Jeremías 31:13). Lee cuidadosamente lo que fue escrito porque yo he escrito brevemente.

El versículo: "Que haya deseo delante de Ti para que mores (*tishréi*)" alude a la redención que debe venir antes del mes de *Tishréi*[6].

Concluyo deseando que la bendición del Creador y Su éxito te sigan en cada paso y movimiento y que merezcas la *Torá* y la grandeza[7] juntas en un lugar.

Te bendigo con el corazón y el alma.
Yehuda Tzvi

---

6 *Tishréi* es el mes en el cual caen las Altas Festividades.
7 Espiritual y financiera.

ומה הן אומרות קחו מקחכם לשם שמים אבל תעטרוני בזהובים, אם הן מכוערות למה מגיע להן זהובים, משום שיש להם כלים, כי כל חטא ועוון נעשה אז כלי לקבלת האורות של סליחה ומחילה וכמו שכתוב ביום ההוא יבוקש עון ישראל ואיננו, למה יבקשו העונות יבקשו כלים כפי המשל שכתבתי לך שבכה למה לא הרביצו לו יותר.

וזה סוד הכתוב אז תשמח בתולה במחול ובחורים וזקנים יחדיו והפכתי אבלם לששון ונחמתים ושמחתים מיגונם, דו"ק בדברים כי קצרתי.

המאמר יהא רעוא קמי דתשרי ר"ל שהישועה תבוא עוד קודם לחודש תשרי.

והנני חותם בברכה שברכת ה' והצלחתו תלווה אותך בכל צעד ושעל, ותזכה לתורה וגדולה במקום אחד.

המברך בלב ונפש
יהודא צבי

בס"ד יום ב' לחודש הרחמים תו"ב תל-אביב

כתיבה וחתימה טובה [illegible] צדיקים לאלתר לחיים טובים לאלתר ה"ה הרה"ג מוהר"ק שליט"א.

אחדשה"ט באה"ר ואח"כ. שלחתי לך [illegible] מכתב, והנה קבלתי מכתב מיום כ"ד אב [illegible] לך על המכתב ט"ו באב שחז"ל אמרו שלא היו להם ימים לישראל כחמשה עשר באב ויום הכפורים שבהם היו בנות ישראל יוצאות וחולות בכרמים ואומרות בחור שא נא עיניך וכו', תאר לך איזה מין חג בישראל שבנותיהם יוצאות ורוקדות עם בחורים והגמרא אומרת שלא היו לישראל ימים טובים כאלה, עצם הדבר הוא נורא במושגנו, [illegible] אפילו קל שבקלים לא אומר כך, וכן כתוב [illegible] הוא אצל בתולה מה רמוז בזה, אלא הבתולה הזאת היא השכינה הקדושה שנקראת כנסת ישראל וכוללת כל נשמות ישראל והבחור הוא הקב"ה שנקרא בחור [illegible] נראה הקב"ה כבחור איש מלחמה ובימים טובים אלו שמאיר האור של תשוקה ואהבה כמו שכתבתי אז נגמר הקידושין שאנו אומרים מקדש עמו ישראל ע"י חופה וקידושין [illegible] מקודם מביאה הפסוק [illegible] הוא תתהלל ואח"כ הפסוק צאינה וראינה בנות ציון במלך שלמה ביום חתונתו וביום שמחת לבו ואומרת ביום חתונתו זה מתן תורה וביום שמחת לבו זה בנין בית המקדש שיבנה במהרה בימינו. והסוד של בנות ישראל הן הרצון לקבל שבתשוקה ואהבה [illegible] להיות משפיע. ובזה תבין גם ג' מיני הבנות שהיפות הן הצדיקים שיש בידם מעשים טובים ויפים, והמיוחסות אלו שיש להן זכות אבות, והמכוערות הן בעלי עבירות. ומה הן אומרות קחו מקחכם לשם שמים אבל תעטרוני בזהובים, אם הן מכוערות למה אומרים להן זהובים, מכיון שיש להם כלים, כי כל חטא ועוון נעשה אז כלי לקבלת האורות שלמעלה ומחילה וכמו שכתוב ביום ההוא יבוקש עון ישראל ואיננו, למה יבקשו העוונות ובקשו כלים, כפי המשל שכתבתי לך שבכה למה לא הרויחו לו יותר. וזה סוד הבתולה אז תשמח בתולה במחול ובחורים וזקנים יחדיו והפכתי אבלם לששון ונחמתים ושמחתים מיגונם, די הדברים כי [illegible]

[illegible] קודם לחודש תשרי

והנני חותם הברכה שברכת ה' והצלחתו תלווה אותך בכל צעד ושעל ותזכה לתורה וגדולה במקום אחד

המברך בלונ"ח יהודא [illegible]

Carta Veinticinco

Con ayuda del Creador
Domingo, día 26 del mes de *Jeshván*, 5726
21 de noviembre de 1965

¡Una vida de paz y una vida de bendición para el honorable y amable entre los hombres, mi amigo, el amigo del Creador y el amigo de todas las almas de los israelitas, nuestro Maestro, Rav Shraga Féivel; que merezcas una vida larga y buena, Amén!

Dile a R. G., que el Creador lo guarde y lo proteja, que yo le he dicho que ore por H. H. L., que el Creador lo guarde y lo proteja, para que él esté bien. Él [R. G.] respondió que es mejor que él ore por sí mismo. Pero nuestros sabios, de bendita memoria, han dicho que aquel que ora por su amigo [su oración] recibe respuesta primero, y así, [porque] él da mérito, gana mérito primero. Pero la oración debe ser dicha de todo corazón porque de otra manera no es aceptable, porque en el Cielo todo está revelado y conocido. ¡Que trate y vea que ellos, con la ayuda del Creador, estarán bien ambos!

Esperando por la redención del Creador, la cual [puede ocurrir] como el parpadeo de un ojo.

Yehuda Tzvi

מכתב כ"ה

ב"ה
יום א' כ"ו חשון תשכ"ו

חיים של שלום וחיים של ברכה אל כבוד חביב אדם ידידי וידיד ה' וידיד כל נפשות ישראל מורינו הרב שרגא פייביל שליט"א, ברכת ה' עליך אמן.

תאמר ל... השם ישמרהו וינטרהו שאמרתי לו שיתפלל על... השם ישמרהו וינטרהו שיהיה טוב, ענה לי שיותר טוב שיתפלל על עצמו, אבל חכמינו זכרונם לברכה אמרו שהמתפלל על חבירו הוא נענה תחילה, וככה גם הוא יזכה, ויזכה תחלה, אבל התפלה צריכה להיות בלב שלם כי אחרת אינה מתקבלת וכלפי שמיא הכל גלוי וידוע. שינסה ויראה כי שניהם יהיו טובים בעזרת השם.

המצפה לישועת ה' שהיא כהרף עין.

יהודה צבי

יום א׳ כ״ו חשון תנכ״ו

חיים של שלום וחיים של ברכה אל כבוד ה״ה ידידי ורעי
ה׳ ויברך כל נפשות ישראל מוהרש״ף שליט״א

ברכת ה׳ עליך אמן.

תאמר ל[illegible] הי״ו שאמרתי לו שיתפלל על [illegible] הי״ו
ענה לי שיותר טוב שיתפלל על עצמו, אבל חז״ל
אמרו שהמתפלל על חבירו הוא נענה תחילה וזוכה גם הוא
יזכה, ויזכה תחלה, אבל התפלה צריכה להיות בלב שלם
כי אחרת אינה מתקבלת וכלפי שמיא הכל גלוי וידוע
שינסה ויראה כי שניהם יהיו ילדים טובים בעז״ה
המצפה לישועת ה׳ שהיא כהרף עין יהודה [illegible]

Carta Veintiséis

Con ayuda del Creador
Tel Aviv, sexta vela de *Janucá*,
Rosh Jódesh (primer día) del mes de *Tévet*, 5726
24 de diciembre de 1965

¡El honorable amado de mi alma, la alegría de mi corazón, quien considera preciosa y ama a la *Torá*, el honor del nombre de la *Torá*, Shraga Féivel; que merezcas una vida larga y buena! Amén. Que Su amabilidad esté contigo.

Me gustaría incluir nuevas ideas de la *Torá* para *Janucá*. Conocemos la pregunta que el *Beit Yosef*[1] hace con respecto a por qué encendemos [velas durante] ocho días en recuerdo del milagro. Después de todo, debemos solamente encender [velas por] siete días, ya que el frasco de aceite era suficiente para un día.

Ya he explicado el tema de acuerdo con lo que está aludido en la palabra *Janucá* que forman las iniciales (en hebreo) de: "ocho velas y la *Halajá* está de acuerdo con la Casa de Hilel"[2]. Esto se refiere al desacuerdo entre la Casa (esto es: Escuela) de Hilel y la Casa (Escuela) de Shamái con respecto al encendido de las velas. La Casa de Hilel dice que uno debe aumentar gradualmente [el número de velas] —encendemos una vela en el primer día y terminamos por encender ocho velas en el octavo día porque "la Santidad es para ser elevada hacia arriba"— en tanto que la Casa de Shamái dice que debemos

---

1 Rav Yosef Caro, Safed, siglo XVI EC; los kabbalistas eran frecuentemente mencionados por medio del nombre de su libro mejor conocido.

2 Hilel y Shamái, líderes espirituales y kabbalistas, 40 AEC.

מכתב כ"ו

ב"ה
יום ר"ח טבת נר ששי חנוכה תל-אביב

כבוד ידיד נפשי ומשוש לבבי מוקיר ורחים תורה כבוד שם תורתו שרגא פייביל שליט"א יהי נועם עליך.

והנני לצרף לך חידוש תורה לחנוכה. ידוע קושית הבית יוסף למה שמדליקים שמונה ימים לזכר הנס כי לא צריכים להדליק רק שבעה ימים, כי על יום ראשון היה מספיק להם פך השמן.

ותירצתי זאת על פי הרמז שיש במלת חנוכה נוטריקון ח' נרות והלכה כבית הלל, והכונה היא על המחלוקת שבין בית הלל ובית שמאי בענין הדלקת הנרות שבית הלל אומרים שמוסיף והולך שמתחילים להדליק נר אחד ביום ראשון וגומרים להדליק שמונה נרות ביום השמיני כי מעלין בקודש, ובית שמאי אומרים שבליל

encender todas las ocho velas en el primer día y disminuir el número en los días subsecuentes como [era hecho] con los toros de la festividad (*Sucot*)[3].

Puede decirse que cada uno sigue su propio método como [está escrito] en la *Guemará*, Tratado *Shabat*, acerca del converso que deseaba conocer [aprender] toda la *Torá* mientras se mantenía parado en un solo pie (esto es: en un período muy corto). Hilel le dijo: "Lo que no quieres que te hagan, no lo hagas a tu prójimo. Todo el resto de la *Torá* es interpretación. Ahora ve y estudia", lo que significa que Hilel le dijo que empezara por seguir el precepto: "Ama a tu prójimo como a ti mismo", que es el principal principio y fundamento de la *Torá*, y que después debía cumplir y mantener el resto [de los preceptos de la *Torá*].

Shamái [por otra parte] lo empujó [al converso] con la medida del constructor, lo que significa que le dijo que tenemos un edificio completo de la *Torá* y [sus] mandamientos, y esto no puede ser recibido "parado en un solo pie". Por lo tanto, uno tiene que tomar sobre sí mismo el cumplimiento de todos [los mandamientos y preceptos], pero, "No es para ti terminar la labor" (Tratado *Avot*, 2:17), y con esto, él rechazó [al converso]. Lee a través de la *Guemará*[4] porque el tiempo es demasiado corto para entrar en mayor detalle aquí.

De modo que si fuéramos a encender siete velas solamente [en *Janucá*], entonces en la cuarta noche no habría diferencia entre la Casa de Shamái y la Casa de Hilel. Esto es porque si fuéramos a encenderlas todas en la primera noche o comienzo con una

---

3 En *Sucot* acostumbraban sacrificar 70 toros. En el primer día 13 toros; en el segundo, 12; y así sucesivamente hasta el séptimo día en el cual sacrificaban 7 toros, con un total de 70.

4 Interpretaciones de la *Mishná*, la obra principal de leyes espirituales, que fue escrita entre 200 y 700 EC.

ראשון מדליקים כל השמונה ואחר כך פוחתים והולכים כמו בפרי החג.

ואפשר לומר שכל אחד הולך לפי שיטתו כמובא בגמרא שבת בענין הגר שרצה לדעת כל התורה על רגל אחת שהלל אמר לו מאן דסני לך לחברך לא תעביד ואידך זיל גמור, הפירוש הוא שאמר לו להתחיל לקיים המצוה של ואהבת לרעך כמוך שהיא כלל גדול בתורה ויסוד התורה ואחר כך יוסיף ויגמור הכל.

ושמאי דחפו באמת הבנין כלומר אמר לו שיש לנו בנין שלם של תורה ומצות ואין לקבל את זה על רגל אחת רק שיקבל עליו לקיים הכל, ואחר כך, לא עליך המלאכה לגמור, שבזה דחפו, עיין שם בגמרא כי הזמן קצר מלהאריך כעת.

ולכן אם אנחנו היינו מדליקים רק שבעה נרות הרי לפי החשבון לא יהיה בליל הרביעי שום הבחן בין בית הלל לבית שמאי, כי בין שנתחיל להדליק כולם ביום ראשון ובין שמדליקים ביום ראשון נר אחד יוצא שבליל רביעי מדליקים ארבעה נרות בין לבית הלל ובין

sola vela, resulta que en la cuarta noche encenderíamos cuatro velas ya sea que sigamos la Casa de Shamái o la Casa de Hilel. Encendemos por lo tanto, ocho velas [y no siete] de modo de realizar la alusión a "ocho velas y la *Halajá* (reglamentación) de acuerdo con la Casa de Hilel" en cada uno de los ocho días, aun en el cuarto. Esto significa que siempre debemos elevar (incrementar) la Santidad y no bajarla (decrecerla).

Te deseo todo lo mejor y en espera de buenas noticias,
Rav Yehuda Tzvi Brandwein

לבית שמאי, ולכן אנו מדליקים שמונה נרות להתאים את הרמז
של ח' נרות והלכה כבית הלל, בכל יום ויום משמונת הימים אפילו
ביום ד' והיינו שצריכים תמיד להיות מעלין בקודש ולא מורידין.

המאחל כל טוב ומצפה לשמוע בשורות טובות.
הרב יהודא צבי בראנדוויין

ב"ה יום ר"ח טבת נר ששי של חנוכה תל אביב

כבוד ידי"נ ומשוש לבבי מוקיר ורחים תורה כש"ת שרגא פייביל שליט"א

יהי נועם עליכם.

והנני לצרף לך חדדוש תורה לחנוכה, ידוע קושית הבית יוסף למה שמדליקים שמונה ימים לזכר הנס כי לא צריכים להדליק רק שבעה ימים כי על יום ראשון היה מספיק להם פך השמן, ותירצתי זאת עפ"י הרמז שיש במלת חנוכה נוטריקון ח׳ נרות והלכה כבית הלל. ומכוונה היא על המחלוקת שבין בית הלל ובית שמאי בענין הדלקת הנרות שבית הלל אומרים שמוסיף והולך ש שמתחילים להדליק נר אחד ביום ראשון וגומרים להדליק שמונה נרות ביום השמיני כי מעלין בקודש, ובית שמאי אומרים שבליל ראשון מדליקים כל השמונה ואח"כ פוחתים והולכים כמו בפרי החג ואפשר לומר שכל אחד הולך לפי שיטתו כמובא בגמרא שבת בענין הגר שרצה לדעת כל התורה על רגל אחת שהלל אמר לו מאן דסני לך לחברך לא תעביד ואידך זיל גמור, הפירוש הוא שאמר לו להתחיל לקיים המצוה של ואהבת לרעך כמוך שהיא כלל גדול בתורה ויסוד הת התורה ואח"כ יוסיף ויגמור הכל, ושמאי דחפו באמת הבנין כלומר אמר לו שיש לנו בנין שלם של תורה ומצות ואין לקבל את זה על רגל אחת רק שיקבל עליו לקיים הכל ואח"כ לא עליך המלאכה לגמור שבזה דחפו עיי"ש בגמרא כי השמן קצר מלהאריך עעת, ולכן אם אנחנו היינו מדליקים רק שבעה נרות הרי לפי החשבון לא יהיה בליל הרביעי שום הבחן בין בית הלל לבית שמאי כי בין ש שנתחיל להדליק כולם ביום הראשון ובין שמדליקים ביום ראשון נר אחד יוצא שבליל רביעי מדליקים ארבע נרות ולכן אנו מדליקים שמונה נרות להתאים את הרמז של ח׳ נרות והלכה כבית הלל בכל יום ויום משמונת הימים והיינו ש שצריכים תמיד להיות מעלים בקודש ולא מורידין.

המאחל כל טוב ומצפה
לשמוע בשורות טובות
הרב יהושע צבי בראנדוויין

Carta Veintisiete

Con ayuda del Creador
Viernes, víspera de *Shabat*, Día 22 del mes de *Tévet*, 5726
14 de enero de 1966

¡Al honorable amigo del Creador y el amado de mi alma, "un valiente hombre de la vida y muchas hazañas"[1], amable entre los hombres y honrando el nombre de la *Torá*, nuestro Maestro, Rav Shraga Féivel; que merezcas una vida larga y buena, Amén!

¡Con agradecimiento al Creador porque tenemos vida y paz, "un saludo cariñoso"! Que escuchemos siempre noticias de subsistencia, bendición, y éxito y paz de ti, y así mi alma será revivida. Por favor dime qué hay de nuevo contigo.

Recibí una propuesta de una conexión matrimonial con Rav Rottenburg de Estados Unidos, quien es hijo del Rav de Kossiner. Escuché que el Rav de Satmar está de acuerdo que ella [la hija de Rav Rottenburg] pueda ser conectada a mí. Me gustaría que investigaras la calidad de este compromiso matrimonial y [determines] si ella es apropiada para Avramil[2], que su Luz resplandezca.

Lo que has preguntado acerca de las *Sefirot* y cómo una *Sefirá* puede ser hecha de las Diez *Sefirot*, lo puedes encontrar bien explicado en *Diez Emanaciones Luminosas*, Parte II, en Reflexión Interior, Capítulo 9. El Rav[3], de bendita y justa memoria, tomó el esfuerzo de explicar todas y cada una de

---

1 Basado en II Samuel 23:20.
2 Hijo de Rav Brandwein.
3 Rav Áshlag.

מכתב כ"ז

ב"ה

יום שישי ערב שבת קודש כ"ב טבת תשכ"ו תל-אביב

כבוד ידיד ה' וידיד נפשי איש חי ורב פעלים חביב אדם כבוד שם תורתו מורינו הרב שרגא פייביל שליט"א.

אתנו תודה לא-ל יתברך שמו החיים והשלום כה לחי לשמוע ממך תמיד בשורת החיים ברכה והצלחה ושלום ותחי נפשי. תודיע לי מה נתחדש אצלך.

הציעו לי כאן שידוך עם הרב רוטנברג מאמעריקא בנו של הקוסינר רבי, שמעתי שהרבי מסטמאר הסכים לו לשדך עמי, אני מבקש שתברר מה טיבו של שידוך זה ואם זה מתאים עבור אברהמיל נ"י.

זה ששאלת בענין הספירות איך כל ספירה כלולה מעשר ספירות מבואר בתלמוד עשר ספירות חלק ב' בהסתכלות פנימית פרק ט' שמה, שהרב זכר צדיק לברכה טרח להסביר בכל ספירה וספירה

las *Sefirot* en lo particular: cómo esta [cada *Sefirá*] incluye las Diez *Sefirot* y cuántas *Sefirot* son de Luz Directa[4] y cuántas de Luz Retornante[5]. Búscalo allí.

Me gustaría hablarte de una introspección novedosa en la *Torá* que está conectada con la porción de esta semana[6]. Está escrito: "Y sucedió en esos días, cuando Moisés había crecido, que fue a sus hermanos, y vio su carga" (Éxodo 2:11-14). *Rashí* comenta que él [Moisés] "fijó su corazón y alma"[7] para ser afligido por la suerte de ellos. "Y cuando salió en el segundo día, he aquí que dos hombres de los hebreos reñían... ¡Ciertamente el asunto se ha hecho conocido!" (ibid.). La cosa por la que yo [Moisés] me preguntaba se me ha aclarado: ¿Cómo los israelitas pecaron más que las 70 naciones del mundo, y por qué fueron castigados con trabajo duro? Pero veo que merecían eso (comentario de *Rashí, Shemot Rabá* I, 30).

Más tarde está escrito: "Y el Creador dijo: 'Ciertamente, he visto la aflicción de Mi pueblo, quienes están en la tierra de *Mitsráyim* (Egipto)... Y bajé a liberarlos, etc. ... Ven ahora, por lo tanto, y te enviaré al Faraón, para que puedas sacar a Mi pueblo, los hijos de Israel, de Egipto, etc.'... Y Moisés dijo a Dios: '¿Quién soy yo para que deba ir al Faraón, etc. ... y ellos me preguntan: ¿Cuál es Su Nombre? ¿Qué debo decirles etc.'... Y Moisés respondió y dijo: 'pero he aquí que ellos no me creerán, etc.'" (Éxodo 3:7-13).

---

4 La Luz que viene del Infinito a la Vasija está siempre oculta.
5 La Luz que es retornada y reflejada de regreso por la Vasija siempre es revelada.
6 Éxodo
7 Lit.: sus ojos y su corazón.

במיוחד איך היא כלולה מעשר ספירות וכמה ספירות יש בה מאור ישר וכמה מאור חוזר עיין שם.

הנני לכתוב לך חידוש תורה מפרשת השבוע. כתוב "ויהי בימים ההם ויגדל משה ויצא אל אחיו וירא בסבלותם", נתן עינו ולבו להיות מיצר עליהם (רש"י). "ויצא ביום השני, והנה שני אנשים עברים נצים וגו' ויאמר אכן נודע הדבר", נודע לי הדבר שהייתי תמה עליו מה חטאו ישראל מכל שבעים אומות להיות נרדים בעבודת פרך, אבל רואה אני שהם ראויים לכך (רש"י).

אחר כך כתוב ויאמר ה' ראה ראיתי את עני עמי אשר במצרים וגו' וארד להצילו וגו', ועתה לכה ואשלחך אל פרעה והוצא את עמי בני ישראל ממצרים. ויאמר משה אל האלקים מי אנכי כי אלך אל פרעה וגו', ואמרו לי מה שמו מה אמר אליהם וגו', ויען משה ויאמר והן לא יאמינו לי וגו'.

Y el Creador dio a Moisés todas las señales y milagros y le dijo: "'Ahora, por lo tanto, ve, y Yo estaré con tu boca, y te enseñaré lo que dirás'. Y él [Moisés] dijo: '¡Mi Señor, envía, te lo ruego, por medio de la mano de aquel a quien Tú enviarás!' Y el enojo del Creador ardió contra Moisés, y Él dijo: '¿No es Aarón el levita tu hermano? Yo sé que él puede hablar bien, etc…'" (Éxodo 4:1-14).

Esta es una gran interrogante. Moisés acudió a sus hermanos [los israelitas] y puso sus ojos y su corazón para ser afligidos por amor a ellos. Pero cuando el Creador le dijo: "Ciertamente, he visto la aflicción de Mi pueblo… Ven ahora, por lo tanto, y te enviaré al Faraón", y dio a Moisés "señales y milagros", pero Moisés no quería ir y dijo: "¡Mi Señor, envía, te lo ruego, por medio de la mano de aquel a quien Tú enviarás!". Él no deseaba salvar al pueblo de Israel, de modo que fue dicho: "Y el enojo del Creador ardió contra Moisés, y Él dijo: '¿No es Aarón el levita tu hermano etc. …?'". Entonces ellos fueron.

La respuesta es que Moisés deseaba que la redención fuera eterna de la [misma] manera que: "y el Creador será Rey sobre toda la Tierra" (Zacarías 14:9), [esto es:] de modo que no hubiera más exilios siguientes. Esto es indicado por las palabras: "Y ellos me preguntarán: '¿Cuál es Su Nombre?'" (Éxodo 3:13) porque las últimas letras de estas palabras [en hebreo] forman el nombre *Yud*, *Hei*, *Vav*, y *Hei*, que indica la futura y completa redención de Israel y el mundo entero, como los versículos dicen: "Porque la Tierra estará llena del conocimiento del Creador, etc." (Isaías 11:9) y: "Y Me conocerán todos ellos, desde el más pequeño hasta el más grande" (Jeremías 31:33).

Y el Creador le dijo [a Moisés]: "Yo soy el que soy (*Eheyé Asher Eheyé*)" (Éxodo 3:14), [significando:] Estoy con ellos en este problema como estaré con ellos durante su esclavitud con los

וה׳ נתן לו האותות ואמר לו ועתה לך ואנכי אהיה עם פיך והוריתיך אשר תדבר ויאמר בי אדני שלח נא ביד תשלח ויחר אף ה׳ במשה ויאמר הלא אהרן אחיך הלוי ידעתי כי דבר ידבר הוא וגו׳.

יש כאן פליאה גדולה, משה רבינו יצא אל אחיו נתן לבו ועינו להיות מיצר עליהם, וה׳ אומר לו: ראה ראיתי את עני עמי לכה ואשלחך אל פרעה ונתן לו אותות ומופתים ולא רוצה ללכת ואמר שלח נא ביד תשלח. ולא רוצה לגאול את עם ישראל, עד שנאמר ויחר אף ה׳ במשה ויאמר: הלא אהרן אחיך הלוי וגו׳ אז הלכו.

התשובה היא: משה רבינו רצה שגאולתנו תהיה גאולה נצחית מבחינה והיה הוי׳ למלך על כל הארץ. שלא תהינה אחריה עוד גלויות זה נרמז במלים ואמרו לי מה שמו מה שבסוף תבות אלו כתוב שם הוי׳ המורה על הגאולה השלמה העתידה לישראל וכל העולם, כמו שכתוב ומלאה הארץ דעה את ה׳ וגו׳, וכולם ידעו אותו למקטנם ועד גדולם.

וה׳ אמר לו אהיה אשר אהיה, אהיה עמם בצרה זאת אשר אהיה עמם בשעבוד שאר מלכויות (רש״י), משום זה סרב ואמר שלח נא ביד תשלח. אז נאמר ויחר אף ה׳ במשה כלומר, אמר לו: אתה

otros reinos (Comentario de *Rashí*, Tratado *Berajot* 9b). Es por esto que él [Moisés] se rehusó y dijo: "¡Envía, te lo ruego, por medio de la mano de aquel a quien Tú enviarás!". Eso es cuando está dicho: "Y el enojo del Creador ardió contra Moisés", esto es: Él le dijo: "Tú sabes que hay enojo entre los hijos de Israel y que es por eso que Yo no puedo colocar Mi Nombre [*Yud*, *Hei*, *Vav* y *Hei*) sobre ellos".

"Tú [Moisés] viste que 'he aquí que dos hombres de los hebreos reñían, etc.'. Y dijiste: 'Ciertamente se ha vuelto conocido; se lo merecen'. ¿Ha sido ya corregido el asunto? ¿Están ellos ya unidos a tal grado que Yo puedo revelar Mi Nombre —*Yud*, *Hei*, *Vav*, y *Hei*— sobre ellos?" (Lee lo que nuestros sabios, de bendita memoria, han declarado: que ninguna observación fue mencionada acerca de esto y no hemos encontrado que un castigo vino de ese enojo [según] *Rashí*).

"¿No es Aarón el levita tu hermano?" Y ahora la cualidad del *Cohén* (sacerdocio), que es el atributo de *Jésed* (Misericordia), de paz amorosa y afanosa, estaba impresa sobre él. Tú [Moisés] debes unir fuerzas con él, y ambos inyectarán en el pueblo de Israel el precepto que contiene la *Torá* completa, que es precepto de: "Ama a tu prójimo como a ti mismo". Entonces Yo pondré Mi Nombre —*Yud*, *Hei*, *Vav* y *Hei*— sobre ellos, lo cual sucedió sobre la Revelación en Monte Sinaí, como fue dicho: "Y allí los israelitas acamparon" (Éxodo 19:2), [que usa] el singular [del verbo[8] para indicar que ellos eran] como un hombre con un corazón.

Es por esto que la *Torá* no fue dada a nuestros ancestros: Abraham, Isaac y Jacob. En vez de eso, fue retrasada hasta que ellos [los israelitas] habían dejado Egipto, cuando se

---

8 Normalmente en hebreo, una forma plural del verbo 'acampó' sigue a 'israelitas'. Aquí, la Torá usa la forma singular del verbo.

יודע שיש חרון אף בישראל שעל ידי זה אי אפשר לי להשרות עליהם שמי ה'.

ראית והנה אנשים עברים נצים וגו ואמרת אכן נודע הדבר - ראויים הם לכך האם כבר נתקן הדבר? האם כבר הם מאוחדים בשיעור שאוכל כביכול לגלות ולהשרות שמי הוי' עליהם (עיין חז"ל לא נאמר בו רושם ולא מצינו שבא עונש ע"י אותו חרון, רש"י).

הלא אהרן אחיך הלוי וכעת ניתנה לו מדת הכהונה שהיא מדת החסד להיות אוהב שלום ורודף שלום, תשתף אותו עמך ושניכם תחדירו לעם ישראל את המצוה הכוללת כל התורה שהיא מצות "ואהבת לרעך כמוך", אז אשרה עליהם את שמי הוי' שזה הי' בעת מעמד הר סיני שנאמר ויחן שם ישראל לשון יחיד כאיש אחד בלב אחד.

מטעם זה לא ניתנה התורה לאבותינו אברהם יצחק יעקב אלא נמשך הדבר עד יציאת מצרים כשהיו לאומה שלמה בת שש מאות אלף איש מעשרים שנה ומעלה, וכל אחד מהם נשאל אם מסכים

volvieron una sola nación con 600,000 hombres, de la edad de 20 años para arriba. A cada uno de ellos le fue preguntado si estaba de acuerdo en emprender esta tarea sublime de trabajar juntos con amor verdadero para cada uno de los 600,000 amigos, y todos ellos respondieron: "Todo lo que el Creador ha hablado, haremos" (Éxodo 19:8). No dijeron todo lo que el Creador "hablará", sino lo que Él "ha hablado". Y entonces la *Torá* fue inmediatamente entregada.

Te deseo todo lo mejor,
Yehuda Tzvi

לעבודה הנשגבה הזאת שיעבדו יחד באהבת אמת למען כל אחד מן השש מאות אלף חברים ואחרי שכולם ענו ואמרו כל אשר דבר ה׳ נעשה, כל אשר ידבר ה׳ לא כתוב כאן אלא אשר דבר מיד ניתנה התורה.

המאחל כל טוב.
יהודה צבי

ב"ה יום ועש"ק כ"ב טבת תשכ"ו תל אביב

כבוד ידיד ה' וידיד נפשי איש חי ורב פעלים ח"א כש"ת מוהר"ר שרגא פייביל שלים"א

אתנו ת"ל יתש' החיים והשלום כה לחי לשמוע ממך תמיד בשורת החיים ברכה הצלחה ושלום ותחי נפשי תודיע לי מה עם כל אלה ומה נתחדש אצלך. הציעו לי כאן שידוך עם הרב רוטנברג מאמעריקא בנו של הקוסינר רבי, שמעתי שהרבי מסטמר הסכים לו לשדך עמי, אני מבקש שתברר מה טיבו של שידוך זה ואם זה מתאים עבור אברהמיל נ"י.

זה ששאלת בענין הספירות איךכל ספירה כלולה מעשר ספירות מבואר בתלמוד ע"ס חלק ב' בהסתכלות פנימיות פרק ט' שמה הרב זצ"ל טרח להסביר בכל ספירה וספירה במיוחד, איך היא כלולה מע"ס, וכמה ספירות יש בה מאור ישר, וכמה מאור חוזר עיי"ש. והנני לכתוב לך חידוש תורה מפרשת השבוע כתוב "ויהי בימים ההם ויגדל משה ויצא אל אחיו וירא בסבלותם" נתן עינו ולבו להיות מיצר עליהם (רש"י) ויצא ביום שני, והנה שני אנשים עברים נצים וגו' ויאמר אכן נודע הדבר נודע לי הדבר שהייתי תמה עליו מה חטאו ישראל מכל שבעים אומות להיות נרדים בעבודות פרך, אבל רואה אני שהם ראויים לכך (רש"י) אח"כ כתוב: ויאמר ה' ראה ראיתי את עני עמי אשר במצרים וגו' וארד להצילו וגו' ועתה לכה ואשלחך אל פרעה והוצא את עמי בני ישראל ממצרים ויאמר משה אל האלקים מי אנכי כי אלך אל פרעה וגו' ואמרו לי מה שמו מה אמר אליהם וגו' ויען משה ויאמר והן לא יאמינו לי וגו' וה' נתן לו האותות ואמר לו ועתה לך ואנכי אהיה עם פיך והוריתיך אשר תדבר ויאמר בי אדני שלח נא ביד תשלח ויחר אף ה' במשה ויאמר הלא אהרן אחיך הלוי ידעתי כי דבר ידבר הוא וגו'

יש כאן פליאה גדולה, משה רבינו יצא אל אחיו נתן לבו ועינו להיות מצר עליהם וה' אומר לו: ראה ראיתי את עני עמי לכה ואשלחך אל פרעה ונתן לו אותות ומופתים ולא רוצה ללכת ואומר שלח נא ביד תשלח. ולא רוצה לגאול את עם ישראל, עד שנאמר ויחר אף ה' במשה ויאמר: הלא אהרן אחיך הלוי וגו' אז הלכו.

התשובה היא: משה רבנו רצה שגאולתנו תהי' גאולה נצחית מבחינה והי' הוי' למלך על כל הארץ. שלא תהינה אחריה עוד גלויות זה נרמז במלים ואמרו לי מה שמו מה שבסוף תבות אלו כתוב שם הוי' המורה על הגאולה השלמה העתידה לישראל וכל העולם כמוש"כ ומלאה הארץ דעה את ה' וגו' וכולם ידעו אותו למקטנם ועד גדולם.

וה' אמר לו אהיה אשר אהיה, אהיה עמם בצרה זאת אשר אהיה עמם בשעבוד שאר מלכיות (רש"י) משום זה סרב ואמר שלח נא ביד תשלח. אז נאמר ויחר אף ה' במשה כלומר, אמר לו: אתה יודע שיש חרון אף בישראל שעי"ז אי אפשר לי להשרות עליהם שמי ה' ראית והנה

אנשים עברים נצים וגו' ואמרת אכן נודע הדבר—ראויים הם לכך, האם כבר נתקן הדבר? האם כבר הם מאוחדים בשיעור שאוכל בביכול לגלות ולהשרות שמי הוי' עליהם (עיין חז"ל לא נאמר בו רושם ולא מצינו שבא עונש ע"י אותו חרון רש"י) הלא אהרן אחיך הלוי ובעת ניתנה לו מדת הכהונה שהיא מדת החסד להיות אוהב שלום ורודף שלום תשתף אותו עמך ושניכם תחדירו לעם ישראל את המצוה הכוללת כל התורה שהיא מצות "ואהבת לרעך כמוך" אז אשרה עליהם את שמי הוי' שה' הי' בעת עמד הר סיני שנאמר ויחן ישראל לשון יחיד כאיש אחד בלב אחד.

מטעם זה לא ניתנה התורה לאבותנו אברהם יצחק יעקב אלא נמשך הדבר עד יציאת מצרים כשהי' לאומה שלמה בת שש מאות אלף איש מעשרים שנה ומעלה

וכל אחד מהם נשאל אם מסכים לעבודה נשגבה הזאת שיעבדו יחד באהבת אמת למען כל אחד מן השש מאות אלף חברים ואחרי שכולם עמו ואמרו כל אשר דבר ה' נעשה כל אשר ידבר ה' לא כתוב כאן אלא אשר דבר מיד ניתנה להם התורה.

[illegible]

Carta Veintiocho

Con ayuda del Creador
Tel Aviv, día 5 del mes de *Shevat*, 5727
Shevat: iniciales de *Shamrem, Varjem, Taharem*
(protégelos, bendícelos y purifícalos)
16 de enero de 1967

¡Vida, alegría y paz, muchas bendiciones y éxito para el honorable y amable entre los hombres, nuestro Maestro, Rav Shraga Féivel; que el Creador lo guarde y lo proteja, Amén!

Después de saludarte con gran amor…
Te envié un artículo completo que fue publicado en mi nombre, en el cual expliqué claramente todas las porciones y el orden de la Entrega de la *Torá*. Muchos versículos de la porción de *Jetro*[1] están aclarados en este. Harías bien en estudiarlo profundamente. Aunque los temas son sencillos y claros, son muy profundos, especialmente para uno que desea practicarlos apropiadamente. Harías bien en copiarlos porque no tengo una copia de ellos.

Deseo recordarte ahora con respecto a los artículos que te he pedido traer contigo, si puedes sin mucho problema: 1) un lente de aumento de la mejor calidad posible; 2) una túnica para el honor del *Shabat*; 3) un bastón bonito, y 4) cintas para la grabadora de cintas.

Espero oír de ti buenas noticias, bendiciones y éxito, y [anticipar] que nos encontremos con plenitud de alegría, Amén.
Yehuda Tzvi

---

1 La quinta porción del Libro de *Shemot* (Éxodo).

מכתב כ"ח

ב"ה

יום ה' לחודש **ש**מרם **ב**רכם **ט**הרם תשכ"ז תל-אביב

החיים השמחה והשלום ושפע ברכה והצלחה לכבוד חביב אדם מורינו הרב שרגא פייביל השם ישמרהו וינטרהו.

אחר דרישת שלומו הטוב באהבה רבה, שלחתי לך מאמר שלם מודפס בשמי שבו מפורש היטב את כל הפרשיות והסדר של קבלת התורה, ומבואר בו הרבה פסוקים מפרשת יתרו כדאי להעמיק בו. אם כי הדברים הם פשוטים וחלקים אבל הם עמוקים מאד. ובפרט למי שרוצה לקיימם הלכה למעשה. כדאי להעתיקם כי אין לי העתק מהם.

כעת אני רוצה להזכירך בדבר החפצים שאני מבקש שתביא עמך אם תהי' לך האפשרות בלי טרחה יתרה, א) זכוכית מגדלת ממין הכי טוב, כמו כן חאלאט לכבוד שבת וכן מקל יפה, גם סרטים בשביל הטייפרקורט.

והנני מחכה לשמוע ממך בשורות טובות ברכות והצלחות ושנתראה בשובע שמחות אמן.
יהודה צבי.

תל-אביב

[illegible]

ברכות ... שלום וברכה והצלחות.

[illegible]

Carta Veintinueve

Con ayuda del Creador
Tel Aviv, día 25 del mes de *Tamuz*, 5727
2 de agosto de 1967

Al honorable y amable entre los hombres, el amado de mi alma, "un valiente hombre de la vida y muchas hazañas", y honrando el Nombre de la *Torá*, nuestro Maestro, Rav Shraga Féivel; que viva larga y felizmente, Amén.

Después de saludarte con gran amor, longevidad, alegría, paz, bendición y éxito…

Encontraré la oportunidad para enviarte las palabras de la *Torá* que dije en la inauguración de la sinagoga en Zijrón Yaakov. Yo pensaba explicar una pregunta que es hecha hoy en día por cualquiera que tenga siquiera una pizca de inteligencia: ¿Cómo es posible que hayamos merecido lo que todas las otras generaciones no merecieron? ¿Es esta generación tan valiosa que todos los hombres justos santos de todas las generaciones en el exilio desde la destrucción del Templo hasta ahora no merecieran lo que nosotros hemos merecido? [¿Por qué es] que somos ahora los poseedores de nuestra entera Tierra Santa y que todos los lugares están en nuestras manos y que ellos no pueden soportar lo que sus ojos ven pero no pueden hacer nada en contra nuestra [?].

מכתב כ"ט

ב"ה
יום כ"ה תמוז תשכ"ז תל-אביב

לכבוד חביב אדם וידיד נפשי איש חי רב פעלים כבוד שם תורתו מורינו הרב שרגא פייביל שליט"א.

אחר דרישת שלומו הטוב באהבה רבה החיים והשמחה והשלום ברכה והצלחה.

בהזדמנות אשלח לך דבר תורה שאמרתי בעת חנוכת בית הכנסת בזכרון יעקב. אמרתי לתרץ שאלה הנשאלת כהיום לכל מי שיש לו קצת שכל: היתכן שזכינו לזה שכל הדורות לא זכו, וכי אכשיר דרי שבזמן שהיו הצדיקים הקדושים של כל הדורות בגלות מעת החורבן עד היום, לא זכו לזה שזכינו אנו, שכעת אנחנו הבעלי בתים על כל ארצינו הקדושה וכל המקומות הם ברשותנו וכולם מתפקעים מראות עיניהם ולא יכולים לעשות נגדינו כלום.

Dije que el pueblo de Israel tiene un arma secreta, y cuando le es dada la oportunidad de usarla, son exitosos. Este secreto es tan simple y claro que debido a su misma simplicidad, la gente no lo comprende. Ganamos esta arma desde el primer conflicto entre Ismael e Isaac, nuestro antepasado (Génesis, 22:1).

Antes [de discutir este punto], pienso que debo explicar una pregunta en el santo *Zóhar*, con relación al versículo: "Y sucedió después de estas cosas, que el Creador probó a Abraham" (Génesis 22:1). El *Zóhar* plantea la pregunta: ¿Por qué no fue escrito que el Creador "probó" a Isaac, ya que en ese tiempo Abraham tenía más de 130 años e Isaac tenía 37 años y era lo suficientemente fuerte para resistir y evitar que Abraham lo degollara? De modo que si él [Isaac] aceptó y no se resistió, esto sería el juicio de Isaac más que el de Abraham. Mira en el *Zóhar* (*Vayerá*, 489), donde la atadura de Isaac está explicada de acuerdo con el significado secreto (Kabbalah).

Yo digo simplemente que el *Midrash*[1] comenta sobre el versículo: "Y sucedió después de estas cosas..." ¿Qué cosas eran estas? Ismael acostumbraba decir a Isaac: "Yo soy más grande que tú, ya que yo tenía 13 años cuando fui circuncidado y tuve que sufrir angustia. Tú fuiste circuncidado cuando tenías ocho días de nacido y no conociste el sufrimiento, y aun si tu padre te hubiera sacrificado, no lo habrías sabido. Si hubieras tenido 13 años no te habrías rendido a este sufrimiento".

Isaac le dijo: "Eso no es nada; si el Creador le hubiera dicho a mi padre: 'Degüella a Isaac, tu hijo', yo no lo habría evitado". Eso fue cuando esa cosa le tocó a él, como está dicho: "Y sucedió después de estas cosas, etc.". Revisa lo que está escrito en el *Midrash Tanjumá*, porción de *Vayerá*, que explica por qué el texto no dice: "El Creador probó a Isaac". Fue porque

1 Discurso homilético.

ואמרתי שיש לעם ישראל נשק סודי, וכשניתנה לו ההזדמנות להשתמש בו הוא מצליח, והסוד הוא כל כך פשוט וברור שמרוב הפשטות לא תופסים אותו, וזכינו לנשק זה עוד מהמחלוקת הראשונה שהיתה בין ישמעאל ליצחק אבינו.

ומקודם אמרתי לתרץ קושיא שבזהר הקדוש על הפסוק ויהי אחר הדברים האלה והאלקים נסה את אברהם, ומקשה הזהר למה לא כתוב והאלקים נסה את יצחק, הלא אברהם היה אז זקן יותר ממאה ושלושים שנה ויצחק היה בן ל"ז שנה והיה בידו ובכחו להתנגד ולא לתת לאברהם לשחטו, ואם הסכים ולא התנגד הרי זה נסיון של יצחק יותר מאברהם, תעיין בזהר בעקדת יצחק שמתרץ לפי הסוד של הענין.

ואני אמרתי בפשטות, כי על הכתוב ויהי אחר הדברים כתוב במדרש ומה דברים היה שם שהיה ישמעאל אומר ליצחק אני גדול ממך שאני מלתי בן י"ג שנה וסבלתי את הצער ואתה מלת בן ח' ימים ולא ידעת בצער, אפילו אביך היה שוחטך לא היית יודע; אלו היית בן י"ג שנה לא היית מקבל הצער.

אמר לו יצחק אין זה דבר. אילו היה אומר הקדוש ברוך לאבי שחוט את יצחק בנך לא הייתי מעכב, מיד קפץ עליו הדבר שנאמר ויהי אחר הדברים וגו' (עיין במדרש תנחומא פרשת וירא). ולפי זה מתורץ פשוט למה לא כתוב והאלקים נסה את יצחק מפני שיצחק

él [Isaac] había previamente dicho que él estaba preparado para ser degollado por la santidad del Nombre. Por lo tanto, está escrito que el Creador "probó a Abraham".

Después de esto, está escrito: "Y Abraham dijo a sus mocitos: '... Y yo y el muchacho iremos hasta (*coh*)'" (Génesis 22:5-8), seguido por: "Y Abraham dijo: 'El Creador proveerá el cordero para el sacrificio ardiente, hijo mío', y caminaron juntos" (ibid.). Hay una alusión aquí [al hecho] que en tanto haya unión y autosacrificio, seremos exitosos, como está explicado por las palabras: "y caminaron juntos", significando: con un propósito y una intención.

Esta [unión y autosacrificio] está indicada por la palabra "*coh*", que es numéricamente equivalente al número de las letras en [el versículo en hebreo] "*Shemá Yisrael...*" (¡Escucha Israel!). Y lo mismo es lo que se dijo a Bilaam: "Y así (*coh*) hablarás (y *coh* hablará)": que la unión y el autosacrificio que Israel tendría hablarán siempre bien de nosotros. Además, en la Separación del Mar Rojo, el Creador dijo a Moisés: "Habla a los hijos de Israel, que sigan adelante" (Éxodo 14:15), significando que deben mostrar autosacrificio.

De manera similar, hoy [durante la Guerra de los Seis Días], cuando los jóvenes de Israel fueron juntos en completa unión para ofrecerse para la santificación de Israel con verdadero autosacrificio, entraron en un mar de fuego, en el campamento de Egipto, y así sucesivamente. Entonces el Creador realizó un milagro para nosotros, y merecimos lo que ninguna otra generación ha merecido porque la oportunidad para el verdadero autosacrificio no fue dada [en el pasado] como [lo fue] en el presente [durante esta guerra].

Lee cuidadosamente lo que fue dicho y dime si ellas [mis palabras] son claras porque tenía que ser breve.

כבר אמר מקודם שהוא מוכן להשחט על קדושת השם, ולכן כתוב נסה את אברהם.

ואחר כך כתוב ויאמר אברהם נעריו וגו' ואני והנער נלכה עד "כה" ואחר כך כתוב ויאמר אברהם אלקים יראה לו השה לעולה בני וילכו שניהם יחדיו. פה הרמז שבעת שיש אחדות ומסירות נפש אנו מצליחים, כפי שפירשו על מה שנאמר וילכו שניהם יחדיו ברצון אחד ובכונה אחת.

וזה מרומז במלת "כה" שעולה כמנין האותיות שיש ב"שמע ישראל הוי"ה אלקינו הוי"ה אחד", וכן נאמר לבלעם: "וכה תדבר", שהאחדות והמסירות נפש שיהיה לבני ישראל היא תדבר תמיד לנו טוב, וכן היה בקריעת ים סוף, שה' אמר למשה דבר אל בני ישראל ויסעו, כלומר, שיגלו מסירות נפש.

וכן כהיום שבחורי ישראל הלכו יחד באחדות גמורה למסור את עצמם על קדושתו של ישראל במסירות נפש של ממש, נכנסו לתוך ים של אש לתוך המחנה של מצרים וכדומה, אז הקדוש ברוך הוא עשה לנו הנס הזה וזכינו למה שלא זכו כל הדורות, כי לא ניתנה ההזדמנות לגלות מסירות נפש בפועל כמו היום.

עיין בהדברים ותאמר לי אם הם מובנים, כי קצרתי.

Espero oír y merecer buenas noticias.
Yehuda Tzvi

P.D. Por lo que fue dicho antes, puedes también entender lo que fue dicho de Pinjás: "Porque era celoso por su Creador, e hizo expiación por los hijos de Israel" (Números 25:13). Esto es porque Pinjás hizo lo que hizo con autosacrificio expresado en acción verdadera, y uno que realmente se autosacrifica trae expiación sobre todo Israel. Es por eso que está dicho que es un buen augurio ir a una ceremonia de circuncisión porque Elías, el Ángel del Pacto, está allí y podemos alcanzar expiación por nuestros pecados.

המצפה לשמוע ולהשמיע בשורות טובות.
יהודה צבי

ובנזכר לעיל תבין גם כן מה שנאמר בפנחס תחת אשר קנא לאלקיו ויכפר על בני ישראל, כי פנחס עשה מה שעשה במסירות נפש בפועל, ומי שמוסר עצמו בפועל ממש מביא כפרה לכל ישראל. ולכן אומרים שסגולה היא ללכת לברית מילה ששם אליהו מלאך הברית וזוכים לכפרת עוונת.

ויהי אחר הדברים וגו' (עיין במדרש תנחומא פרשת וירא) ולפי"ז מתורץ פשוט למה לא
כתוב והאלקים נסה את יצחק מפני שיצחק כבר אמר מקודם שהוא מוכן להשחט
על קדושת השם, ולכן כתוב נסה את אברהם, ואח"כ כתוב ויאמר אברהם אל נעריו וגו'
ואני והנער נלכה עד "כה" ואח"כ כתוב ויאמר אברהם אלקים יראה לו השה לעולה בני וילכו
שניהם יחדו, פה הרמז שבזכות שיש אחדות ומסירות נפש אנו מצליחים כפי שפירשו
על מה שנאמר וילכו שניהם יחדו ברצון אחד ובכונה אחת, וזה מרומז במלת "כה" שעולה
כמנין האותיות שיש בשמע ישראל הוי"ה אלקינו הוי"ה אחד, וכן נאמר לפרש"ך וכה
תדבר שהאחדות והמסירות נפש שיהי' לבני ישראל הוא תדבר תמיד לנו...
וכן הי' בקריעת ים סוף שה' אמר למשה דבר אל בני ישראל ויסעו כלומר שיגלו
מסירת נפש וכן נהוג שבחורי ישראל הלכו יחד באחדות גמורה למסור את עצמם
על קדושת ישראל באמונה ... לתוך ים של אש לתוך המחנה

Carta Treinta

Con ayuda del Creador
Tel Aviv, día doce del mes de *Shevat*, 5728
Shevat: iniciales de 'protege, bendice y purifícalos' [*Shamrem, Varjem, Taharem*].
11de febrero de 1968

¡Muchos saludos pacíficos, abundantes como el rocío y como una llovizna, y una abundancia de bendiciones y plenitud de alegría para mi amado, el amable entre los hombres, quien se adhiere a las paredes de mi corazón, un hombre que es amado Arriba y deseado Abajo, un hombre amable de entendimiento profundo en la *Torá* y de piedad, nuestro Maestro y Señor, Rav Shraga Féivel! ¡Que merezcas una vida larga y buena, Amén!

Después de haberte saludado con grande y fuerte y fiel amor, aquí estoy diciéndote que estoy bien, gracias al Creador.

He oído que estás muy preocupado porque las cosas no marchan apropiadamente. Mi opinión es que no te debes preocupar tanto acerca de los asuntos materiales, ya que no duran para siempre. Sería mejor si todo tu interés se concentra en asuntos de la *Torá*, la cual es eterna, y cumples lo que ya hemos dicho acerca del aspecto de: "He aquí que el Creador es mi salvación; yo confiaré y no temeré" (Isaías 12:2). La salvación del Creador está en el secreto del versículo: "La salvación pertenece al Creador" (Salmos 3:9). ¿Cuándo? "Tu bendición esté sobre Tu pueblo". Entonces alcanzarás las bendiciones del Creador aun en tus asuntos privados hasta que la gloria del Creador llene el mundo entero.

En espera de buenas noticias,
Yehuda Tzvi

מכתב ל׳

ב"ה

יום י"ב לחודש **ש**מרם **ב**רכם **ט**הרם שנת תשכ"ח

תל-אביב

שלומים מרובים כטל וכרביבים ושפע ברכות ושובע שמחות לכבוד אהובי חביב אדם הנצמד בקירות לבבי, אהוב למעלה ונחמד למטה, איש חמודות ורב תבונות בתורה ובחסידות מורינו ורבינו הרב שרגא פייביל שליט"א.

אחר דרישת שלומו הטוב באהבה עזה ונאמנה, הנני להודיעך משלומי תודה לה׳ יתברך.

שמעתי שהנך מודאג מאד שהדברים לא הולכים. לדעתי לא כדאי לדאוג כל כך על ענייני החומר שהרי אינם קיימים לנצח, ויותר טוב שכל דאגתך יהיה בענייני התורה שהיא עומדת לעד, ותקיים מה שאמרנו כבר בבחינת הנה א-ל ישועתי אבטח ולא אפחד, וישועת ה׳ היא בסוד הכתוב לה׳ הישועה, מתי - על עמך ברכתך סלה, ואז תזכה לברכת ה׳ גם בפרטית, עד שימלא כבוד ה׳ את כל הארץ.

המצפה לשמוע בשורות טובות

יהודה צבי

יום י"ב לחודש שמרת ברכת טהרת שנת תשכ"ח תל-אביב

שלומים מרובים בטל וכרביבים ושפע ברכות ושובע שמחות
לכבוד אהובי ה"ה הנכבד יקירות לבבי אהוב למעלה ונחמד למטה
איש חמודות ורב תבונות בתורה ובחסידות מוהרש"פ שליט"א
אחדשה"ט באהבה עזה ונאמנה. הנני להודיעך משלומי תלו"ח
שמעתי שהנך מודאג מאד שהדברים לא הולכים לדעתי לא כדאי לדאוג כ"כ
על עניני החומר שהם אינם קיימים לנצח יותר טוב שכל דאגתך
יהי' בעניני התורה שהיא עומדת לעד ותקיים מה שאמרו כבר בחכמות
הנה א-ל ישועתי אבטח ולא אפחד, ותשועת ה' היא בסו"פ לה' הישועה
ועל עמך ברכתך סלה ואז תזכה לברכת ה' גם בפרנסה עד שימלא
כבוד ה' את כל הארץ

המצפה לשמוע בשורות טובות
יהודה [signature]

Carta Treinta y Uno

Con ayuda del Creador
Fin del *Shabat*, porción de *Shekalim*[1]
Día 26 del mes de *Shevat*, 5728
25 de febrero de 1968

¡Abundancia de bendiciones y muchas alegrías al amable entre los hombres, "un valiente hombre de la vida y muchas hazañas", amado Arriba y querido Abajo; honor a su nombre, nuestro Maestro, Rav Shraga Féivel, que la Luz del Creador traiga vida sobre él, Amén!

Después de haberte saludado con amor fiel...
Estoy sorprendido porque no me dices nada acerca de lo que te está ocurriendo. Viendo que no te escribí nada acerca de la porción de *Shekalim*, te escribiré con relación a la porción de *Zajor*[2].

Está escrito: "Recuerda lo que Amalek[3] te hizo" (Deuteronomio 25:17). La palabra "te" parece redundante porque habría sido suficiente decir: "Recuerda lo que Amalek hizo". La palabra "te" insinúa el poder de la *klipá* (conciencia negativa) de Amalek, que es lo que trajo el Deseo de Recibir Solamente para Uno Mismo —sin ninguna chispa de compartir— al interior del cuerpo del público en general. Este [deseo egoísta] es lo opuesto de la santidad, que es particularmente acerca de compartir y dar placer al Hacedor de uno.

---

1 Lectura especial de la *Torá* (*Maftir*) leída tres semanas antes de la festividad de *Purim*.

2 Lectura especial de la Torá en el *Shabat* antes de *Purim*.

3 Nación bíblica, hostil a los israelitas.

מכתב ל"א

ב"ה
מוצאי שבת קודש פרשת שקלים תשכ"ח תל-אביב

שפע ברכות ורב שמחות לכבוד חביב אדם איש חי רב פעלים אהוב למעלה ונחמד למטה כבוד שמו מורינו הרב שרגא פייביל אור ה' עליו יחי'.

אחר דרישת שלומו הטוב באהבה נאמנה, אתפלא שאינך מודיע לי שום דבר מהנשמע אצלך. ולהיות שלא כתבתי לך שום חידוש לפרשת שקלים אכתוב לפרשת זכור.

כתוב זכור אשר עשה "לך" עמלק, לכאורה מלת לך מיותר כי די אם היה כתוב זכור אשר עשה עמלק, אלא במלת "לך" מרומז כל הכח של קליפת עמלק שהוא מזה שהחדיר את הקבלה לעצמו בתוך גופו של הכלל בלי שום ניצוצי השפעה, שזהו הלעומת וההיפך של הקדושה שהיא דוקא להשפיע ולעשות נחת רוח ליוצרו.

Esto te ayudará a entender el comentario de *Rashí* (Éxodo, 8:1) en la porción de *Jetro*[4]. *Rashí* dice: "¿Qué oyó él (Jetro) y vino? Oyó acerca de la partición del Mar Rojo y de la guerra con Amalek". ¿No era suficiente para él decir qué había oído, como dice el texto: "Y Jetro… oyó"? ¿Por qué la Torá añadió "y vino", y muchos otros detalles?

Esta [cuestión] será entendida de lo que los comentaristas han preguntado acerca del versículo: "Yo Soy el Creador tu Dios, Quien te sacó de la tierra de *Mitsráyim* [Egipto]" (Éxodo 20:2). [Los comentaristas preguntan:] ¿Por qué no fue escrito: "Yo, quien creó el cielo y la Tierra", lo que indicaría la exaltación del Creador mejor que [lo haría] el milagro del Éxodo y el abandono de *Mitsráyim* (Egipto)?

Ellos [los comentaristas] explican que nuestro conocimiento de la exaltación del Creador solo no conecta aún a Él con la humanidad. Si, por ejemplo, yo conozco a alguien que tiene muchos millones, ¿qué obtengo de esto? Yo lo estimo, pero nada más. Pero si este gran hombre desea estar conectado conmigo, hacer negocios conmigo, compartir su riqueza conmigo, entonces estoy atraído a él y me conecto con él. De aquí el versículo: "Yo Soy el Creador tu Dios, Quien te ha sacado de la tierra de Egipto" y estoy guardándote y deseo tu bienestar y placer. El versículo continúa para declarar: "fuera de la casa de esclavitud" del Faraón y de Egipto, significando que ustedes eran un esclavo de esclavos. Pero ahora: "No tendrás otro Dios, etc." (ibid 3).

Esta es la explicación aquí. Jetro oyó acerca de la Partición del Mar Rojo y la partida de de los hijos de Israel de Egipto y todavía no sentía que él debía venir [y unírseles]. Cuando oyó acerca de la exaltación del Creador, que Él puede realizar

4 La quinta porción del Libro de *Shemot* (Éxodo).

ובזה תבין פירוש רש"י בפרשת יתרו. אומר רש"י, מה שמועה שמע ובא קריעת ים סוף ומלחמת עמלק, דלא הוה לו לומר רק מה שמועה שמע כלשון הכתוב וישמע יתרו, למה הוסיף "ובא" ועוד הרבה דיוקים.

אלא זה יובן במה שהקשו המפרשים בפסוק אנכי ה' אלקיך אשר הוצאתיך מארץ מצרים, למה לא כתוב אנכי אשר בראתי שמים וארץ שזה מורה על רוממות השם יתברך יותר מהנס של יציאת מצרים.

ומתרצים שמזה שנדע רוממות ה' לבד עוד אין זה מתקשר עם האדם אם למשל אני יודע באדם שיש לו הרבה מליונים, מה יש לי מזה, אני מעריך אותו ולא יותר. אבל אם האדם הגדול הזה רוצה להתחבר עמי ולהתעסק עמי ולהשפיע לי מרכושו הגדול אז אני נמשך אליו ומתחבר עמו, לכן אמר הכתוב אנכי ה' אלקיך אשר הוצאתיך מארץ מצרים, ומשגיח עליך ורוצה בטובתך והנאתך. מבית עבדים לפרעה ולמצרים דהיינו עבד לעבדים, לכן כעת לא יהיה לך אלקים וכו'.

וזה הפירוש כאן יתרו שמע קריעת ים סוף ויציאת בני ישראל ממצרים ובכל זאת לא היה צריך לבוא, שמע את רוממות השם

milagros, pudo apreciar la grandeza [mientras todavía moraba] en su hogar. De modo que ¿por qué tenía él que venir?

Pero cuando oyó de la guerra con Amalek, que es "la guerra del Creador con Amalek de generación en generación" (Éxodo 17:16), [él vio la oportunidad] de arrancar este aspecto de "te". Esta es una guerra continua, que depende de un Despertar de Abajo, como está escrito: "Cuando Moisés levantaba sus manos Israel prevalecía, y cuando las bajaba, Amalek prevalecía" (ibid. 11), y no un Despertar de Arriba solamente, como con la Partición del Mar Rojo y el Éxodo de Egipto. Él [Jetro] "vino" por lo tanto a estudiar la *Torá* de la boca de Moisés concerniente a cómo derrotar a la *klipá* de Amalek.

Te deseo éxito,
Yehuda Tzvi

יתברך שיכול לעשות נסים היה יכול להעריך הרוממות בביתו ולמה לו לבוא,

אבל כששמע גם מלחמת עמלק שהוא מלחמה לה' בעמלק מדור דור לעקור את בחינת "לך", וזו היא מלחמה תמידית התלויה באתערותא דלתתא כמו שכתוב והיה כאשר ירים משה ידיו וגבר ישראל וכאשר יניח ידו וגבר עמלק ולא אתערותא דלעילא לבד כמו קריעת ים סוף ויציאת מצרים, לכן "בא" ללמוד תורה מפי משה איך להכניע את קליפת עמלק.

המאחל לך הצלחה
יהודה צבי

מוצש״ק פרשת ויקרא תשל״ח

תל-אביב

שפע ברכות ורב שמחות לכבוד ח״א אוהבי הרב הצדיק אהוב למעלה
ונחמד למטה כבוד שמו מוהר״ר שרגא פייוועל אור ה׳ עליו יחי׳

אחדשה״ט באהבה נאמנה. אתפלא שאינך מודיע לי שום דבר מהנעשה אצלך
ולבות שלא כתבתי לך שום חדוש לפרשת שקלים, אכתוב לפרשת זכור, כתוב זכור
אשר עשה ״לך״ עמלק לכאורה מלת לך מותר כי די אם הי׳ כתוב זכור אשר
עשה עמלק, אלא במלת ״לך״ מרומז כל הכח של קליפת עמלק שהוא מזה
שמבדיל את הקבלה לעצמו מתוך גופו של הכלל בלי שום נצוצי השפעה וזהו
הטומאת וההיפך של הקדושה שהיא דוקא להשפיע ולעשות נח״ר ליוצרו. ובזה
תבין פירש״י בפרשת יתרו, אומר רש״י מה שמועה שמע ובא קריעת ים סוף
ומלחמת עמלק, דלא הוה לי׳ לומר רק מה שמועה שמע כלשון הכתוב וישמע יתרו
למה הוסיף ״ובא״ וכו׳ הרבה דוקים. אלא זה יובן במה שהקשו המפרשים
בפסוק אנכי ה׳ אלקיך אשר הוצאתיך מארץ מצרים למה לא כתוב אנכי אשר
בראתי שמים וארץ שזה מורה על רוממות השי״ת יותר מהנס של יציאת מצרים
מתרצים שאף שגדול רוממות ה׳ לבד עוד אין זה מתקשר עם האדם לגמרי
אם אני יודע שאדם יש לו הרבה מליונים, מה יש לי מזה, אני מעריך אותו
ולא יותר, אבל אם האדם הגדול הזה רוצה להתחבר עמי ולהתעסק עמי ולהשפיע
לי מרכושו הגדול אז אני נמשך אליו ומתחבר עמו, לכן אמר הכתוב אנכי ה׳
אלקיך אשר הוצאתיך מארץ מצרים המשגיח עליך ורוצה בטובתך והנאתך, מבית
עבדים, לפרעה ולמצרים דהיינו עבד לעבדים, לכן כתוב לא יהי׳ לך אלקים וגו׳
וזה הפירוש כאן יתרו שמע קריעת ים סוף ויציאת בנ״י ממצרים ובכל זאת
לא הי׳ צריך לבוא לשמע את רוממות השי״ת שיכול לעשות נסים הי׳ יכול להעריך
הרוממות בביתו ולמה לו לבוא. אבל כששמע גם מלחמת עמלק שהיא מלחמה
לה׳ בעמלק מדור דור לעקור את בחינת ״לך״ וזו היא מלחמה תמידית התלוי׳
באתערותא דלתתא כמו שכתוב והיה כאשר ירים משה ידו וגבר ישראל וכאשר יניח
ידו וגבר עמלק ולא אתערותא דלעילא לבד כמו קריעת ים סוף ויציאת מצרים
לכן ״ובא״ ללמוד תורה מפי משה רע״ה להכניע את קליפת עמלק. המאחל לך הצלחה

יהודה צבי

Carta Treinta y dos

Con ayuda del Creador
Día 12 del mes de *Adar*, 5728
12 de marzo de 1968

¡Un *Purim* feliz y honor y todo lo mejor a él que es amado Arriba y querido Abajo, "un valiente hombre de la vida y muchas hazañas" (II Samuel, 23:20), nuestro Maestro y Señor, Rav Shraga Féivel; que merezcas una vida larga y buena, Amén!

Después de saludarte con amor fiel, mis mejores deseos y los mejores deseos de mi familia, que vivan, gracias al Creador para la vida y la paz.

Te escribiré acerca de los asuntos espirituales actuales como los oí citados en nombre de Rav Yisrael de Rozhin, un hombre justo de bendita memoria. Él explicó una pregunta acerca de lo que dijo el Rey Saúl al profeta Samuel: "He cumplido las palabras del Creador" (I Samuel 15:13). ¿¡Cómo pudo Saúl, quien estaba por sobre la demás gente, decir una cosa que él sabía no era verdad!? Después de todo, había dejado vivo a Agag [rey de Amalek]. ¿Cómo pudo decir: "He cumplido las palabras del Creador"? El mandamiento del Creador era no dejar vivo ni siquiera un [solo remanente o] resto de Amalek.

Él [Rav Yisrael] explicaba que Saúl era un profeta antes de volverse rey, como está dicho: "¿Es Saúl también uno de los profetas?" (I Samuel 10:11 y 19:24). En su profecía él, [Saúl] predijo que el milagro de *Purim* estaba destinado a tener lugar en el futuro a través de Mordejái y Ester. También vio el linaje del malvado Hamán, quien era un descendiente de Agag. De esto él dijo: "He cumplido las palabras del Creador", significando:

מכתב ל"ב

ב"ה

יום י"ב לחודש שבו נולד מושיען של ישראל תל-אביב (תשכ"ח)

פורים שמח וששון ויקר וכל טוב סלה לכבוד ב"א היקר אהוב למעלה ונחמד למטה איש חי רב פעלים מורינו ורבינו הרב שרגא פייביל שליט"א.

אחר דרישת שלומו הטוב באהבה נאמנה, משלומי ומשלום בני ביתי שיחיו תודה לה' יתברך החיים והשלום.

אכתוב לך בענינא דיומא, ושמעתי הדברים בשם הרוז'ינר זכר צדיק לברכה, שהקשה על שאול המלך שאמר לשמואל הנביא הקימותי את דבר ה' איך אמר שאול שהיה גדול משכמו ומעלה, דבר שידע בעצמו שזה לא נכון כי הרי השאיר את אגג חי, ואיך אמר הקימותי את דבר ה' הלא דבר ה' היה לא להשאיר שום זכר מעמלק.

ותירץ, שהיות ששאול קודם שזכה למלוכה היה נביא כמו שנאמר הגם שאול בנביאים, ובנבואה ראה שעתיד להיות נס פורים על ידי מרדכי ואסתר וראה גם את השושילתא של המן הרשע שיצא מן אגג על זה אמר הקימותי את דבר ה' מה שראיתי בנבואה את נס פורים, ולכן כדי שתקויים דבר ה' ובנין המקדש השארתי את אגג

"He visto en mi profecía el milagro de *Purim*, y por lo tanto, así puede ser cumplida la palabra del Creador y construido el Templo; he mantenido vivo a Agag de modo que Hamán pueda descender de él y todo lo que vi en mi profecía pueda ser realizado". Si esto es así, entonces, ¿por qué Samuel arrancó el reino de Saúl de él?

Samuel le dijo que los asuntos del reino suben directos a [el nivel de] *Kéter* (Corona), en tanto que los asuntos de la profecía ascienden solamente a [los niveles de] *Nétsaj* (Victoria) y *Hod* (Gloria), ya que es sabido que los profetas se nutren de *Nétsaj* y *Hod*. Por lo tanto, del nivel de *Kéter* (Corona), que es la Raíz, es siempre posible a través de la oración cambiar el comportamiento de la naturaleza. Es por esto que la libertad de elección fue otorgada. Por lo tanto, como rey, Saúl debió haber llevado a cabo la palabra del Creador exactamente como le fue dicha.

Hay un caso para apoyar esto del profeta Isaías, quien dijo a [el rey] Ezequías: "Morirás". Está escrito: "Entonces Ezequías volvió su cara hacia la pared, y oró al Creador" (Isaías 38:2), y 15 años fueron añadidos a su vida. Aquí vemos que aunque Isaías, como profeta, vio que [el rey] iba a morir, sin embargo Ezequías, como rey, alcanzó a través de su oración el cambio de la profecía. Por lo tanto, está escrito: "Entonces vino la palabra del Creador a Isaías, diciendo: 'Ve y di a Ezequías: Así dice el Creador, el Dios de David tu padre: 'He oído tu oración; He visto tus lágrimas. He aquí que añado a tus días 15 años''" (ibid. 4:5).

חי, שיצא ממנו המן ויקויים הכל כפי שראה בנבואתו. ואם כן קשה למה קרע לו שמואל את המלוכה.

אלא שמואל אמר לו שענין מלכות עולה עד הכתר, וענין הנבואה הוא רק עד נצח הוד כמו שידוע שיניקת הנביאים היא מנצח הוד, ולכן מבחינת הכתר שהיא השורש, אפשר תמיד על ידי תפלה לשנות את דרך הטבע ולכן ניתנה הבחירה. ולכן בתור מלך היה לו לקיים את דבר ה' כמו שאמר לו אז.

ויש ראיה לזה מישעיה הנביא שאמר לחזקיה בן מות אתה, כתוב ויסב חזקיה פניו אל הקיר ויתפלל אל ה' ונתוסף לו חמש עשרה שנה, הרי אנו רואים שהגם שישעיה בתור נביא ראה שהוא בן מות עם כל זה חזקיהו בתור מלך הגיע בתפילתו לשנות את הנבואה. כמו שנאמר ויהי דבר ה' אל ישעיהו לאמר הלוך ואמרת אל חזקיהו כה אמר ה' אלקי דוד אביך שמעתי את תפלתך ראיתי את דמעתך הנני יוסף על ימיך חמש עשרה שנה.

Espero verte pronto y que estemos felices juntos con amor acompañado de riqueza y alegría tanto física como espiritualmente, hasta que "la Tierra estará llena del conocimiento del Creador etc." (ibid. 11:9), rápidamente en nuestros días, Amén.

Yehuda Tzvi

המצפה לראותך בקרוב ולשמוח יחד באהבים מתוך עושר ואושר ברוחניות ובגשמיות, עד שתמלא הארץ דעה את ה' במהרה בימינו אמן.

יהודא צבי

[illegible]

ירים שמח ששון ויקר וכט"ס וכבוד [illegible] אוהבו ומגדולו

[illegible]

החיים והשלום. אכתוב רק בקיצור פה ושמעתי הדברים בשם

הרב [illegible] זצ"ל, שהקשה על שאול המלך שאמר לשמואל הנביא הקימותי

את דבר ה' איך אמר שאול שהוא גדול [illegible]

בעצמו שזה לא נכון כי הרי השאיר את אגג חי ואיך אמר

הקימותי את דבר ה' הוא דבר ה' לא להשאיר שום זכר מעמלק

ותירץ שהיות שאול קודם שזכה למלוכה ה' נביא כמ"ש הגם

שאול בנביאים ובנבואה ראה שעתיד להיות נס פורים

ע"י מרדכי ואסתר וראה גם את הישועה של המן הרשע

שיצא מן אגג על כן אמר הקימותי את דבר ה' מה שראיתי בנבואה

זה נס פורים ולכן כדי שיתקיים דבר ה' ובנין המקדש השארתי

את אגג חי שיצא ממנו המן ויקוים הכל כמו שראה בנבואתו.

[illegible] קשה למה קרע [illegible] שמואל את המלוכה, אלא שמואל אמר לו

שבנין מלכות עולה עד הכתר, ובנין הנבואה הוא רק עד

נצח הוד [illegible] הנביאים היא מנצח הוד [illegible]

הכתר [illegible] אפשר תמיד ע"י תפלה לשנות את דרך

הטבע [illegible] הבחירה ולכן בתור מלך היה לו לקיים את

[illegible]

Carta Treinta y Tres

Con ayuda del Creador
Tel Aviv, día 13 del mes de *Adar*, 5728
13 de marzo de 1968

¡Un *Purim* feliz, bendiciones y éxito y todo lo mejor para el amable entre los hombres, "un valiente hombre de la vida y muchas hazañas", nuestro Maestro, Rav Shraga Féivel, que viva con la Luz del Creador, Amén!

Después de saludarte con gran amor…
Debemos hablar ahora un poco acerca de asuntos espirituales actuales. Está escrito en la Escritura que *Yom Kipur* es llamado *Yom Kipurim*, significando: "como (*qui*) *Purim*". Uno debe entender esta alusión porque en *Purim*, el milagro [el recuerdo de] Amalek[1] ocurrió. También, *Yom Kipur* es un día de perdonar las iniquidades. Está escrito con relación a Amalek: "Recuerda lo que Amalek te hizo en el camino" (Deuteronomio 25:17). Por lo tanto, la Luz de absolución y perdón [en *Yom Kipur*] tiene el mismo efecto que "debes borrar el recuerdo de Amalek" (ibid. 19).

Si es así, ¿qué significa la letra *Caf*, que significa similitud, en la palabra *Kipurim*? ¿Y por qué es *Yom Kipur* un día de juicio, mientras que en *Purim*, se nos pide ser felices y beber más allá del [toda consciencia y] conocimiento[2]?

Debemos examinar profundamente este asunto. Los días de *Purim* son días de alegría debido a la erradicación de Amalek,

---

1 Amalek representa la energía destructiva de la duda. En *Purim*, Hamán, un descendiente de Agag, rey de Amalek, fue eliminado.

2 De acuerdo con el Tratado *Meguilá*, *7b*, uno debe beber en *Purim* hasta que no pueda decir la diferencia entre "Maldito sea Hamán" y "Bendito sea Mordejái".

מכתב ל"ג

ב"ה

י"ג אדר תשכ"ח תל-אביב

פורים שמח ברכה והצלחה וכל טוב לכבוד חביב אדם איש חי רב פעלים מורינו הרב שרגא פייביל אור ה' עליו יחי'.

אחר דרישת שלומו הטוב באהבה רבה, כעת נשוחח קצת בעניני דיומא. כתוב בספרים שיום כפור נקרא יום כפורים שהוא כמו פורים, ויש להבין הרמז הזה היות שבפורים הוא הנס של מחיית עמלק, וכן ביום כפורים הוא הזמן של מחילת עונות, ובעמלק כתוב זכור אשר עשה לך עמלק אשר קרך ולכן אור של סליחה ומחילה יש לו אותה הפעולה של תמחה זכר עמלק.

אם כן השאלה מהי כ' הדמיון כפורים ולמה ביום כפור הוא יום הדין, ובפורים מצוה להיות שמח ולבסומי עד דלא ידע.

אלא יש להעמיק קצת, כי ימי פורים הם ימי שמחה משום מחיית עמלק שהטיל ספקות באמונת ה', כמו שנאמר בספרים על הפסוק

quien elevó dudas acerca de la confianza en el Creador, como fue dicho en la Escritura con respecto al versículo: "La serpiente me engatusó (*hishiani*)" (Génesis 3:13). La palabra *hishiani* está compuesta de *haiesh* más *ein*, y en Éxodo 17:7-8, leemos que los israelitas dijeron: "¿Está (*haiesh*) el Creador entre nosotros, o no (*ein*)?" que es inmediatamente seguido por: "Entonces vino Amalek".

Está escrito en la Escritura que no hay alegría tal como esa del desvanecimiento de las dudas, que es por lo que hacemos una fiesta en *Purim* debido a que las dudas han sido borradas por medio de la eliminación de Amalek. "Y ordenaron, y tomaron sobre sí mismos" (Ester 9:27), significando que guardaron [los preceptos de la *Torá*] con amor lo que ya habían tomado sobre sí mismos [cuando la *Torá* fue revelada en el Monte Sinaí].

Esto sucede a través del milagro de *Purim*. En *Yom Kipur*, por otra parte, ganamos las Luces del perdón, la absolución y la expiación por medio de las cinco restricciones[3] y las cinco oraciones. Somos entonces inscritos en [el Libro de] la Vida, que es el secreto de la revelación de la Luz de *Jojmá* (Sabiduría) además del secreto de la Luz [que viene a través] de Mordejái, la cual brilla en *Purim*. Pero en *Yom Kipur*, aunque estamos sellados para la vida en el momento de *Neilá*[4] (sellado) aun el asunto no ha sido totalmente concluido porque la Luz de *Jojmá* (Sabiduría) no brilla sin *Jasadim* (Misericordia) y el tiempo de atraer *Jasadim* es durante los siete días de [la festividad de] *Sucot*.

---

3 Las cinco restricciones de *Yom Kipur* son: no comer y beber, no usar zapatos de cuero, no sexo, no lavarse o bañarse, no ungir el cuerpo con aceites o perfumes.

4 La última oración de *Yom Kipur*, justo antes de la puesta del Sol.

הנחש השיאני שהשיאני יש בו אותיות היש אין, כמו שכתוב שאמרו ישראל היש ה' בקרבנו אם אין ומיד ויבא עמלק.

והנה כתוב בספרים שאין שמחה כהתרת הספקות לכן עושים שמחה בפורים מפני שהותרו הספקות על ידי מחיית עמלק וקימו וקבלו, קימו מאהבה מה שקבלו כבר.

וזה נעשה בנס פורים, אבל ביום כפור אנו זוכים לאורות של סליחה ומחילה וכפרה על ידי החמשה עינויים וחמש התפלות ואנו נחתמים לחיים שהוא סוד גילוי אור החכמה והוא סוד הארת מרדכי שמאירה בפורים, אלא שביום כפורים הגם שאנו נחתמים לחיים בעת נעילה אמנם עוד לא נגמר הדבר בשלימות כי אור החכמה אינו מאיר בלי חסדים, וזמן המשכת החסדים הוא בז' ימי הסוכות.

En el día de *Hoshaná Rabá*[5], la envoltura final de la iluminación de *Jojmá* en *Jasadim* tiene lugar y entonces es finalizado el sellado para la vida de *Yom Kipur*. Es por eso que *Hoshaná Rabá* es considerado el día de la compleción de la entrega de los veredictos [de vida o muerte] a los ángeles para su ejecución. Por lo tanto, el tiempo de nuestra alegría, que debió haber sido en *Yom Kipur*, está establecido para *Sucot*. Está por lo tanto escrito acerca de *Sucot* que [el escudo espiritual de los] las Nubes de Gloria protegían a los israelitas. Y quien no fue rechazado por las nubes no fue afectado por Amalek (*Rashi*, Deuteronomio 25:18).

Está muy claro ahora por qué *Yom Kipur* es *Kipurim* (lit. como *Purim*), ya que en *Purim* tuvo lugar el milagro de la revelación de las Luces de *Jojmá* (Sabiduría) y causó la erradicación de Amalek, dado que ellas [las Luces de *Jojmá*] estaban envueltas en *Jasadim* (Misericordias) en ese preciso día, como fue dicho: "Y Mordejái salió de la presencia del rey, y con una gran corona de oro" (Ester 8:15). "Corona de oro" es el secreto de *Jojmá*, y "gran" significa *Jasadim*, ya que "grande" es *jésed*. Este, sin embargo, no es el caso con *Yom Kipur*, donde el sello para lo mejor [en el Libro de la Vida] no está completamente concluido hasta la festividad de *Sucot*.

Estudia bien el asunto porque no tengo la fuerza para entrar en mayor detalle. Te deseo éxito en todo, y espero oír buenas noticias.
Yehuda Tzvi

---

5 *Hoshaná Rabá* literalmente significa "la gran salvación" y es el séptimo día de la festividad de *Sucot*.

וביום הושענא רבה נגמרה התלבשות הארת החכמה בחסדים, ואז נשלם החתימה לחיים של יום כפור, ועל כן נבחן יום הושענא רבה לגמר של מסירת פסקי הדין למלאכים להוציאם לפועל, ולכן זמן שמחתנו שצריך להיות ביום כפור נקבע לסוכות ולכן כתוב בסוכות שענני כבוד הגינו על ישראל ומי שלא פלטו הענן לא שלט בו עמלק.

ובזה מובן היטב למה יום כפור הוא כפורים, כי בפורים נעשה הנס של התגלות אורות החכמה וגרמו למחיית עמלק על ידי שנתלבשו בחסדים באותו היום ממש כמו שנאמר ומרדכי יצא מלפני המלך וגו' ועטרת זהב גדולה אשר עטרת זהב היא סוד חכמה, וגדולה היא סוד חסד הנקרא גדול, מה שאין כן ביום כפור אינו נגמר החתימה לטובה לגמרי עד חג הסוכות.

דוק בדברים כי אין לי כח להאריך יותר.
המאחל לך הצלחה בכל.
המצפה לשמוע בשורות טובות.
יהודא צבי

[illegible]

Carta Treinta y Cuatro

Con ayuda del Creador
Tel Aviv, día 25 del mes de *Tamuz*, 5728
21 de julio de 1968

¡Que sea como río de paz, fluyendo con las bendiciones del Creador sobre todas sus orillas; al agradable entre los hombres, muy compasivo y generoso en corazón y en espíritu, un hombre de sabiduría, nuestro Maestro, Rav Shraga Féivel, que merezcas una vida larga y buena, Amén!

Después de saludarte [con gran amor]...
Viendo que has tomado sobre ti la carga de la presidencia de la *Yeshivá* de *Kol Yehuda*[1], cuyo propósito es difundir las enseñanzas ocultas, a través de estudiantes regulares en la sala de la *Yeshivá* y por medio de publicar y distribuir los libros sagrados pertenecientes a esta sabiduría, he encontrado necesario escribirte del propósito de la *Yeshivá* y su fundamento en la santidad por más de 40 años.

La *Yeshivá* fue fundada[2] por un grupo de cinco o seis personas encabezadas por nuestro Maestro, el autor del *HaSulam*[3], Rav Yehuda Áshlag, un hombre justo de bendita memoria. Habíamos visto en ese tiempo que las enseñanzas de nuestra *Torá* Sagrada, que es la *Torá* de la Verdad y la *Torá* de la Vida, estaban siendo mal usadas para crear disensión. También vimos que las palabras de nuestros sabios, de bendita memoria, se volvían reales: "Si no son dignos, su *Torá* se vuelve para

---

1 El Centro de Kabbalah había sido fundado inicialmente como una academia espiritual llamada *Kol Yehuda*.

2 En 1922 en Jerusalén.

3 *La Escalera*, la traducción y comentario del *Zóhar*.

מכתב ל"ד

ב"ה

יום כ"ה תמוז תשכ"ח תל-אביב

יהי כנהר שלומותיו מלא ברכת ה' על כל גדותיו לכבוד חביב אדם רב רחומאי נדיב לב ורוח איש תבונות מורינו הרב שרגא פייביל שליט"א.

אחר דרישת שלומו הטוב, היות שקבלת עליך עול הנשיאות של ישיבת קול יהודה שמטרתה להפצת תורת הנסתר הן ע"י לומדים קבועים בהיכל הישיבה והן ע"י הוצאה לאור עולם הספרים הקדושים השייכים לחכמה זו והפצתם, מצאתי נחוץ לכתוב לך מטרת הישיבה ויסודתה בקודש זה המשך יותר מארבעים שנה.

הישיבה נוסדה אז על ידי קומץ של חמשה או ששה אנשים שבראשם עמד מרן בעל הסולם האר"י אשלג זכר צדיק לברכה. בראותינו אז איך שמנצלים את לימוד תורתינו הקדושה שהיא תורת אמת ותורת חיים למחלוקת, וראינו שמתקיים מאמר חכמינו זכרונם לברכה: לא זכו תורתם נעשה להם לסם המות (יומא דף ע"ב, עמוד ב'), אמרנו שהוא עת לעשות לה' משום שהפרו תורתו, וקמנו ויסדנו ישיבה בשם בית אולפנא לרבנים, עם הסכמות מגדולי הרבנים של דור הקודם:

ellos una poción mortal" (Yomá, 72b), así que decidimos que: "Este es tiempo para la acción para el Creador porque ellos han profanado (invalidado) Su *Torá*" (Salmos 119:126). Así que establecimos una *Yeshivá* con el nombre de *Beit Ulpená Le Rabanim* (Academia para Ravs), con el consentimiento de los más grandes Ravs de la generación previa: Rav Kook, un hombre justo de bendita memoria, y Rav Jayim Sonenfeld, un hombre justo de bendita memoria, junto con la aprobación de los más grandes Ravs en Polonia.

Nuestro único objetivo era educar a la juventud en la Ciudad Santa de Jerusalén, ¡que sea reconstruida y restablecida!, de acuerdo con lo que está escrito en el Nuevo[4] *Zóhar* (Cantar de los Cantares, 482) acerca de tres cosas, las cuales copio aquí para ti, "*Jojmatá deitsrij lei lebar nash lemindá jad vejulé…*", lo voy a escribir para ti en hebreo:

> La sabiduría que un hombre necesita saber es una [la primera cosa]: conocer y examinar el secreto de su Señor. Una es la sabiduría [segunda cosa]: conocerse a sí mismo, conocer quién es él, cómo fue creado, de dónde vino y a dónde va, y saber cómo el cuerpo es corregido y cómo presentarse en juicio ante el Rey de todo.
>
> Uno es [tercera cosa]: conocer e investigar en los secretos del alma, qué es ese [es el] *Néfesh* dentro [de una persona], de dónde vino esta y por qué entró en este cuerpo que está aquí hoy y en la tumba el día siguiente. Y uno es [la sabiduría, cuarta cosa]: examinar este mundo y conocer el mundo en el que uno vive, y cómo este mundo puede ser corregido. [Y luego uno debe mirar en los secretos celestiales del mundo celestial para conocer

---

4 Treinta años después de descubrir e imprimir el *Zóhar*, fueron descubiertas partes adicionales. Fueron llamadas "Nuevo *Zóhar*".

הרב קוק זכר צדיק לברכה, והרב רבי חיים זאנענפלד זכר צדיק לברכה, וכן קבלנו הסכמות מגדולי האדמור"ים שבפולין.

ומטרתינו היחידה היתה לחנך צעירים בעיר הקדושה ירושלים תבנה ותכונן על פי מה שכתוב בזהר חדש שיר השירים ג' דברים וזה לשונו (באות תפ"ב) "חכמתא דאצטריך ליה לבר נש למנדע חד וכו'." אכתוב לך לפי העברית;

החכמה שהאדם צריך לדעת אחת היא לדעת ולהסתכל בסוד אדונו. ואחת היא לדעת את עצמו, שידע מי הוא ואיך נברא ומאין הוא בא ולאן ילך, ותקון הגוף איך מתתקן ואיך הוא עתיד לבא בדין לפני מלך הכל.

ואחד הוא לדעת ולהסתכל בסודות הנשמה מה היא נפש שבו ומאין באה ועל מה היא באה בגוף הזה שהיום

a su Creador. Uno debe aprender todo aquello de los secretos de la *Torá*].

Con toda esta información, cuando empieza a estudiar seriamente, el estudiante no tiene ningún lugar en su mente para mirar más allá de sus alrededores inmediatos y preocuparse acerca de otros. Él no tiene tiempo para esto, y constantemente piensa cómo corregir y sanarse a sí mismo primero.

Nosotros apenas nos las arreglábamos para sostener el hogar de Rav Áshlag y su familia. Primero publicamos el libro *Ets Jayim* (El Árbol de la Vida) [por el *Arí*] con el comentario *Panim Meirot Umasbirot* ("Rostro Resplandeciente y Amable") [por Rav Áshlag] en cuatro volúmenes. Cuando vimos que este libro no nos dio lo que deseábamos —esto es: un camino y un orden [de estudio] para aquellos que desean entrar en el *Pardés*[5] (Huerto)— publicamos *Diez Emanaciones Luminosas* en 16 volúmenes[6]. La secuencia de estudio para aquellos que verdaderamente desean conocer esta Sabiduría puede ser encontrada en este último libro.

Sin embargo, dado que teníamos fondos limitados, sin embargo, no pudimos imprimir *Diez Emanaciones Luminosas*, sino solamente copiarlo en mimeógrafo. Ahora, con la ayuda del Creador, el sexto volumen está siendo publicado, lo cual hace todas las 16 partes de *Diez Emanaciones Luminosas*, impresas y encuadernadas apropiadamente. También tuvimos éxito al publicar el *Zóhar* con el comentario del *Sulam*, que esclarece las enseñanzas del *Zóhar* en su naturaleza verdadera, de modo

---

5 *Pardés* se refiere a los cuatro niveles de entender la *Torá*: *Peshat* (plano), *Remez* (pista), *Derash* (búsqueda) y *Sod* (secreto). El acrónimo de estas cuatro palabras crea la palabra hebrea *PaRDeS* (huerto).

6 16 libros de Rav Áshlag que contienen una explicación detallada de la descripción del *Arí* de la Creación.

כאן ומחר בקבר. ואחד הוא להסתכל בעולם הזה ולדעת העולם שהוא נמצא בו, ועל מה יתתקן העולם וכו'.

וכל אלו הידיעות אחר שמתחילים ללמדם ברצינות כבר אין ללומד זה מקום במוחו להסתכל מחוץ לד' אמותיו ולחשוב על אחרים כי אין לו זמן לזה וחושב תמיד איך לתקן ולרפאות את עצמו קודם.

ככה הצלחנו בקושי ובמסירות נפש להחזיק את בית הרב ואת משפחתו, והדפסנו בראשונה את ספר עץ החיים עם פנים מאירות ופנים מסבירות, ד' חלקים. ואחר שראינו שספר זה לא נותן לנו מה שרצינו, היינו שלמתחילים הרוצים ליכנס לפרדס יהיה להם דרך וסדר, הוצאנו לאור ספר תלמוד עשר הספירות ט"ז חלקים, ובו יש כבר מסודר סדר לימוד לאלה הרוצים באמת לדעת החכמה הזאת.

ומחמת שהיינו מצומצמים בכסף, לא היה בידינו האפשרות להדפיס את התלמוד עשר הספירות בדפוס, רק בסטנסיל. כעת תהלה ליתברך שמו יוצא לאור כרך הששי בדפוס שבזה יהיו כל הט"ז חלקים של תלמוד עשר הספירות מודפסים וכרוכים כראוי. גם הצלחנו להוציא לאור את ספר הזהר עם פירוש הסולם המבאר

que nada estará faltando y ellos [los lectores] simplemente necesitan sentarse y estudiar profundamente para entenderlo.

Yo también continúo con el libro de *Tikunéi Zóhar* (el libro de las correcciones del *Zóhar*), la primera parte del cual tú has tenido por mucho tiempo. También hemos tenido éxito, con ayuda del Creador, en publicar todos los 18 volúmenes de *Escritos del Arí*, de bendita memoria, con notas a pie de página y referencias. Ahora hemos de tratar con todo nuestro poder acabar de publicar los libros que necesitamos para formar grupos santos y levantar la bandera de la *Torá* para mantenernos en este aprendizaje sagrado como estudio unificador contra la fragmentación.

La *Torá* debe infundir el amor de Israel y ser un elixir unificador, un elixir de vida, como fue dicho: "Sus [de la *Torá*] caminos son los caminos de la amabilidad y todos Sus senderos son de paz" (Proverbios 3:17). Veremos entonces con nuestros propios ojos al Creador retornando a Zión y la construcción del baldaquín, y Él reinará sobre nosotros velozmente como nuestro Rey Celestial.

Te deseo éxito tanto en lo físico como en lo espiritual,
Yehuda Tzvi

את דברי הזהר בצביונם ומתארם, שלא חסר רק שישבו לעמק בו יש מקום להבינו.

כמו כן אני ממשיך בספר התקונים, אשר, החלק הראשון יש אצלך מזמן. וכן הצלחנו בעזרת השם להוציא לאור כמעט את כל כתבי רבינו האר"י ז"ל עם הגהות ומראה מקומות, וכעת צריכים להשתדל בכל עוז לגמור הדפסת הספרים ולעשות חברות קדושות להרים דגל התורה להחזיק בלימוד הקדוש הזה בתור לימוד מאחד נגד הפילוג.

התורה צריכה להחדיר אהבת ישראל ולהיות סם מלכד, סם חיים, כמו שנאמר דרכיה דרכי נועם וכל נתיבותיה שלום. ואז נראה עין בעין בשוב ה' את שיבת ציון, ובנין אפריון, וימלוך עלינו במהרה מלך עליון.

המאחל להצלחתך ברוחניות וגשמיות,
יהודה צבי.

הצלחנו בקושי ובמסירות נפש להחדיר את בית הרב ואת משפחתו והדפסנו בראשונה
את ספר עץ החיים עם פנים מאירות ופנים מסבירות ד' חלקים, ואחר שראינו שספר
זה לא נותן לנו מה שרצינו היינו שמתחילים הרוצים ליכנס לפרדס יהי' להם
דרך וסדר, הוצאנו לאור ספר תלמוד עשר הספירות ט"ז חלקים ובו יש כבר מסודר
סדר לימוד לאלה הרוצים באמת לדעת החכמה הזאת, ומחמת שהיינו מצומצמים
בכסף לא הי' בידינו האפשרות להדפיס את התע"ס בדפוס רק בסטנסיל כעת
תהלה לית"ש יצא לאור כרך השני בדפוס שבזה יהיו כל ט"ז החלקים של תע"ס
מודפסים וכרוכים כראוי. גם הצלחנו להוציא לאור את ספר הזהר
עם פירוש הסולם המבאר את דברי הזהר בדבקות ובתארים שלא חסר

Carta Treinta y Cinco

Con ayuda del Creador
Tel Aviv, viernes, víspera de *Shabat*
Día 15 del mes de *Menajem Av*, 5728
9 de agosto de 1968

¡Muchos saludos como el rocío y como un chaparrón, al honorable amado entre los hombres, un hombre de sabiduría, cuyas manos están llenas de la *Torá* y piedad, nuestro Maestro, Rav Shraga Féivel, que su vela brille como el resplandor de la Luz.

Después de saludarte con amor eterno...
Como continuación a nuestra conversación telefónica de esta mañana, deseo llenar algunos huecos con relación al llamamiento[1]. Sería bueno esperar otra semana; puedo para entonces tener algunas noticias con respecto al cambio de la *Yeshivá* a la Ciudad Vieja [de Jerusalén]. Las personas son sensibles [abiertas] a esto y, con ayuda del Creador, donarían generosamente. [Un representante de] La Biblioteca del Congreso, quien es cercano a la Embajada Estadounidense, me compró el libro *HaShmatot HaZóhar* (*Omisiones del Zóhar*) así como el tercero y cuarto volúmenes de los *Escritos del Arí*, de bendita memoria, y también: *Diez Emanaciones Luminosas*, Parte 5. Querían la versión en inglés de *Diez Emanaciones Luminosas*, de manera que les di tu domicilio en Brooklyn. Dijeron que la Biblioteca en Washington compra 25 copias de cada nuevo libro. Parece que la biblioteca tiene el resto de

---

1 Una carta que Rav Brandwein escribió, urgiendo a todos a estudiar el *Zóhar* y la sabiduría de la Kabbalah.

מכתב ל"ה

ב"ה

יום ו' ערב שבת קודש ט"ו אב תשכ"ח תל-אביב

שלומים מרובים כטל וכרביבים אל כבוד חביב אדם איש תבונות, ידיו רב לו בתורה ובחסידות, מורינו הרב שרגא פייביל נרו יאיר כאור הבהיר.

אחר דרישת שלומו הטוב באהבת נצח. הנה אחר השיחה הטלפונית של הבוקר הנני בא למלאות קצת בענין הקול קורא, כדאי לחכות עוד שבוע אולי תהיה לי משהו חדשות בענין העברת הישיבה לעיר העתיקה ולזה אנשים הם רגישים וינדבו בעין יפה בעזרת השם. מספריות קונגרס ליד השגרירות האמריקאית קנה אצלי ספר ההשמטות על הזהר וכרך ג' וד' מכתבי האר"י ז"ל ותלמוד עשר הספירות חלק ה', רצה גם תלמוד עשר הספירות באנגלית, נתתי לו את הכתבת שלך בברוקלין ואמר שהספריה שלהם בוואשינגטון

los libros [que hemos publicado] y por lo tanto, solamente piden estos libros.

Me gustaría escribir palabras de la *Torá* con respecto a la porción semanal de *Vaetjanán*[2] acerca de los Diez Mandamientos así como [palabras de la *Torá*] con respecto a la porción de *Reé*[3]. Con referencia al versículo: "He aquí que Yo estoy poniendo ante ustedes en este día una bendición" (Deuteronomio 11:26), *Baal Haturim*[4] dice: "He aquí [es el mismo 'Yo estoy'] de los Diez Mandamientos". Debemos entender lo que está insinuado aquí.

Debe ser dicho que hay preguntas que los comentaristas hacen acerca de lo que está escrito: (Tratado *Kidushín*, 39): "La recompensa de un precepto está en el Mundo Siguiente". ¿Por qué es así? ¿No está escrito: "En su día, le darás su dinero" (Deuteronomio 24:15)? Y si no, entonces uno transgrede el precepto de: "Este [su dinero] no debe permanecer contigo toda la noche" (Levítico 19:13). Ellos explican que la transgresión de "no permanecerá contigo toda la noche" viene al caso solamente cuando el empleador mismo hace la contratación.

Pero si la contratación es hecha a través de un representante, entonces la prohibición no es relevante. Ahora: la *Torá* fue entregada a través de un representante, quien es Moisés. Siendo eso así, entonces la prohibición de "no permanecerá contigo toda la noche" no se aplica. Pero con respecto a: "Yo estoy..." y "No tendrás otro dios", la *Guemará*[5] afirma que los oímos de la boca del Creador. Por lo tanto, en "Yo estoy" de los Diez Mandamientos, el Creador está dando la bendición hoy [esto

---

2 La segunda porción del Libro de *Devarim* (Deuteronomio).

3 La cuarta porción del Libro de *Devarim* (Deuteronomio).

4 Un comentario sobre la *Torá* escrito por Rav Jacob ben Asher, España, siglo XIV.

5 Interpretaciones de la *Mishná*, la principal obra de leyes espirituales, que fue escrita entre 200 y 700 EC.

קונה עשרים וחמשה ספרים מכל ספר חדש ואמר שכנראה שיתר הספרים נמצאים אצלם ולכן איננו דורש רק הספרים הנ"ל.

כעת אכתוב לך דבר תורה בפרשת השבוע עשרת הדברות, ובפרשת ראה. כתוב בבעל הטורים, ראה אנכי נותן לכם היום ברכה, כותב הבעל הטורים - ראה אנכי של עשרת הדברות. ויש להבין מה הרמז בזה.

ויש לומר שהמפרשים מקשים על מה שכתוב שכר מצוה בהאי עלמא ליכא, למה, הלא כתוב ביומו תתן שכרו, ואם לא, עוברים על לא תלין, ומתרצים, דזה שעוברים על לא תלין הוא רק בעת שבעל הבית בעצמו שכר את הפועל.

אבל אם שכר על ידי שליח לא שייך האיסור של לא תלין, והתורה ניתנה על ידי שליח שהוא משה רבינו, אם כן לא חל האיסור של לא תלין; אבל על אנכי ולא יהיה לך כתוב בגמרא שמפי הגבורה

es: "en este día"] porque Él está cumpliendo [el precepto] de: "En su día, le darás su dinero".

Yo expliqué la semana pasada en la porción de *Devarim*[6] [que en] lo que está escrito: "He aquí que ustedes son en este día como las estrellas en el cielo en multitud" (Deuteronomio 1:10), las palabras "en multitud" parecen ser redundantes, ya que habría sido suficiente decir: "Ustedes son en este día como las estrellas en el cielo", de acuerdo con el siguiente versículo que dice: "El Creador, el Dios de sus padres, añadirá sobre ustedes mil veces cuantos son ahora, y los bendice, como Él lo ha prometido a ustedes" (ibid. 11).

Esto debe ser entendido. Si el Creador había dicho que Él los [a los israelitas] bendeciría, entonces, ¿por qué necesita Moisés bendecirlos también? *Rashí* dice que los israelitas dijeron a Moisés: "Estás limitando nuestra bendición", a lo cual Moisés respondió: "Esto es de mí, y el Creador te bendecirá como Él te lo habló, [estos es:] sin límites". Pero aún así, la esencia del asunto es difícil porque si está la bendición del Creador, entonces, ¿quién necesita una bendición de Moisés?

La explicación es que la bendición del Creador existe solamente cuando hay unión y cuando hay una Vasija que pueda contener esta bendición. Nuestros sabios, de bendita memoria, dijeron que el Creador no encontró otra Vasija que contenga las bendiciones para Israel más que la paz. Por lo tanto, Moisés les dijo: "Yo bendigo de mi lado de acuerdo con el estado presente de ustedes, aunque no hay paz ni unión entre ustedes. El Creador los bendecirá como Él se los dijo". Está escrito acerca de las estrellas que hay paz entre ellas y que se respetan una a la otra. Es por eso que el versículo dice: "He aquí que ustedes son en este día como las estrellas en el cielo en multitud",

---

6 La primera porción del Libro de *Devarim* (Deuteronomio).

שמענו, ולכן באנכי של עשרת הדברות הקדוש ברוך הוא נותן הברכה היום משום שהוא מקיים ביומו תתן שכרו.

בשבוע שעבר, פרשת דברים, אמרתי לפרש מה שכתוב והנכם היום ככוכבי השמים לרוב, שלכאורה מלת לרוב מיותרת ומספיק לומר והנכם היום ככוכבי השמים, על פי הפסוק השני שכתוב ה' אלקי אבותיכם יוסף עליכם ככם אלף פעמים ויברך אתכם כאשר דבר לכם.

יש להבין: אם אמר שהקדוש ברוך הוא יברך אותם למה היה צריך שהוא יברכם, רש"י אומר שישראל אמרו למשה קצבה אתה נותן בברכתינו ומשה אמר להם זה משלי וה' יברך אתכם כאשר דבר לכם בלי קצבה. אבל אעיקר הענין קשה, אם יש ברכת ה' למה צריכים לברכתו של משה.

התירוץ הוא כי ברכת השם יתברך אינה חלה רק כשיש אחדות ויש הכלי המחזיק את הברכה, כמו שאמרו חז"ל לא מצא הקדוש ברוך הוא כלי מחזיק ברכה לישראל אלא השלום, זה שאמר להם משה אני מברך אתכם מצידי כפי המצב שהנכם היום אפילו כשאין שלום ואחדות ביניכם והקדוש ברוך הוא יברך אתכם כאשר דבר לכם. ואצל הכוכבים כתוב שיש שלום ביניהם וחולקים כבוד זה לזה, לזה כתוב והנכם היום ככוכבי השמים לרוב, רק ריבוי יש

[significando que] ustedes son similares a las estrellas solamente en su multitud, pero la unión y la paz todavía faltan; por lo tanto, no es correcto nada más decir: "como las estrellas".

El sexto volumen de *Diez Emanaciones Luminosas* ya está siendo encuadernado, y el impresor ya ha comenzado a linotipear la segunda parte de *Tikunéi HaZóhar* con *Maalot HaSulam*[7]. Yo empecé a escribir la parte tercera.

Ruego al Creador me permita completar el comentario para todo el *Tikunéi HaZóhar* porque las revelaciones son tremendas y [guardar] silencio es bueno para ellas. Te envío 10 juegos del *Zóhar*.

En espera de la salvación general inminente del Creador y de tu propia salvación, como está escrito: "La salvación viene del Creador" (Salmos 3:9). ¿Cuándo? Cuando "Tu bendición esté sobre Tu pueblo" (ibid.).

Yehuda Tzvi

---

7 *Los Peldaños de la Escalera*, el comentario sobre el *Zóhar* por Rav Brandwein.

לכם ככוכבים, אבל אחדות ושלום חסר עוד ולכן אי אפשר לכתוב ככוכבי השמים סתם.

ספר תלמוד עשר הספירות כרך ששי כבר נמצא אצל הכורך, וכבר התחיל המדפיס לסדר חלק ב׳ מספר התקונים עם פירוש מעלות הסולם, והתחלתי לכתוב את החלק השלישי.

והנני תפילה שהשם יתברך יתן לי גם לגמור את הפירוש על כל התיקונים, כי הגילויים הם נוראים והשתיקה יפה להם. הנני שולח לך עשר סטים זהר.

המצפה לישועת ה׳ הקרובה ולישועתך הפרטית וכמו שכתוב לה׳ הישועה, מתי - כשעל עמך ברכתך סלה.

יהודה צבי

[illegible]

[illegible]

שכרו, והבהוש שעבר פרשת דברים אמרתי לפרש מה שכתוב והנכם היום ככוכבי
השמים לרוב, שלכאורה מה ברוב אותיות ומספיק לומר והנכם היום ככוכבי השמים
עפ"י הפסוק השני שכתוב ה' אלקי אבותיכם יוסף עליכם ככם אלף פעמים ויברך
אתכם כאשר דבר לכם, שיש להבין אם אמר שהקב"ה יברך אותם למה היה צריך
שהוא יברכם רש"י אומר ישראל אמרו למשה קצבה אתה נותן בברכתנו ומשה
אמר להם זה משלי וה' יברך אתכם כאשר דיבר לכם בלי קצבה. אבל צריך
הענין קשר אם יש ברכת ה' למה צריכים לברכתו של משה. התירוץ
הוא כי ברכת השי"ת אינה חלה ריק בלי אחדות. ויש הכלי המחזיק
את הברכה. כמו שאמרו חז"ל לא מצא הקב"ה כלי מחזיק ברכה לישראל

Carta Treinta y Seis

Con ayuda del Creador
Tel Aviv, día 3 del mes de *Elul*, 5728
27 de agosto de 1968

¡Saludos y muchas bendiciones del Dios de las huestes al honorable amigo del Creador y al amante de Su *Torá*; la altura y profundidad de sus empresas está oculta de los ojos de todos, un honor para el Nombre de la Torá, nuestro Maestro, Rav Shraga Féivel; que merezcas una vida larga y buena, Amén!

Después de saludarte con gran amor y con amor eterno… He recibido dos cartas de fechas 24 y 27 de *Av*. Estamos agradecidos al Creador, vida y paz. Deseo una felicitación cordial para ti y [como siempre] oír buenas noticias de éxito y bendición, vida y paz de ti.

Harías bien en estudiar a profundidad el prólogo del *Zóhar* desde el párrafo 199 hasta el párrafo 202, y verdaderamente cumplir lo que está escrito allí. Entonces alcanzarás un estado de paz y tranquilidad. Te envío algunos artículos en los cuales los caminos del *Baal Shem Tov* están bien aclarados. Vale la pena estudiar los temas intensa y profundamente.

Yehoshúa Leví[1] me dio papel para [cubrir la impresión de] dos libros, a saber: *HaShmatot Ha Zóhar* (*Omisiones del Zóhar*) y el *Tikunéi Zóhar*, Parte 1. El costo [de la impresión] es de 1,000 dólares. No pedí papel para la segunda parte de *Tikunéi Zóhar* porque vi que él piensa que ya he pedido demasiado de él.

1 Secretario de la Histadrut (la unión de trabajadores israelí).

מכתב ל"ו

ב"ה
יום ג' אלול תשכ"ח תל-אביב

שלום ורב ברכות מאלקי המערכות אל כבוד ידיד ה' ואוהב תורתו מעין כל חי נעלמה רום ועומק נקודת פעילותו כבוד שם תורתו מורינו הרב שרגא פייביל שליט"א.

אחר דרישת שלומו הטוב באהבה רבה ואהבת נצח קבלתי ב' המכתבים מיום כ"ד אב וכ"ז אב, אתנו תודה לאל החיים והשלום כה לחי לשמוע ממך בשורת ההצלחה והברכה והחיים והשלום.

וכדאי מאד שתלמוד ותעמק בהקדמת ספר הזהר מן אות קצ"ט עד אות ר"ב, ותקבל עליך באמת לקיים מה שכתוב שם, ואז תזכה להיות במצב אחד של שלום ושלוה. והנני שולח לך גם כן כמה דפים שבהם מפורש דרך הבעל שם טוב הקדוש באר היטב וכדאי שתעיין היטב ותעמק בהדברים.

יהושע לוי כבר נתן לי נייר על שני ספרים, היינו על ספר ההשמטות ותיקוני זהר חלק ראשון זה גם כן עולה אלף דולר, וויתרתי לו על הנייר של תיקוני זהר חלק שני מחמת שראיתי שתפשתי מרובה לפי דעתו.

Con respecto al apartamento y la *Yeshivá* en la Ciudad Vieja [de Jerusalén], el asunto está progresando, aunque con dificultades. Cuando llegues a la Tierra Santa, discutiremos esto porque hay asuntos que son difíciles de resolver inmediatamente, y la gente se preocupa acerca del estado de seguridad de la patria.

Ahora te escribiré acerca de lo que he dicho acerca de la porción de *Ékev*[2]. "Por lo que sucederá, si ustedes oyen" (Deuteronomio 7:12) se relaciona con lo que está escrito: "Lo que sigue (*ékev*) a la humildad es el temor reverencial al Creador" (Proverbios 22:4) porque la humildad es el fundamento y el talón (*ékev*) de toda la construcción. Por lo tanto, uno que alcanza humildad puede oír cada precepto del Creador. Esto está basado sobre lo que está escrito en el *Zóhar Jadash* (*Zóhar Nuevo*) acerca de un versículo en la Biblia: "Sigue tu camino, siguiendo (*ékev*) los pasos del rebaño" (Cantar de los Cantares 1:8). Copiaré el *Zóhar Jadash* palabra por palabra y lee el párrafo 484.

> Ven y ve: Todo el que va a ese mundo[3] sin conocimiento de los secretos de la *Torá*, aun si tiene muchas acciones buenas, es sin embargo rechazado en todas las puertas de ese mundo. Sal y ve lo que está escrito: "Dime". El alma dice al Creador: "Dime los secretos de la sabiduría exaltada de cómo Tú pastoreas y conduces al interior de ese mundo celestial. ¡Enséñame los secretos de la sabiduría que yo no conocía ni aprendí hasta ahora, para que no esté avergonzado entre aquellos niveles con los que vine a estar porque yo no la he observado hasta ahora!".

---

2 La tercera porción del Libro de *Devarim* (Deuteronomio); *ekev* significa "seguir" o "como resultado de", pero también significa "talón".

3 El Mundo por Venir, vida después de la vida.

בנידון הדירה והישיבה בעיר העתיקה, מתנהלים הדברים ומתקדמים וישנם הרבה קושיים כשתבוא לארץ הקודש נדבר על זה כי יש כמה דברים שקשה להחליט עליהם מיד ויש גם חששות מבחינה בטחונית.

כעת אכתוב לך מה שאמרתי בפרשת עקב. והיה עקב תשמעון שרומז למה שכתוב עקב ענוה יראת ה', שענוה היא היסוד והעקב של כל הבנין ולכן מי שזכה לענוה יש לו שמיעה לכל מצות ה', והוא על פי מה שכתוב בזהר חדש שיר השירים על הכתוב צאי לך בעקבי הצאן (שיר השירים א', ח') ואעתיק מלה במלה עיין שם באות תפ"ד:

בוא וראה כל מי שהולך לעולם ההוא בלא ידיעת סודות התורה, אפילו יש בו הרבה מעשים טובים מוציאים אותו מכל השערים של העולם ההוא. צא וראה מה כתוב כאן הגידה לי, הנשמה אומרת להקדוש ברוך הוא אמור לי סודות החכמה העליונה, איך אתה רועה ומנהיג בעולם ההוא העליון, למד אותי סודות החכמה שלא ידעתי ולא למדתי עד הנה כדי שלא אהיה בבושה בין אלו המדרגות שאני באה ביניהן כי עד כאן לא הסתכלתי בהן.

> Ven y ve lo que está escrito: "Si no sabes, ¡la más hermosa entre las mujeres!" (Cantar de los Cantares 1:8). El Creador responde al alma: "Si has venido aquí y no has examinado la sabiduría antes de que vinieras aquí y no conoces los secretos del mundo celestial, entonces 'sigue tu camino'; no estás calificado para entrar aquí sin conocimiento". "Sigue adelante tu camino, siguiendo las huellas del rebaño". Esto significa que tienes que reencarnar una segunda vez en el mundo y debes familiarizarte con esas huellas del rebaño, quienes son personas que están pisoteadas por el tacón, a saber: aquellos a quienes los demás consideran como inferiores, pero quienes conocen los secretos celestiales de su Señor, y de quienes ellos deben aprender.

Sobre esto, el versículo declara: *VeHayá* (y sucederá). Este [*ékev* (siguiendo)] es una expresión de alegría, que significa salir y seguir las huellas (*ékev*) del rebaño alegremente. Entonces alcanzarás: "ustedes escucharán, etc.".

También expliqué dos ensayos de nuestros sabios, de bendita memoria, [que aparecen en] dos lugares en la *Mishná* y parece que se contradicen uno al otro. Una está en Tratado *Nedarim* (Promesas) 38a, y el otro de Tratado *Shabat*, 92a. Y el autor de *Masóret a HaShas*[4] siempre escribe en los márgenes; ve allí. Es importante arreglar esto [esta contradicción], y yo tomé esto sobre mí [hacerlo]. Sin embargo, de acuerdo con palabras del Santo *Zóhar* en la porción de *Jayéi Sará*[5] y la porción de *Shlaj Lejá*[6], no hay contradicción, y los asuntos son reconciliados y "estas [palabras] así como las otras son las palabras del Creador Viviente" (Tratado *Eruvín* 13b).

---

4 Libro de referencias en la *Mishná* y el *Talmud*.
5 La quinta porción del Libro de *Bereshit* (Génesis).
6 La cuarta porción del Libro de *Bamidbar* (Números).

בוא וראה מה כתוב אם לא תדעי לך היפה בנשים, הקדוש ברוך הוא משיב לנשמה אם את באה ולא הסתכלת בחכמה מטרם שבאת לכאן, ואינך יודעת את סודות העולם העליון, צאי לך אין את ראויה לכנוס לכאן בלי ידיעה, צאי לך בעקבי הצאן היינו שתתגלגלי פעם שניה לעולם ותהיי יודעת בעקבי הצאן האלו שהם בני אדם שהאנשים דשים אותם בעקב, דהיינו שמחזיקים אותם לשפלים והם יודעים הסודות העליונים של אדונם ומהם תלמדי.

ועל זה נאמר והיה, שהוא לשון שמחה. עקב, לצאת בעקבי הצאן בשמחה. - אז זוכים לתשמעון וגו'.

וכן תירצתי שני מאמרי חכמינו זכרונם לברכה שנראים כסותרים זה את זה משני מקומות בש"ס, א' במסכת נדרים דף ל"ח ע"א וא' במסכת שבת דף צ"ב ע"א. ובעל מסורת הש"ס כותב בצד בכל מקום עיין שם ומצוה ליישב ולקחתי המצוה לי, ועל פי דברי הזהר הקדוש בפרשת חיי שרה ובפרשת שלח הדברים מיושבים ואין סתירה ואלו ואלו דברי אלקים חיים.

En la *Guemará* (*Talmud*), Tratado *Nedarim* 38, está escrito: "Rav Yojanán dijo: 'El Creador solamente asienta Su *Shejiná* sobre uno que es poderoso, sabio, rico y humilde, y todos esos [rasgos] le vienen bien a Moisés'". Pero en Tratado *Shabat* está escrito: "¿Por qué Moisés? Es diferente de lo que *Mar*[7] ha dicho: que la Santa *Shejiná* solamente se asienta sobre uno que es poderoso, sabio y rico, y de elevada estatura". Ahora: 'uno que es humilde' y 'uno que es de gran estatura' son dos cosas contradictorias, de modo que parece que las dos afirmaciones se contradicen una a la otra.

Está escrito en el *Zóhar*: "El que es mínimo, es grande" (*Jayéi Sará*, 21). Esto está probado por el versículo: "Y Sará vivió cien año y veinte año y siete años" (Génesis 23:1). Cuando cien, que es el más numeroso es mencionado, está [el tiempo] escrito "año", [esto es] en singular. Pero cuando llega a siete, que es el número más pequeño, está escrito "años", en plural (Revisa *Zóhar, Shlaj Lejá*, párrafo 210). Así vemos de esto que no hay contradicción porque "grande" también significa uno con elevada estatura; de manera similar "mínimo" significa humilde, y este [humilde y de alta estatura] es todo lo mismo. Por lo tanto, uno que tiene una gran posición es humilde.

Concluyo con una bendición y la esperanza de verte pronto. "Que haya deseo delante de Ti que Tú mores (*Tishréi*[8])" y que seas bendecido con todo lo mejor.

Yehuda Tzvi

---

7 *Mar*, un título como Señor.

8 Rav Brandwein alude al mes anterior a *Tishréi*, que es el mes de *Elul*.

בגמרא נדרים ל"ח כתוב אמר רבי יוחנן אין הקדוש ברוך הוא משרה שכינתו אלא על גבור חכם ועשיר ועניו וכולם במשה. ובמסכת שבת כתוב דילמא משה שאני דאמר מר אין השכינה שורה אלא על חכם גבור ועשיר ובעל קומה, ולפום ריהטא עניו ובעל קומה הם שני דברים הפוכים, ונראה שני המאמרים כסותרים זה את זה.

ובזהר כתוב מאן דאיהו זעיר איהו רב, ומביא ראיה מהפסוק ויהיו חיי שרה מאה שנה ועשרים שנה ושבע שנים, שאצל מאה שהוא רב כתוב שנה לשון יחיד. ואצל שבע שהוא זעיר כתוב שנים לשון רבים (עיין זהר שלח לך אות ר"י) ולפי זה אין סתירה כי רב פירושו בעל קומה. וזעיר פירושו עניו והיינו הך. מאן דאיהו בעל קומה איהו עניו.

החותם בברכה ומצפה לראותך בקרוב ויהא רעוא קמא דתשרי שתתברך בכל מלי דמיטב.

יהודה צבי

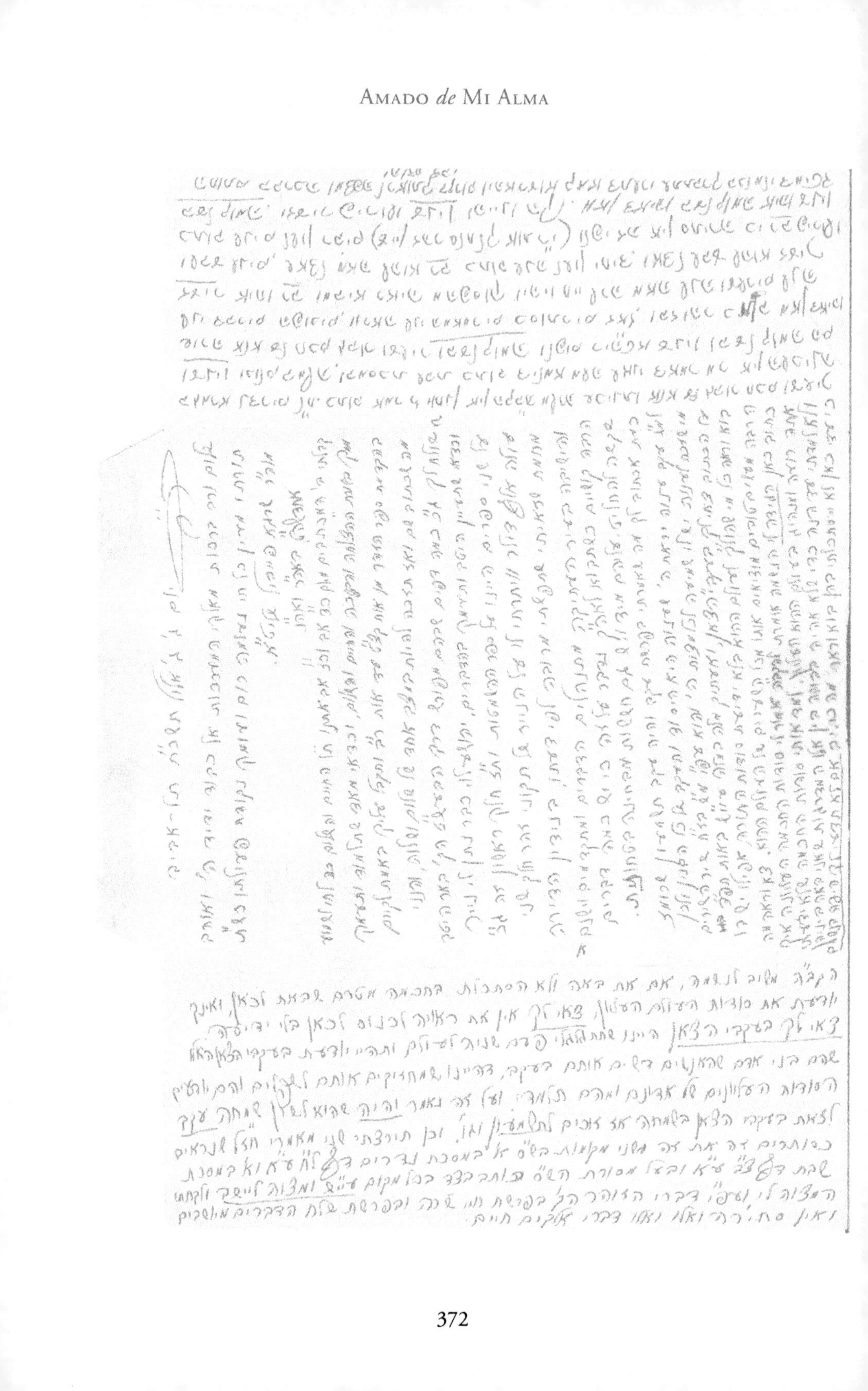

Carta Treinta y Siete

Con ayuda del Creador
Día 12 del mes de *Adar*, 5729
2 de marzo de 1969

Aquí en la Ciudad Santa de Jerusalén, que sea construida y establecida rápidamente en nuestros días, Amén.

¡Un *Purim* feliz, Luz, agrado, alegría y honor para el amable entre los hombres, maravilloso y tremendo, nuestro honorable Maestro, Rav Shraga Féivel, que merezcas una vida larga y buena, Amén!

Desde el día 7 de *Adar*[1], he permanecido dentro de la Ciudad Santa. Tuvimos un *minyán*[2] este *Shabat*, y para la Tercera Comida[3] tuvimos dos *minyán*. ¡Que el Creador permita que Su propósito prospere en nuestras manos para que podamos magnificar la *Torá* y hacerla gloriosa!

Te citaré ahora lo que dije en la Tercera Comida. Está escrito en la *Mishná* que la *Meguilá* (Rollo de Ester) se debe leer en [los días] 11, 12, 13, 14, y 15 [del mes de *Adar*], no menos y no más. Esta expresión "no menos y no más", necesita clarificación porque habría sido más apropiado decir: "no antes y no después".

De acuerdo con lo que explicaré, esta [esta expresión] debe simplemente ser dicha como está escrita —"no menos y no más"— porque es sabido que la Reina Ester es el secreto de la

---

1 La *hilulá* (aniversario de muerte) de Moisés.
2 Cuórum de diez hombres como mínimo, que representan a las Diez *Sefirot*.
3 Conexión espiritual en *Shabat* (día sábado) antes de la puesta del Sol, la Columna Central, por la paz mundial y la salud.

מכתב ל"ז

ב"ה
אור לי"ב אדר תשכ"ט

פה עיר הקודש ירושלים תבנה ותכונן במהרה בימינו אמן.

פורים שמח אורה ושמחה וששון ויקר, לכבוד חביב אדם מופלא ומופלג כבוד מורינו הרב שרגא פייביל שליט"א.

הנני נמצא מיום ז' אדר בתוככי עיר הקודש. בשבת זו היה מנין גדול, בשלש סעודות היו שני מנינים. - יתן ה' שחפצו בידינו יצליח ונזכה להגדיל תורה ולהאדירה.

כעת אעתיק לך מה שאמרתי בסעודה השלישית. כתוב במשנה מגילה נקראת בי"א בי"ב בי"ג בי"ד בט"ו לא פחות ולא יותר. הלשון לא פחות ולא יותר צריך ביאור, כי היה צריך לומר לא קודם ולא אחר כך.

ולפי שאבאר הוא פשוט שצריך לומר כמו שכתוב לא פחות ולא יותר, כי נודע שאסתר המלכה היא סוד השכינה הקדושה שיש לה ב' זמנים זמן של הסתרה היא נקראת אסתר, וזמן של אתגליא היא

Santa *Shejiná*, quien pasa a través de dos fases. En el tiempo del ocultamiento, ella es llamada Ester (lit. ocultamiento), pero en el tiempo de su revelación, ella es el secreto de la *Meguilat* ("rollo" y también "revelación" de) Ester. Es también conocido que el Sol y la Luna son el secreto del Creador y Su *Shejiná*, [la *Sefirá* de] *Zeir Anpín* (Rostro Pequeño) y [la *Sefirá* de] *Maljut* (Reino). Y así como la Luna no tiene ninguna otra Luz que la que recibe del Sol, así *Maljut* no tiene nada suyo excepto lo que ella recibe de *Zeir Anpín*, su Esposo.

Los 30 días del mes lunar son [equivalentes a] tres veces 10 [días] que esta (la Luna) recibe [energía] de las tres Columnas[4] de *Zeir Anpín*, donde cada Columna se compone de las Diez *Sefirot*. Los primeros 10 días del mes son el secreto de la Columna Derecha: *Jésed* (Misericordia) y *Nétsaj* (Victoria). Los últimos 10 días del mes son el secreto de la Columna Izquierda: *Guevurá* (Juicio) y *Hod* (Gloria). Y los 10 días de en medio son el secreto de la Columna Central: *Tiféret* (Esplendor) y *Yesod* (Fundamento).

Durante los primeros 10 días, esta [la Luna] empieza a crecer después de su renovación [como Luna Nueva], y se mantiene creciendo hasta el día 15 en que está llena, habiendo recibido [Luz] de las Diez *Sefirot* de la Columna Derecha más [las primeras] cinco *Sefirot* de la Columna Central. Dado que las Externas (fuerzas negativas) también reciben su sustento de la *Shejiná*, como en el secreto del versículo: "y Su reino gobierna sobre todos" (Salmos 103:19), cuando ven que esta [la Luna] ha llegado a su completo resplandor, inmediatamente se prenden de esta para llevarse su abundancia.

---

4 Tres canales espirituales de energía: La Columna Derecha como el polo positivo; la Columna Izquierda como el polo negativo; la Columna Central como el filamento.

סוד מגילת אסתר. ונודע ששמש ולבנה הוא סוד קודשא בריך הוא ושכינתיה, זעיר אנפין ומלכות. וכשם שהלבנה אין לה שום אור רק מה שהיא מקבלת מן השמש, כך המלכות לית לה מגרמה ולא מידי רק ממה שזעיר אנפין בעלה נותן לה.

ושלושים ימי החודש של הלבנה הם ג׳ פעמים עשר שהיא מקבלת מג׳ קוים של זעיר אנפין שבכל קו יש עשר ספירות, ועשרה ימים ראשונים של החודש הם סוד קו ימין חסד נצח, ועשרה ימים האחרונים הם סוד קו השמאל גבורה הוד. ועשרה ימים האמצעים הם סוד קו האמצעי תפארת יסוד.

והנה בעשרה ימים הראשונים היא מתחילה להתגדל לאחר חידושה, והולכת וגדלה עד יום ט״ו שאז הלבנה במילואה מחמת שקיבלה מעשר ספירות דימין ומחמש ספירות של הקו האמצעי. ולהיות שגם החצונים יש להם יניקה מן השכינה בסוד הכתוב ומלכותו בכל משלה, כשהם רואים שהיא במלוא הארתה מיד הם נאחזים בה לקחת שפעה.

Para evitar que ellas se lleven más de lo que necesitan para su supervivencia, la Luna finaliza su unión con *Zeir Anpín* [en el 15 del mes cuando empieza a menguar], y sigue menguando hasta el fin del mes cuando está completamente cubierta. Cuando las Externas ven que nada hay que pueda ser tomado de esta (la Luna), la dejan, y cuando la dejan, esta empieza a renovarse. Este es el secreto del ciclo lunar, que tiene 30 días. Esto continuará hasta el final de la Corrección [y la Redención Final] cuando "la noche brillará como el día" (Salmos 139:12) y "la Luz de la Luna será como la Luz del Sol" (Isaías 30:26).

Esto explica en términos sencillos por qué está escrito: "no menos y no más", porque la lectura de la *Meguilá* (Libro de Ester) significa que la Luna, que es el secreto de Ester, emerge de su ocultamiento y empieza a brillar abiertamente, como en el secreto de los versículos: "Ellos verán ojo a ojo" (ibid. 52:8) y "Pero tu maestro no se retirará más" (ibid. 30:20). Esto es posible cuando la Luna contiene las Diez *Sefirot* de la Columna Derecha, que son los primeros 10 días del mes, así como la iluminación de la *Sefirá* de *Kéter* (Corona) de la Columna Central. Este es el secreto del [día] 11 [del mes]. La *Meguilá* no puede ser leída con menos que eso, ya que la (Columna) Derecha sola es toda compartir de abajo hacia arriba sin ninguna revelación para nosotros.

Esta es la idea del Ocultamiento, como fue dicho por el sabio, Rav Elimélej[5], que su mérito nos proteja, quien dijo al joven que deseaba estudiar por el Creador solo, que el Cielo le dijo que ellos no necesitaban sus favores, etc.[6] Y la revelación solamente es posible desde el día 11 [del mes], cuando al menos una *Sefirá* de la Columna Central también brilla en ella, hasta el

---

5 Kabbalista Rav Elimélej de Lizhensk, Polonia, siglo XVIII.

6 Ver la historia completa en la Carta Trece.

וכדי שלא יקבלו ממנה יותר מכדי קיומם, הלבנה מפסיקה הזווג עם זעיר אנפין והולכת ומתמעטת עד סוף החודש שהיא מתכסה לגמרי, וכשהחצונים רואים שאין להם מה לינוק ממנה הם עוזבים אותה, וכשהחצונים עוזבים אותה היא הולכת ומתחדשת. - זהו סוד גלגל הלבנה שלושים יום, עד גמר התיקון שלילה כיום יאיר ואור הלבנה יאיר כאור החמה.

ובזה מובן בפשטות שלכן כתוב לא פחות ולא יותר, כי מגילה נקראת היא ענין שהלבנה שהיא סוד אסתר תצא מן ההסתר שלה ותתחיל להאיר בגלוי לעין כל בסוד הכתוב כי עין בעין יראו, ולא יכנף עוד מוריך, זה אפשר להיות כשיש בה העשר ספירות שהם העשרה ימים הראשונים מן קו הימין והארה של ספירת הכתר של הקו האמצעי שזה סוד י"א, ואז נקראת המגילה לא פחות מזה כי ימין לבד הוא כולו להשפיע ממטה למעלה בלי שום גילוי לנו.

וזה ענין של ההסתר, כפי שמסופר מזקננו הרבי רבי אלימלך זכותו יגן עלינו אמן שאמר להצעיר שרצה ללמוד בלתי לה' לבדו, שאמרו לו מן השמים מוחלים טובות, ומתי יש אפשרות להתגלות רק מי"א שתאיר בה לכל הפחות ספירה אחת גם מן הקו האמצעי, ולא יותר מט"ו מחמת החצונים שבאים לגזול את שפעה ולקבל

15 [del mes], no sea que los Externos vengan a privarla de su abundancia y reciban más de lo que ellos necesitan para su subsistencia. Por lo tanto, lo que está escrito: "no menos [que el 11] y no más [que el 15]" es preciso porque esto es la suma de las Luces que necesitan estar en la *Shejiná* [la Luna] así que esta [la *Meguilá*] pueda ser leída y pueda brillar abiertamente desde el 11 hasta el 15 [del mes].

Aquí concluyo con una bendición para que podamos merecer oír y decir buenas noticias, y que nos encontremos pronto cara a cara dentro de nuestra Ciudad Santa y veamos la bondad de Jerusalén con el regreso del Creador a Zión, Amén.

Si puedes, por favor, traer contigo una túnica negra para el verano que yo pueda usar durante la semana, eso sería bueno.

De mí, en espera de tu éxito tanto en lo espiritual como en lo físico,
Yehuda Tzvi

יותר ממה שמגיע להם לכדי קיומם, לכן כתוב לא פחות מי"א ולא יותר מט"ו במדוייק, שכך סכום הארות שצריכים להיות בהשכינה שתוכל להיות נקראת ולהאיר בגילוי מן י"א עד ט"ו.

הנני חותם בברכה שנזכה לשמוע ולהשמיע בשורות טובות, ושנתראה בקרוב פנים אל פנים בתוך עיר קודשנו ולראות בטוב ירושלים בשוב ה' ציון, אמן.

אם אתה יכול להביא חאלאט שחור לימי הקיץ שאלבישו בימות החול מה טוב.

מנאי המצפה להצלחתך ברוחניות ובגשמיות.
יהודה צבי

Más libros que pueden ayudarte a incorporar la sabiduría de la Kabbalah a tu vida

Los Secretos del Zóhar: Relatos y meditaciones para despertar el corazón
Por Rav Michael Berg

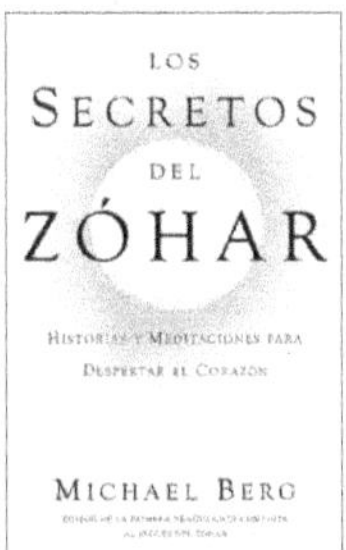

Los secretos del *Zóhar* son los secretos de la Biblia, trasmitidos como tradición oral y luego recopilados como un texto sagrado que permaneció oculto durante miles de años. Estos secretos nunca han sido revelados como en estas páginas, en las cuales se descifran los códigos ocultos tras las mejores historias de los antiguos sabios, y se ofrece una meditación especial para cada uno de ellos. En este libro, se presentan porciones enteras del *Zóhar* con su traducción al arameo y al inglés en columnas contiguas. Esto te permite escanear y leer el texto en voz alta para poder extraer toda la energía del *Zóhar*, y alcanzar la transformación espiritual. ¡Abre este libro y tu corazón a la Luz del *Zóhar*!

La Sabiduría de la Verdad: 12 Ensayos del Santo Kabbalista Rav Yehuda Áshlag
Por Rav Michael Berg

Rav Yehuda Áshlag, uno de los místicos más versados del siglo XX, es reverenciado por los estudiantes de Kabbalah aun en la actualidad debido a su habilidad especial para hacer inteligibles conceptos complejos. *La Sabiduría de la Verdad* contiene 12 ensayos de Rav Áshlag los cuales cubren todas las verdades básicas de la Kabbalah. Esta nueva traducción del hebreo original ha sido reeditada completamente por el erudito en temas de Kabbalah, Michael Berg, quien también ha proporcionado una introducción útil para la obra.

La Educación de un Kabbalista
Por Rav Berg

En estas memorias, Rav Berg expone el profundo vínculo entre maestro y estudiante, ilustrando un hermoso retrato de uno de los más grandes Kabbalistas de nuestra era: Rav Yehuda Tzvi Brandwein. Ambientado en Israel durante los turbulentos días anteriores y posteriores a la Guerra de los Seis Días, este libro recuenta el desarrollo de la relación especial entre Rav Berg y Rav Brandwein, y comparte las enseñanzas provenientes de dicha relación. En estas páginas percibimos la pasión de estos Kabbalistas por llevar la sabiduría ancestral de la Kabbalah al mundo contemporáneo. Este es el viaje espiritual que resultó en la transferencia del liderazgo del Centro de Kabbalah de parte de Rav Brandwein a manos de Rav Berg.

Astrología Kabbalística: Y el Significado de Nuestras Vidas
Por Rav Berg

La Kabbalah ofrece uno de los usos más antiguos de la astronomía y astrología conocidos por la humanidad. Más que un libro sobre horóscopos, *Astrología kabbalística* es una herramienta para entender la naturaleza del ser humano en su nivel más profundo, y poner ese conocimiento en práctica inmediatamente en el mundo real. Rav Berg explica por qué el destino no es lo mismo que la predestinación, explicando que tenemos muchos futuros posibles y que podemos ser los amos de nuestro porvenir. *Astrología kabbalística* revela los desafíos que hemos enfrentado en encarnaciones anteriores, y por qué y cómo tenemos que superarlos aún.

Dios usa lápiz labial
Por Karen Berg

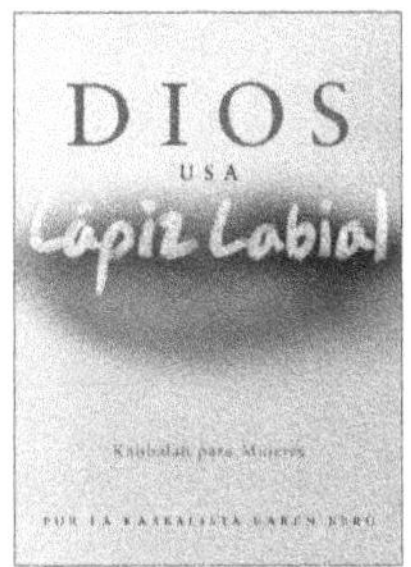

Este revolucionario y exitoso libro revela el poder que es innato en cada mujer. Desde una perspectiva kabbalística, Karen Berg explica el significado profundo de la vida y ofrece soluciones tangibles a los problemas que enfrentan las mujeres hoy en día. Karen indaga en el propósito espiritual de las relaciones –alcanzar nuestro potencial más elevado– y la mejor forma de enriquecer nuestra conexión con nuestro propio ser, nuestra pareja, nuestros hijos y Dios.

El Poder de la Kabbalah: Trece principios para superar desafíos y alcanzar la realización
De las enseñanzas de Rav Berg

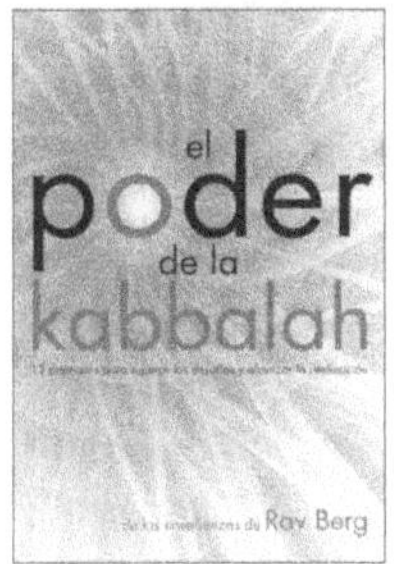

De acuerdo con la Kabbalah, todo lo que verdaderamente deseamos —amor, felicidad, paz mental, libertad, inspiración y respuestas— está disponible cuando conectamos con la Realidad del 99 Por Ciento. El problema está en que la mayoría de nosotros nos hemos desconectado inadvertidamente de esta dimensión. Imagina si pudiéramos tener acceso a esta fuente cada vez que queramos y de manera continua. Este texto fundamental incluye contenido nuevo y tiene respuestas más accesibles al momento de responder ante los desafíos de hoy en día. Los lectores descubrirán cómo pueden alinear sus acciones con su propósito más elevado, y se volverán conscientes de las posibilidades ilimitadas en sus propias vidas.

EL ZÓHAR

Creado hace más de 2.000 años, el *Zóhar* es un compendio de 23 volúmenes y un comentario sobre asuntos bíblicos y espirituales, escrito en forma de conversaciones entre maestros. Fue entregado por el Creador a la humanidad para traernos protección, para conectarnos con la Luz del Creador y, finalmente, cumplir nuestro derecho de nacimiento: transformarnos. El *Zóhar* es una herramienta efectiva para alcanzar nuestro propósito en la vida.

Hace más de ochenta años, cuando el Centro de Kabbalah fue fundado, el *Zóhar* había desaparecido virtualmente del mundo. Hoy en día, todo eso ha cambiado. A través de los esfuerzos editoriales de Michael Berg y El Centro de Kabbalah, el *Zóhar* está disponible en su arameo original y, por primera vez, en inglés y español con comentario.

Enseñamos Kabbalah, no como un estudio académico, sino como un camino para crear una vida mejor y un mundo mejor.

QUIÉNES SOMOS:

El Centro de Kabbalah es una organización sin fines de lucro que hace entendibles y relevantes los principios de la Kabbalah para la vida diaria. Los maestros del Centro de Kabbalah proveen a los estudiantes con herramientas espirituales basadas en principios kabbalísticos que los estudiantes pueden aplicar como crean conveniente para mejorar sus propias vidas y, al hacerlo, mejorar el mundo. El Centro fue fundado en el año 1922 y actualmente se expande por el mundo con presencia física en más de 40 ciudades, así como una extensa presencia en internet. Para conocer más, visita es.kabbalah.com.

QUÉ ENSEÑAMOS

Existen cinco principios centrales:

- **Compartir:** Compartir es el propósito de la vida y la única forma de verdaderamente recibir realización. Cuando los individuos comparten, se conectan con la fuerza energética que la Kabbalah llama Luz, la Fuente de Bondad Infinita, la Fuerza Divina, el Creador. Al compartir, uno puede vencer el ego, la fuerza de la negatividad.

- **Conocimiento y balance del Ego:** El ego es una voz interna que dirige a las personas para que sean egoístas, de mente cerrada, limitados, adictos, hirientes, irresponsables, negativos, iracundos y llenos de odio. El ego es una de las principales fuentes de problemas ya que nos permite creer que los demás están separados de nosotros. Es lo contrario a compartir y a la humildad. El ego también tiene un lado positivo, lo motiva a uno a tomar acciones. Depende de cada individuo escoger actuar para ellos mismos o considerar también el bienestar de otros. Es importante estar conscientes de nuestro ego y balancear lo positivo y lo negativo.

- **La existencia de las leyes espirituales:** Existen leyes espirituales en el universo que afectan la vida de las personas. Una de estas es la Ley de causa y efecto: lo que uno da es lo que uno recibe, o lo que sembramos es lo que cosechamos.

- **Todos somos uno:** Todo ser humano tiene dentro de sí una chispa del Creador que une a cada uno de nosotros a una totalidad. Este entendimiento nos muestra el precepto espiritual de que todo ser humano debe ser tratado con dignidad en todo momento, bajo cualquier circunstancia. Individualmente, cada uno es responsable de la guerra y la pobreza en todas partes en el mundo y los individuos no pueden disfrutar de la verdadera realización duradera mientras otros estén sufriendo.

- **Salir de nuestra zona de comodidad puede crear milagros:** Dejar la comodidad por el bien de ayudar a otros nos conecta con una dimensión espiritual que atrae Luz y positividad a nuestras vidas.

CÓMO ENSEÑAMOS

Cursos y clases. A diario, el Centro de Kabbalah se enfoca en una variedad de formas para ayudar a los estudiantes a aprender los principios kabbalísticos centrales. Por ejemplo, el Centro desarrolla cursos, clases, charlas en línea, libros y grabaciones. Los cursos en línea y las charlas son de suma importancia para los estudiantes ubicados alrededor del mundo quienes quieren estudiar Kabbalah pero no tienen acceso a un Centro de Kabbalah en sus comunidades.

Eventos. El Centro organiza y dirige una variedad de eventos y servicios espirituales semanales y mensuales en donde los estudiantes pueden participar en charlas, meditaciones y compartir una comida. Algunos eventos se llevan a cabo a través de videos en línea en vivo. El Centro organiza retiros espirituales y tours a sitios energéticos, los cuales son lugares que han sido tocados por grandes Kabbalistas. Por ejemplo, los tours se llevan a cabo en lugares en donde los kabbalistas pudieron haber estudiado o han sido enterrados, o en donde los textos antiguos como el *Zóhar* fueron escritos. Los eventos internacionales proveen a los estudiantes de todo el mundo la oportunidad de hacer conexiones con energías únicas disponibles en ciertas épocas del año. En estos eventos, los estudiantes se reúnen con otros estudiantes, comparten experiencias y construyen amistades.

Voluntariado. En el espíritu del principio Kabbalístico que enfatiza el compartir, el Centro provee un programa de voluntariado para que los estudiantes puedan participar en iniciativas caritativas, las cuales incluyen compartir la sabiduría de la Kabbalah a través de un programa de mentores. Cada año, cientos de voluntarios estudiantes organizan proyectos que benefician sus comunidades tales como alimentar a las personas sin hogar, limpiar playas y visitar pacientes de hospitales.

Uno para cada uno. El Centro de Kabbalah busca asegurar que cada estudiante sea apoyado en su estudio. Maestros y mentores son parte de la infraestructura educativa que está disponible para los estudiantes 24 horas al día, siete días a la semana. Cientos de maestros están disponibles a nivel mundial para los estudiantes así como programas de estudio para que continúen su desarrollo. Las clases se realizan en persona, vía telefónica, en grupos de estudio, a través de seminarios en línea, e incluso con estudios auto dirigidos en formato audio o en línea.

Programa de mentores. El programa de mentores del Centro provee a nuevos estudiantes con un mentor para ayudarlo a comprender mejor los principios y las enseñanzas kabbalísticas. Los mentores son estudiantes experimentados quienes están interesados en apoyar a nuevos estudiantes.

Publicaciones. Cada año, el Centro traduce y publica algunos de los más desafiantes textos para estudiantes avanzados incluyendo el *Zóhar*, los *Escritos del Arí*, y las *Diez Emanaciones Luminosas* con comentario. Extraído de estas fuentes, el Centro de Kabbalah publica libros anualmente en más de 30 idiomas y a la medida de estudiantes principiantes e intermedios, las publicaciones son distribuidas alrededor del mundo.

Proyecto *Zóhar*. el *Zóhar*, texto principal de la sabiduría kabbalística, es un comentario de temas bíblicos y espirituales, compuesto y compilado hace más de 2000 años y es considerado una fuente de Luz. Los kabbalistas creen que cuando es llevado a áreas de oscuridad y de agitación, el *Zóhar* puede crear cambios y traer mejoras. El Proyecto *Zóhar* del Centro de Kabbalah comparte el *Zóhar* en 30 países distribuyendo copias gratuitas a organizaciones e individuos como reconocimiento de sus servicios a la comunidad y en áreas donde hay peligro. Más de 400,000 copias del *Zóhar* fueron donadas a hospitales, embajadas, sitios de oración, universidades, organizaciones sin fines de lucro, servicios de emergencia, zonas de guerra, locaciones de desastres naturales, a soldados, pilotos, oficiales del gobierno, profesionales médicos, trabajadores de ayuda humanitaria, y más.

Apoyo al estudiante:

Como la Kabbalah puede ser un estudio profundo y constante, es útil tener a un maestro durante el viaje de adquisición de sabiduría y crecimiento. Con más de 300 maestros a nivel internacional trabajando para más de 100 localidades, en 20 idiomas, siempre hay un maestro para cada estudiante y una respuesta para cada pregunta. Todos los instructores de Apoyo al Estudiante han estudiado Kabbalah bajo la supervisión del Kabbalista Rav Berg. Para más información:

apoyo@kabbalah.com
kabbalah.com/es

Información de contacto de Centros y Grupos de Estudio

ARGENTINA:

Buenos Aires
Teléfono: +54 11 4771 1432
kcargentina@kabbalah.com.ar
Instagram: Kabbalaharg

COLOMBIA:

Bogotá
Teléfonos: +57 1 616 8604
kcbogota@kabbalah.com
Instagram: kabbalahbogota

Cali
Teléfono: +57 317 843 6947
Instagram: kabbalahcali

ESPAÑA:

Madrid
Teléfono: +34 9 11232637 /
800300357 (gratuito)
spain@kabbalah.com
Instagram: kcespana

MÉXICO:

D.F. y la República
Teléfono: +52 55 5280 0511
kcmexico@kabbalah.com
Instagram: Kabbalahmx

Guadalajara
Instagram: kabbalahgdl

PANAMÁ:

Ciudad de Panamá
Teléfono: +507 694 93974
kcpanama@kabbalah.com
Instagram: kabbalahpanama

PARAGUAY:

Asunción
Teléfono: +595 976 420072
Instagram: kabbalahpy

VENEZUELA:

Caracas
Teléfono: +58 212 267 7432 / 8368
caracastkc@kabbalah.com
Instagram: Kabbalahve

CENTROS EN EUA:

Boca Ratón, FL +1 561 488 8826
Miami, FL +1 305 692 9223
Los Ángeles, CA +1 310 657 5404
Nueva York, NY +1 212 644 0025

CENTROS INTERNACIONALES:

Londres, Inglaterra +44 207 499 4974
Berlin, Alemania +49 30 78713580
Toronto, Canadá +1 416 631 9395
Tel Aviv, Israel +972 3 5266 800

www.ingramcontent.com/pod-product-compliance
Lightning Source LLC
Chambersburg PA
CBHW020446100426
42812CB00036B/3472/J

* 9 7 8 1 5 7 1 8 9 9 4 1 5 *